编委会名单

主　编
刘　骋　赵素文

编　委
（按拼音排序）

艾则孜　房瑞丽　黄成蔚　蒋进国

李丰源　李　江　刘　源　孟凡东

滕春红　佟秋妹　蔚　然　徐新武

张　苗　仲秋融

中华经典诵读教程

刘骋　赵素文　主编

ZHEJIANG UNIVERSITY PRESS
浙江大学出版社
·杭州·

前　言

　　所谓经典，是那些可以经常重读的书，它们是人类最宝贵的精神财富。我们作为中国人的自豪，正在于先辈为我们留下了众多的文学经典，它们灿若星辰，在中华民族的文明史中熠熠生辉，烛照着我们的过往，引领着我们的未来。

　　所谓诵读即阅读与朗诵合二为一。文学经典是需要精读的，只有在精读中读者才可以穿越时空与千百年前的作者进行灵魂的撞击与共振。文学经典也是需要朗诵的，朗诵是深入学习文学经典，体味中华文字的音韵之美，传承中华文化的重要方式（相关朗诵的技术方式在绪论部分有简明介绍）。好的文学作品本来就是可以朗读的，不仅仅是诗、词等韵文，即使是散文，乃至小说等非韵文都是朗朗上口的。老舍就认为自己的《骆驼祥子》是可以朗诵的。文学经典诵读的声音从古到今回响在历史的时空中，而我们的文化就是在诵读中得以世代传承。

　　诵读并不是简单地大声用好听的声音读出来，它应该是以声音的方式对文学经典进行再次创作。诵读时可以把它想象为作者本人用声音的方式将自己的作品呈现，也可以看作朗读者与作者进行灵魂对话之后的融入自身艺术感悟的抒发。真正的诵读都必须基于对文学经典的深入理解。

　　本书即试图在对文学经典作品进行文本解读的基础上对如何朗读经典文本进行指导，这样既可以通过诵读的方式帮助中文系学生深入理解和学习文学经典，也可以帮助播音主持等相关专业的学生对文学经典产生的背景、词义以及主要的思想艺术内涵有准确的把握，避免将朗读停留在声音层面的技术处理。本书对于初高中的语文教学以及参加艺术类考试的学生亦不无助益。

　　本书的编写者既有浸润中国古代文学与现当代文学教学多年的高校教师，亦有指导学生参与省经典诵读竞赛的优秀指导教师，他们对于文学作品的理解以及朗读的注解都有独到之处。古代汉语与现代汉语专业的教师参与了读音部分的修正。本书共选择了具有代表性的古代诗词 31 篇，古代散文 14 篇，现代诗歌 19 篇，现代散文 6 篇，共计 70 篇。所选不过是中华经典之沧海一粟,注解与朗诵标识中疏漏、错误难免,敬请批评指正。

本书对古诗词以及散文的朗读标识是基于现代汉语的读音以及作品的思想感情逻辑的,因此停顿和重音等方面的处理并未遵照古音以及古诗词韵律的规则,作品中的古音和韵律、重音等有的会在注释中点到,特此说明。

朗读标注符号如下:

▲短暂停顿,表示声断意连,是最短的停顿。

∨停顿,比▲略长。

∨∨停顿时间比∨长。

⌒语音连接。

．重音符号。

。轻读符号。

↗语气上扬。

↘语气下降。

＜语调渐强。

＞语调减弱。

//层次转换。

楷体字标注提示,一般以五号楷体字出现,指向其对应上一行的诗句或散文中前面出现的词句,必要时用括号以示区分,是对朗读的进一步说明。

编　者

目 录

第一章　绪论:朗诵的理论与技巧

一、什么是朗诵

朗诵在中国并不是古已有之,虽然在古人的作品中曾出现过"朗诵"一词,但其词义与作为一种艺术的朗诵大相径庭。朗诵在我国产生的时间是五四新文化运动的前后,外国话剧的传入和新诗的创作掀起了朗诵的热潮,距今已有一百多年。

朗诵是以有声语言为主体,以音乐、舞台表演等为辅助手段对文学作品进行再加工与再创造的一种综合艺术。朗诵与文学作品固有的韵律、节奏等密切相关,文学作品可以借由朗诵扩大其受众的范围和社会影响力。朗诵使静态无声的文字动了起来,有了生命,使文学作品中的思想与情感得以再现与重生。文学作品可以借由朗诵还原其早期诗、乐、舞集于一身的形态,实现了自身的复兴。

朗诵需要对作品进行深入理解,运用朗诵者的声音、语气、情感做出的创造性表演艺术,能使受众对作品产生新的认识或情感的共鸣。朗诵不仅仅是传递信息,更主要的是以情感的感染力净化受众心灵,给受众和自我一种审美享受。

二、朗诵的场所

客厅朗诵,指的是在客厅内或小规模晚会现场的朗诵。供作家、学者在客厅里进行文学交流使用。

街头朗诵,指的是朗诵者在街道旁对过往行人的朗诵。在抗日救亡与国内革命战争时期,街头朗诵向普通民众传播了中国共产党的革命思想。

舞台朗诵,指的是利用舞台、服装、灯光设计的最常见的一种朗诵。

三、朗诵的类型

朗诵类型的划分方式与歌唱艺术很相似,具体可以分为独诵、群诵、迭诵、复诵与轮诵。

独诵是指由一位朗诵者完成全部作品。

群诵是指多位朗诵者相互分工、配合完成全部作品。

迭诵是指朗诵前句未完,后声即起。

复诵是指同一字句重复几次。

轮诵是指由不同的朗诵者轮流朗诵不同的字句。

迭诵、复诵、轮诵可以用在单声个人朗诵上,也可用在多声的集体朗诵上,在多个声部中使用。

四、朗诵的社会功能

朗诵产生之初,在使普通民众认识与了解世界先进的文学、文化与思想方面起到了重要作用,受众即使文化程度不高也可以在短时间内了解作品的精华。朗诵在当时也成为文学家与知识分子进行创作切磋、审美欣赏与社会交际的媒介与手段,成为一种流行的高雅艺术。

在抗日战争与解放战争期间,朗诵成为中国共产党的重要宣传武器,它能够有效团结全党与全国人民行进在推倒旧社会、旧制度,创造新社会、新国家的道路上来,朗诵革命诗篇成为中国共产党重要的集学习与娱乐于一身的艺术形式。

新中国成立以后直到今天,朗诵仍在发挥着重要作用,主要表现在继承与发扬中华民族优秀文学与文化传统方面。用现代汉语的语音与韵律节奏的朗诵使传统的优秀文学作品有了新的生命,朗诵古典诗词成为人民喜闻乐见的文艺形式。朗诵现当代文学作品在党和国家主旋律的打造与生成中发挥了至关重要的作用。近些年来,涌现出众多优秀的爱党、爱国,饱含人间温情与时代奉献精神的朗诵佳作。

五、朗诵的吐字归音训练

吐字清晰,是朗诵最基本的要求之一。吐字归音是朗诵训练的一项重要基本功。

(一)吐字归音

吐字归音是我国传统说唱艺术理论中在咬字方法上运用的一个术语。它将一个音节的发音过程分为出声—引字—归音三个阶段。

出声是指声母和韵头的发音过程;引字是指韵腹的发音过程;归音是指音节发音的收尾过程。

吐字归音基本要领是:出声要准确有力,有叼住弹出之感;引字要拉开立起,明亮充实,圆润饱满;归音趋向要鲜明、迅速"到家",干净利索。

总之,吐字归音就是要求一个音节的发音过程有头有尾,构成一个"枣核形"。声母、韵头为一端,韵尾为一端,韵腹为核心。字的中间发音动程大,时间长;字的两头发音动程小,关合所占时间也短。

(二)汉字的吐字归音

汉字的音节结构分为声、韵、调三个部分。声,又叫字头;韵,分为韵头、韵尾、韵腹三个部分;调,又叫字神,体现在韵腹上。

汉字的发音应该遵循汉字的音节结构特点,要求做到"珠圆玉润",尽量将每个汉字的发音过程处理成为"枣核形",以声母或者韵头为一端,以韵尾为另一端,韵腹为核心。

一个汉字的音程很短,大多在三分之一秒就会结束。要在短短的时间内兼顾声韵调和吐字归音,必须从日常训练开始严格要求:

1.出声——要求声母的发音部位准确、弹发有力。

2.引字——要求韵腹拉开立起,做到"开口音稍闭,闭口音稍开"。

3.归音——干净利落,不拖泥带水。

(三)吐字要清晰

吐字清晰指的是对汉字音节的组成部分包括声母、韵母、声调等要读准。辅音练习要严格掌握发音部位和发音方法,发音要有力。韵母练习时控制好口腔的开合、唇形的平展圆敛及舌头的升降伸缩。

　　此外,声调练习也很重要。汉语中有不少字或词的声母、韵母完全相同,只是因为声调不同,意义就不一样;另外,有些方言与普通话在一些字的发音区别,也仅在于声调不同。练习声调可先从读准单个字的声调开始,然后再练习语句中的每个字的声调。

　　1.在吐字练习中加强正音练习

　　正音练习指的是根据普通话的读音标准,校正自己的地方音和习惯音。正音练习包括很多内容,主要有平舌音和翘舌音练习,鼻音和边音练习,送气音和不送气音练习,前鼻音和后鼻音练习等。

　　2.在吐字训练中注意到位练习

　　到位练习指的是口型和发音器官操作到位的练习。韵母在形成口形时作用最大,讲话中的每一个音节都离不开韵母。在讲话时如果嘴巴没张到应有的程度,或者嘴、齿、舌、鼻、喉、声带等器官动作不协调,会发生"吃字""隐字""丢音"或含混不清、音量过小、吐字不准等现象。

六、朗诵的内部技巧

(一)情景再现

　　情景再现是指在符合作品原义的前提下,以作品提供的材料为原型,通过朗诵使作品中的人物、事件、情节、场面、景物、情绪等在受众脑海里不断浮现,形成连续活动的画面,并不断引发相应的态度、感情。

　　1.理清头绪:脑海里连续活动的画面的开头是什么,接下来的变化是什么,如何发展,结果是什么。对哪里是特写要做到心中有数,不温不火。

　　2.设身处地:处于事件的情理之中,主要是获得现场感,产生"在场"的感觉。

　　3.触景生情是情景再现的核心,朗诵中要特别强调积极反应,在毫无准备的情况下,一个具体的"景"的刺激,马上能引起具体的"情"。

　　4.现身说法:把情景再现的过程转述出来,朗诵者在头脑中再现作品中的情景,经过自己的消化吸收与再创作,使受众产生某种情景的再现,从中受到感染。

（二）内在语

内在语指的是朗诵作品的语言所不便表露、不能表露、没有完全表露出来或没有直接表露出来的语句关系和语句本质，即话里有话、弦外之音。内在语有揭示语句本质和语言链条的功能。

内在语有六种基本类型：发语性内在语、寓意性内在语、关联性内在语、提示性内在语、回味性内在语、反语性内在语。

有时候内在语是提醒和调整自己内心，使语句表达更充分的依据。虽然这依据不需要让受众完全明白，但至少要让受众能感觉到其中的内涵是丰富的，而不是空洞的、泛泛的。

（三）对象感

对象感指的是朗诵者需要设想和感觉到对象的存在和对象的反馈，需要从感觉上意识到受众的心理、愿望、情绪等并由此调动自身的思想感情，使之处于运动状态。

朗诵者要努力做到"心中有人"。对象感正是被朗诵者用来作为使思想感情处于运动状态的一种手段，一种途径。朗诵者在朗诵时应感受到受众的存在，时时处处为他们着想，感觉到他们的确在听、在想，产生感情上的共鸣。

七、朗诵的外部技巧

（一）语气的选择

语气，即说话的口气。它既存在于书面语言之中，更存在于口头语言之中。在书面语言里，作者语气要通过读者的视觉引起思维才能感受、认识与体会。而口语表达中的语气，将句式、语调、理性、词采、音色、立场、态度、个性、情感等融为一体，由朗诵者直接诉诸受众的听觉，受众当即就可直观地感受到。因而，语气对口语表达的效果会产生直接的、立竿见影的影响。语气的强弱、长短、清浊、粗细、宽窄、卑亢等变化，均能产生不同的声音效果。

语气的内涵是多方面的，它具有多姿多彩的形态。语气的多样性是语言本身丰富性的反映，也是语言能力强的表现。语气不同，表情达意的效果也会有所不同，其中尤其以声音与气息状态至关重要。朗诵者必须通过声音和气息将思想感情表达出来,而不同的声音与气息通常表达着不同的思想感情。

有了恰当的语气才能使内容的呈现具有形象色彩、感情色彩、理性色彩、语体色彩与风格色彩;有了恰当的语气才能增强语言的魅力,才能恰当地表达思想感情,调动受众的情绪,引起受众的共鸣。

语气,无论从朗诵者与受众的关系来看,还是从朗诵者的心境和思想感情来看,或者从表述内容与方式来看,都是丰富多彩的,会因人、因事、因时、因地而不同,变化多端,气象万千。在朗诵过程中,语气永远不应是单一的,常常会出现几种语气交替出现或结伴而行的现象。不过,在综合运用多种语气的过程中,还是有主次之分的,主要的感情色彩造成主要的语气色彩,即语气的基调。无论是朗诵诗歌、散文,还是小说,都需要掌握作品的整体基调。与此同时,朗诵者也要根据作品的内容、感情、对象等的变化,选择调控自身的语气,使之恰如其分。

总之,语气要服从内容,语气要看对象,语气要质朴自然、贴近生活。

(二)速度的调控

朗诵的速度是指朗诵中音节发音的时间长短,或者说单位时间里吐字的数量。朗诵的速度大体可分为快速、中速、慢速三种情形。

快速一般用于表达紧张、激动、惊奇、恐惧、愤怒、急切、欢快、兴奋的心情,或者用于叙述急剧变化的事物与惊险的场景,或者用于刻画人物的机警、活泼、热情的性格等。

中速一般用于感情与情节变化起伏不大的场合,或用于平常的叙述、议论、说明或交代性陈述等。

慢速一般用于表达沉重、悲伤、忧郁、哀悼的心情,或者用于叙述庄重的情景。

总之,不论快速、中速、慢速,都要把握好尺度。比如,快速不能像放鞭炮似的,使人耳不暇接;慢速不能慢慢腾腾,半天一句,使人听起来十分吃力、等得不耐烦。

朗诵的速度,主要取决于以下因素:

一是取决于内容与情节。从结构上来说,朗诵中一般既有快速,又有中速、慢速,有张有弛,起伏跌宕。从内容与情节来看,陈述速度慢于抒情速度,抒情速度慢于议论速度。情调低沉的叙述、人物对话应该慢些;急切的呼吁、愤怒的谴责、热烈的争辩、激昂的陈述、紧张的场景描述应该快些。内容和情节本身的客观要求是决定表达速度的最主要依据。

二是取决于朗诵者的年龄。显然,朗诵同样的内容,少年儿童快于青年人,青年人快于中年人,中年人快于老年人。

三是取决于受众的年龄和接受能力。一般来说,对于老年人、少年儿童或接受能力相对较低的受众,或受众普遍对某些内容感兴趣,想将其记录下来的时候,应该把朗诵的速度放慢些。

快与慢是相对的。无论是快还是慢,都要以表述清晰明了、受众听得真切明白为出发点,要做到快而不乱,慢而不拖,快中有慢,慢中有快,快慢相间。

(三)节奏的变换

节奏与速度有密切的联系,但又不是等同的。节奏不只是速度问题,而且是一种有秩序、有规律、有协调的变化进程。

在朗诵过程中,节奏要素包括结构的疏与密、内容的详与略、情节的起与伏、情感的激与缓、声调的抑与扬、音量的大与小、态势的动与静、速度的快与慢、语流的行与止、过程的长与短等等。这些要素的综合运用,便会形成节奏,形成有声语言的乐章,激荡受众的情感,启迪受众的思维,引发受众的共鸣。

节奏在朗诵中的作用十分重要,朗诵者把自己内心世界的情感状态借这一传达媒介而展示给受众;受众从语调节奏的变化中体验和感染到思想和情绪,从而引起心理上的同构与共鸣。

节奏类型是指一篇作品全局性、整体性的节奏定位。在朗诵中,各种类型交叉并用是普遍存在的。常见的节奏类型一般有以下几种。

1. 轻快型

语气多扬少抑,声音轻而不着力,语流中顿挫少,时间短。语速偏快,轻巧明丽,听起来有一定的跳跃感。

2. 凝重型

语气多抑少扬,多重少轻,声音强而着力,色彩多显沉重,语势较平稳,顿挫较多,而且时间较长语速偏慢,重点处的基本语气、基本转换都显得分量较重。

3. 低沉型

声音偏暗偏沉,语势逐渐减弱。句尾落点多显得沉重,语速较缓慢。

4.高亢型

声音高亢明亮,语势逐渐增强,势不可遏,语速偏快,重点处的基本语气带有昂扬跳跃的特点。

5.舒缓型

声音轻松明朗,略高而不着力,语势偶有跌宕,但多为轻柔舒缓,语速徐缓。

6.紧张型

声音多扬少抑,多重少轻,语速偏快,语气急促,顿挫短暂,语言密度大,令人感到紧张、兴奋。

7.平稳型

声音自然平稳,不扬不抑,语速不快不慢。升调不快,降调不慢,重点处语气和语势的转换都显得自然、平实。

节奏的变换中包含语流的行止技巧,即朗诵中的停顿与连续的技巧。

最基本的行止知识是标点知识。根据语法结构、标点符号等区分停顿间隙时间的长与短。朗诵的过程中,朗诵者的情感处于不断变化之中,在语义连续激情迸发、不可遏制之时有必要如行云流水、一气呵成,这需要运用语流连贯技巧。停顿,既可以用来换气,又可以用来表示意义的区分、转折、呼应,还可以传达引起受众注意的信息。停顿是指段落之间、层次之间、句子之间、句子内部的间歇。常用的停顿有以下几种:

(1)换气停顿

人正常呼吸大约是每4~5秒钟一次。由于换气的需要,在表达过程中必然要有停顿,这种停顿即换气停顿。特别是有些长句,中间没有也不应有标点符号,而一口气无法朗诵完,必须酌情进行换气停顿。

停顿是朗诵者在朗诵时生理上的需要,也是句子结构上的需要。停顿可以加强语言的清晰度和表现力,实现充分表达思想感情的需要,也可给受众一个领略、思考、理解和接受的空间,帮助受众理解文章含义,加深印象。倘若将两个长句不停顿地勉强一口气朗诵完,既难做到清晰,又不可能有多大表现力,平淡得很,勉强得很。

换气停顿要恰当,要服从内容和思想感情表达的需要,尽管换气停顿的具体方法每个人不尽相同,但是,却不能随心所欲,想在哪里停顿就在哪里停顿。有些句子如果在不同的地方停顿,意义会不同,甚至会完全相反。

（2）语法停顿

语法停顿是根据句子的语法结构所作的停顿。这种停顿,一般根据标点符号进行时间长短不一的停顿,凡有标点符号的地方都应有适当的停顿,句子内部停顿时长一般是:句号＞分号＞冒号＞逗号＞顿号。至于省略号、破折号、感叹号、问号等,可根据其使用的地方和表情达意的具体情况来确定停顿时长。另外,章节停顿＞段落停顿＞句群停顿＞句子停顿。

（3）逻辑停顿

逻辑停顿,是指在朗诵过程中为了表达某种感情,强调某一观点或概念,突出某一事物或现象,在句中没有标点符号的地方作适当的停顿,它不同于换气停顿与语法停顿,逻辑停顿的最小单位一般是一个词。

逻辑停顿因所强调和突出的内容不同,停顿的位置可以有所不同,但是,它仍然要受语法停顿的制约。一般是在较大的主语和谓语之间、动词和较长的宾语之间、较长的附加成分中心词之间、较长的联合成分之间作逻辑停顿。

（4）心理停顿

心理停顿也称为感情停顿,它没有固定的模式,既可以在句子开头停顿,也可以在句子中间或结尾停顿。前面三种停顿,停顿的时间都较短,通常最长都只能是几秒钟。而心理停顿,可短亦可长,短则几秒,长则几十秒,甚至几分钟,由朗诵者根据所表达的内容或情感的需要,自行设计和掌握,运用得好,可以产生很强的艺术效果。

心理停顿主要用于以下场合:

第一,说理之后拟举例说明需要停顿,举例结束也要作停顿。前者是为了引起受众注意朗诵者的"转折"之举,后者是为了让受众引发联想,举一反三,触类旁通。

第二,设问之后、回答之前需要停顿。有些设问是不作答的,而有些设问是自问自答的。在设问后、自答前,应作停顿,既可使受众产生悬念,还可为后面的出人意料的巧妙回答作出铺垫。

第三,感叹或感叹之余需要停顿。感叹之余,紧接着运用心理停顿,以加深受众的印象,引起受众的共鸣。

第四,话题转移或告一段落之际需要停顿。这是为了让受众将已讲完的话题暂时搁下,做好迎接新话题、新内容的心理准备。

（四）重音的处理

重音是指根据表情达意的需要，加重某个字或词的音量与力度。人们说话时，往往把重要意思用重音来表达，以引起受众的注意力，重读的部分一般是一句话的中心和主体。

汉语表达中的重音主要有词语重音、语法重音和逻辑重音三大类。

1.词语重音是比较固定的、有规律的。就读音轻重程度可分为重、中、轻三个等级。两个字的词语有"重轻"格式，还有"中重"格式；三个字的词语只有"中、轻、重"一种格式；四个字的词语，其基本格式是"中轻中重"。

2.语法重音是指句子中不同的语法成分读音轻重不一，其中有的句子成分要读得重些，也称为"意群重音"。语法重音的一般使用原则包括：

（1）谓语一般要比主语读得重些。

（2）句中动宾短语里的宾语重读。

（3）表示性状、程度的状语重读。

（4）表示程度和结果的补语重读。

（5）表示疑问的代词、表示区别的指示代词重读。

（6）并列、对比的词语可以重读。

（7）陈述事实的主要词语，主要的说明、修饰用的词语，表示判断的关键词语，主要的数量词语等重读。

3.逻辑重音，又称强调重音，是根据说话的目的和重点，有意将某些词或词组读得重些。同一句话的重音位置不同，意思也有所不同。

第一，重音的处理关键在于选择好重音词，一般是选在朗诵者着意强调以示区别的地方。

第二，重音的表达方式主要有以下几种：延长字音，拖长时值；扩大音域，提高调值；加大音量，加强声音力度；变换音色，改变音质（如颤音、尖音、笑音、气音、破音等）。

在朗诵时，重音不宜过多。重音如果过多，反而显示不出孰轻孰重，也会造成朗诵者与受众的听觉疲劳。重音应是在作品前后的语音环境中衬托、凸显出来的，而不是在高调之上更高的调门。所以，朗诵的起调不应过高。

（五）语调的升降

语调的升降是指语调的高低与抑扬变化。同一语句,往往因为语调升降处理方法不一样而能表达出多样的意义。语调的升降变化,在句末较为明显。

语调可分为四种:高升调、降抑调、平直调、曲折调。

高升调是指句子的语势由低到高。高声调一般用来表示惊讶、疑问、反诘、呼唤、号召等。

降抑调是指句子的语势由高到低。降抑调一般用来表示肯定、感叹、恳求、自信、祝愿等。

平直调是指整个句子语势平稳舒展,没有明显的高低变化。平直调一般用于陈述、说明、解释,表示严肃、庄重、平静、冷漠、悼念等。

曲折调是指句子的语势曲折变化,有起有伏。曲折调一般用来表示夸张、讽刺、幽默等。

八、朗诵前的准备工作

（一）选择适合朗诵的篇目

由于现代朗诵一般都要脱稿进行,所以朗诵篇目一般篇幅不长,在忠于作品原意的前提下,可以对作品进行删减或对重点段落加以重复。朗诵者可以根据自身的声音条件选择能够发挥自身优势的篇目,同时更要考虑受众的文化水平与审美偏好,选择能够与受众产生情感共鸣的篇目。

（二）熟悉作品的创作背景与作者的写作目的

朗诵者在朗诵前需要熟读作品,了解作品的创作年代、文化背景,在此基础上理解与分析作品的主题思想与章法结构,把握作者创作的动机与思想感情,确定朗诵的整体基调。

（三）大胆想象,精心设计

朗诵应讲求创造性,对于同一篇作品,不同的朗诵者应尽可能朗诵出自己的特色与风格。在设计朗诵脚本时,需要分析在此之前的朗诵者采用过的朗诵策略与技巧,在此基础上拟定自己的朗诵脚本。在朗诵的形态上,可以考虑运用口语化、生活化、戏剧化、情境化等策略,将作品以受众最易于接受的方式表现出来,牢牢抓住受众注意力,展现作品的新意与朗诵者的个性化风采。朗诵者可运用移情、联想等丰富作品的形象,把自身置于特定的历史时空情境之中,用不同的语音、语调为叙述者、作者或作品人物发声、抒情,增强作品的感染力。

(四)节奏合理,重点突出

适合朗诵的文学作品都有自身独有的节奏与韵律。节奏的平稳、变化与表情达意的需要是密切相关的。把握好朗诵的节奏需要处理好作品的停顿。停顿要确保词义完整,自身有韵律的作品通过韵脚的重复可以展现作品的音韵美感。要从作品的主题思想入手,找出每段、每句的重点确定重音所在的位置。

(五)设计好朗诵脚本

朗诵脚本即朗诵者在进行朗诵演练时使用的经过分析、加工、标示过的文稿,包括作品解析、原文与朗诵符号等。

朗诵者可以利用朗诵符号作为辅助工具,进行朗诵表演实验,帮助自己找到最佳的表达方式。在朗诵的文稿上可将朗诵符号标示在文字旁,在朗诵时给自己提醒应表现的语音、语气、语调、表情、态度。但需要注意的是,朗诵符号毕竟只是工具,需要适度灵活使用。它仅在文字旁边发挥参考、提示的作用,朗诵时若完全受限于符号,照本宣科,就会丧失个性,流于机械。

朗诵脚本需要在深入理解作品的基础上进行加工,即对原作进行必要的修改。太长的作品需要进行删减,保留其精华部分。原作的一般交代性文字如果在朗诵时可能会打断朗诵者与受众进行情感或信息交流的部分也应考虑删减,代之以朗诵者的语气、音调、视线或肢体动作来表达同样的意思。原作中过于书面化、不易被受众听清楚与识别的词语可以考虑换成识别度更高的同义词或近义词来表达。

(六)技巧熟练,表达到位

朗诵者可根据作品的空间场景,选择适合的声调来叙述、转述或角色扮演,使朗诵语调有合理的起伏与变化,使人如见其人,如听其声,做到情景交融。

朗诵者可适当使用肢体语言来增强朗诵的感染力。朗诵者需要运用面部表情来传情达意,身体姿态应自然、优美,动作不宜太夸张,恰如其分地演绎作者的情态。朗诵者的目力投射要有风采,目力投射流露出对作品丰富的想象,受众也随朗诵者的想象而进入作品的情景。

九、主要文体的朗诵技巧

在所有适合朗诵的文学作品中,诗词与散文是朗诵中最重要的文学体裁。在古代与近现代诗词与散文的朗诵中,由于作品主旨立意与写作风格不同,古代汉语与现代汉语语法、语音有差异,两者在朗诵时所采取的技巧也有所不同。

(一)古典诗词朗诵技巧

古典诗词的朗诵需要表现作品的音调、节奏、韵律之美。在朗诵前要仔细分析作品的句法结构、按照作品字音的平仄合理确定停顿的位置与时长,找出作品的"诗眼",确定关键字的重音。如果作品有配套的音乐或舞蹈,也应加以参考。朗诵时保留作品的古色古香,并在此基础上发展新的朗诵方案。

(二)古代散文朗诵技巧

古代散文的朗诵要先把握作品的框架结构,领会作者文笔的抑扬顿挫,利用作品中的虚词与语气助词确定适合自己声线的停连位置。在作者立意的基础上确定朗诵的主基调,以一以贯之的气势贯通作品并区分各个部分的辅基调,使全篇朗诵的声音轻重富于变化,以现代汉语的语音与口吻展现作者的立意与风采。

(三)近现代诗歌朗诵技巧

近现代诗歌一般不受格律限制,句式长短不一,但仍具有整体旋律、节奏感与音乐感。近现代诗歌的朗诵相比古典诗词朗诵有更大的自由度与再创作空间,能更好地展现朗诵者自身的创造性与朗诵风格。在朗诵时,需要充分掌握作品的创作背景,把握作品的节奏、韵律,调动感情代作者发声,将受众带入作品的情景,用恰当的语气将隐藏在诗句下面的深层蕴含表达出来,使受众获得启发,产生情感的共鸣。

（四）近现代散文朗诵技巧

近现代散文朗诵与古代散文朗诵的语气与情感基调大不相同。古代散文朗诵的语气要庄重严肃，而近现代散文朗诵的语气既可以庄重严肃，又可以更多地带有个人口语化与生活化的风格。在朗诵近现代散文前，需要深入了解作品的写作背景，尤其是作者的身世、人生阅历与情感经验，准确把握作品中呈现的作者形象。在朗诵作品时，选择符合作品叙事人口吻与性格的语气与语调，突出作品的关键句与关键字，以自然、真切、富于现场感的表情与肢体动作，将受众带入作品的特定情境之中，感受作品传达的情感与思想。

（孟凡东）

第二章 古代诗词

诗经·周南·关雎

原文注释

关关雎鸠^[一]，在河之洲^[二]。窈窕淑女^[三]，君子好逑^[四]。

参差荇菜^[五]，左右流之^[六]。窈窕淑女，寤寐求之^[七]。

求之不得，寤寐思服^[八]。悠哉悠哉，辗转反侧^[九]。

参差荇菜，左右采之。窈窕淑女，琴瑟友之^[十]。

参差荇菜，左右芼之^[十一]。窈窕淑女，钟鼓乐之^[十二]。

[一] 关关雎鸠(jū jiū)：关关和鸣的雎鸠。关关是象声词，雎鸠为水鸟名。

[二] 在河之洲：在水中的陆地。

[三] 窈窕(yǎo tiǎo)淑女：贤良美好的女子。窈窕：形容女子体态美好的样子。

[四] 好逑(hǎo qiú)：好的配偶。逑：仇的假借字，配偶。

[五] 参差荇(xìng)菜：参差不齐的荇菜。参差：形容长短不齐的样子。荇菜：水草类植物。

[六] 左右流之：左右交替择取荇菜。流：指摘取。

[七] 寤寐(wù mèi)：醒和睡，指日夜。

[八] 思服：指思念。服：想。

[九] 辗转反侧：翻来覆去睡不着觉。

[十] 琴瑟友之：弹琴鼓瑟来亲近她。琴瑟：古代乐器名，古琴多七弦，古瑟多二十五弦。友：用作动词，亲近。

[十一] 芼(mào)：同"流""采"，择取、挑选之意。

[十二] 钟鼓乐之：用钟奏乐来使她快乐。乐：使动用法，使……快乐。

背景介绍

《诗经》是中国文学史上第一部诗歌总集,诞生于先秦时期,收录了西周初期至春秋中叶间的诗歌三百零五篇,代表着我国古代现实主义文学的高峰,其具有的"风、雅、颂"三种诗歌形式与"赋、比、兴"三种表现手法,被称为《诗经》"六义"。其中,十五"国风"是《诗经》的精华部分,指十五个地方的民间歌谣,"国风"形式多为四言,语言朴素、形象,表达准确、优美,多用双声叠韵和重章叠句形式。这部分诗歌具有鲜明的现实主义特色,反映了当时人民的生活处境、思想意识与审美观念。《关雎》属于十五"国风",它是《诗经·周南》中的第一首诗(也是全本的第一首)。《论语》云:"《关雎》乐而不淫,哀而不伤。"历代对其多有政治上的解读,然据诗歌本身内容,我们通常认为这是一首有关男女恋爱的情歌。

朗诵提示

《关雎》首章以关雎水鸟相向合鸣、相依相恋起兴,引起读者对淑女、君子的联想。全诗在艺术上巧妙地采用了"兴"的表现手法,诗中各章以采摘荇菜这一行为兴起主人公对女子的相思与追求,善于运用双声叠韵和重章叠句,增强了诗歌的音韵美和写人状物、拟声传情的生动性。

本诗朗诵的基调是思慕真挚,朗读时注意全诗的声调组合与换韵。《关雎》共五节,每节四句,依次有平、入、上、去四韵,末尾押韵的字读时要着重,分别有第一组的"鸠""洲""逑""流""求"(末字为"之"等虚字时,可在第三字押韵);第二组的"得""服""侧";第三组的"采""友";第四组的"芼""乐"。古音中,第一组皆为平声字,互相押韵;第二组皆为入声字,互相押韵;第三组皆为上声字,互相押韵;第四组皆为去声字,互相押韵。故全诗换韵三次,且将平、上、去、入四个声调都用到了,诵读时应关注诗句间的情感变化,主要注意以下几点:

第一,《关雎》前八句,从"关关雎鸠"到"寤寐求之",写的是"君子"得不到"淑女"时心里苦恼的情景,他想要追求好配偶,求之不得便翻来覆去睡不着觉。这部分带有东方爱情细水长流的意味,反映了周代贵族爱情的含蓄内敛,用的是平静悠长的平声韵,因为"窈窕淑女"在"君子"心中是善良贤惠的理想配偶,这段朗诵不能过于热烈奔放,要如其押的幽部(ou)那样,具有绵长悠柔之感,这也与《毛诗大序》称此诗所颂为"后妃之德"相契。其中,首句"关关雎鸠"四连平,吟诵时要注意具有一气贯之的气势。

第二,从"求之不得"到"辗转反侧",情绪上有转换,"君子"的追求被拒,陷入了"求之不得"的苦闷,读时注意表达忧郁的情感,同时这部分用入声字押韵,也要注意节奏点上的短促顿挫。其中,"辗转反侧"中前三字都是上声字,表达出既曲折又亲密的感情。

第三,从"参差荇菜"到"琴瑟友之","君子"第二次求婚终于成功!"君子"奏起琴瑟表达爱意,用琴瑟来亲近"淑女"。无论是"采",还是"友",有学者指出,发音都带有延展细长之意,这部分上声韵的情绪表达应该是细小亲密、婉转温柔的。

第四,最后四句与上四句相似,都是"君子"成功获得爱情和婚姻的场景,用的宵部去声韵,带有坚定的情愫,这也与"钟鼓乐之"的求婚宣誓之景相契。

诵读标识

关关▲雎鸠,在▲河之洲。窈窕淑女,君子▲好逑。

参差▲荇菜,左右流之。∨↗窈窕淑女,寤寐▲求∨之。//

"君子"初遇"淑女",认定其为良配,决定对她展开追求,这是一见钟情,读时要悠长柔美,带有美好憧憬的感情。

求之不得,寤寐▲思服。↗悠哉∨悠哉＞,辗转反侧。//

此处一转,"淑女"拒绝了"君子"的第一次求娶,"君子"感受到"求之不得"的痛苦,读时注意节奏点的短促顿挫,并突出苦闷忧郁之情。

参差▲荇菜,左右▲采之。窈窕淑女,琴瑟友之。

此处又转,皇天不负有心人,"君子"获得了"淑女"的芳心,这部分读时带有浪漫欣喜的感情。

参差▲荇菜,左右▲芼之。窈窕淑女,钟鼓乐之。＞

诵读时注意流露"君子"对"淑女"的坚贞之情。

(仲秋融　注解)

采 薇

[先秦]佚名

原文注释

　　采薇采薇[一]，薇亦作止[二]。曰归曰归[三]，岁亦莫止[四]。靡室靡家[五]，猃狁之故[六]。不遑启居[七]，猃狁之故。

　　采薇采薇，薇亦柔止[八]。曰归曰归，心亦忧止。忧心烈烈[九]，载饥载渴[十]。我戍未定[十一]，靡使归聘[十二]。

　　采薇采薇，薇亦刚止[十三]。曰归曰归，岁亦阳止[十四]。王事靡盬[十五]，不遑启处[十六]。忧心孔疚[十七]，我行不来[十八]！

　　彼尔维何[十九]？维常之华。彼路斯何[二十]？君子之车[二十一]。戎车既驾[二十二]，四牡业业[二十三]。岂敢定居[二十四]？一月三捷[二十五]。

　　驾彼四牡，四牡骙骙[二十六]。君子所依，小人所腓[二十七]。四牡翼翼[二十八]，象弭鱼服[二十九]。岂不日戒[三十]？猃狁孔棘[三十一]！

　　昔我往矣[三十二]，杨柳依依[三十三]。今我来思[三十四]，雨雪霏霏[三十五]。行道迟迟[三十六]，载渴载饥。我心伤悲，莫知我哀！

　　[一]薇：野豌豆苗，可食。

　　[二]作：生出，指薇菜冒出地面。止：句末语气词，无实义。

　　[三]曰：句首、句中助词，无实义。

　　[四]莫(mù)：古"暮"字，此指年末。

　　[五]靡(mǐ)室靡家：言终年在外，和妻子远离，有家等于无家。靡，无。室，与"家"义同。

　　[六]猃狁(xiǎn yǔn)：中国古代少数民族名。春秋时称"戎"或"狄"，秦汉时称"匈奴"或"胡"，隋唐称"突厥"。散居在今甘肃、陕西北部及内蒙古西部。以上两句是说远离家室是为了和猃狁打仗。

　　[七]不遑(huáng)：不暇。遑，闲暇。启居：启是小跪，居是安坐。古人席地而坐，两膝着席，危坐时腰部伸直，臀部与足离开；安坐时臀部贴在足跟上。这句是说奔走不停，没有闲暇坐下来休息。

　　[八]柔：柔嫩，肥嫩。"柔"比"作"更进一步生长，指刚长出来的薇菜柔嫩的样子。

［九］烈烈：炽烈，形容忧心如焚。

［十］载（zài）饥载渴：又饥又渴。载，又。

［十一］戍：防守，这里指防守的地点。

［十二］聘（pìn）：指问候的音信。

［十三］刚：坚硬，指薇菜茎叶渐老变硬。

［十四］阳：农历十月，小阳春季节。今犹言"十月小阳春"。

［十五］盬（gǔ）：止息，了结。

［十六］启处：犹"启居"。

［十七］孔：甚，很。疚：病，苦痛。

［十八］我行不来：我不能回家。一说我从军出发后还没有人来慰问过。

［十九］尔：《说文》引作"薾"，音同，花繁盛的样子。常：通"棠"，棠棣树。

［二十］路：就是"辂"，高大的战车。斯何，犹言维何。斯，语气词，无实义。

［二十一］君子：指将帅。

［二十二］戎：车，兵车。

［二十三］牡：雄马。业业：高大的样子。

［二十四］定居：犹言安居。

［二十五］捷：胜利。谓接战、交战。一说邪出，指改道行军。此句意谓，一月多次行军。

［二十六］骙（kuí）：雄强，威武。这里的骙骙是指马强壮的意思。

［二十七］小人：指士兵。腓（féi）：庇护，掩护。步卒借戎车遮蔽矢石。

［二十八］翼翼：整齐的样子。谓马训练有素。

［二十九］象弭（mǐ）：以象牙装饰弓端的弭。弭，弓的一种，其两端饰以骨角。一说弓两头的弯曲处。鱼服：鱼皮制的箭袋。

［三十］日戒：日日警惕戒备。

［三十一］孔棘（jí）：很紧急。棘，急。

［三十二］昔：从前，文中指出征时。往：当初从军。

［三十三］依依：形容柳丝轻柔、随风摇曳的样子。

［三十四］思：用在句末，没有实在意义。

［三十五］雨（yù）雪：下雪。雨，这里作动词，像雨一样下雪。霏（fēi）霏：雪花纷落的样子。

［三十六］迟迟：迟缓的样子。

背景介绍

《小雅·采薇》是一首戍卒返乡诗，唱出从军将士的艰辛生活和思归的情怀。描述了这样的情景:寒冬,雪花纷飞,一位解甲退役的征夫在返乡途中踽踽独行。道路崎岖,又饥又渴;但边关渐远,乡关渐近。此刻,他遥望家乡,抚今追昔,不禁思绪纷繁,百感交集。艰苦的军旅生活,激烈的战斗场面,无数次的登高望归情景,一幕幕在眼前重现。《小雅·采薇》就是约三千年前这样的一位久戍之卒在归途中的追忆唱叹之作。

朗读提示

全诗六章,每章八句。诗歌以采薇起兴,前五节着重写戍边征战生活的艰苦、强烈的思乡情绪以及久久未能回家的原因,从中透露出士兵既有御敌胜利的喜悦,也深感征战之苦,流露出期望和平的心绪;末章以痛定思痛的抒情结束全诗,感人至深。朗读时要注意体会士兵情感的变化。

首句以采薇起兴,但兴中兼赋。因薇菜可食,戍卒正采薇充饥。这随手拈来的起兴之句,是口头语、眼前景。再想到自己将要回家乡,"采薇采薇""曰归曰归"均语调渐扬。"薇亦作止""薇亦柔止""薇亦刚止",循序渐进,形象地刻画了薇菜从破土发芽,到幼苗柔嫩,再到茎叶老硬的生长过程,它同"岁亦莫止"和"岁亦阳止"一起,喻示了时间的流逝和戍役的漫长。岁初而暮,物换星移,"曰归曰归",却久戍不归;这对时时有生命之虞的戍卒来说,不能不"忧心烈烈",朗读的语调也越来越沉重。后四句对戍役难归的原因作了层层说明:远离家园,是因为猃狁之患;戍地不定,是因为战事频仍;无暇休整,是因为王差无穷。其根本原因,则是"猃狁之故"。在朗读时对"猃狁之故"加重语气,着重强调。

四、五章为追述行军作战的紧张生活,写出了军容之壮,戒备之严,全篇气势为之一振。其情调,也由忧伤的思归之情转而为激昂的战斗之情。在朗读时,语气较前三章更加坚定,语速稍快,语调高扬。这两章同样四句一意,可分四层读。四章前四句,诗人自问自答,以"维常之华",兴起"君子之车",流露出军人特有的自豪之情。接着围绕战车描写了两个战斗场面:"戎车既驾,四牡业业。岂敢定居?一月三捷。"这概括地描写了威武的军容、高昂的士气和频繁的战斗。"驾彼四牡,四牡骙骙。君子所依,小人所腓。"这又进而具体描写了在战车的掩护和将帅的指挥下,士卒们紧随战车冲锋陷阵的场面。最后,由战斗场面又写到将士的装备:"四牡翼翼,象弭鱼服。"战马强壮而训练有素,武器精良而战无不胜。将士们天天严阵以待,只因为猃狁实在猖狂,"岂不日戒?猃狁孔棘",既反映了当时边关的形势,又再次说明了久戍难归的原因。

　　末章戍卒从追忆中回到现实,随之陷入更深的悲伤之中,朗读时要注意语调低沉哀婉。"昔我往矣,杨柳依依。今我来思,雨雪霏霏。"这是写景记事,更是抒情伤怀。那一股缠绵的、深邃的、飘忽的情思,从画面中自然流出,含蓄深永,味之无尽。这里有着悲欣交集的故事,也仿佛是个人生命的寓言。个体生命在时间中存在,而在"今"与"昔"、"来"与"往"、"雨雪霏霏"与"杨柳依依"的情境变化中,戍卒深切体验到了生活的虚耗、生命的流逝及战争对生活价值的否定。"我心伤悲,莫知我哀",全诗在这孤独无助的悲叹中结束。

诵读标识

　　采薇▲采薇,薇亦▲作止。曰归▲曰归,岁亦▲莫止。↘靡室▲靡家,猃狁▲之故。不遑▲启居,猃狁▲之故。↘

　　采薇▲采薇,薇亦▲柔止。曰归▲曰归,心亦▲忧止。↘忧心▲烈烈,载饥▲载渴。我戍▲未定,靡使▲归聘。↘

　　尽量体会士兵强烈的思家情绪以及对"猃狁"入侵的愤恨之情。

　　采薇▲采薇,薇亦▲刚止。曰归▲曰归,岁亦▲阳止。王事▲靡盬,不遑▲启处。忧心▲孔疚,＞我行▲不来!//

　　心情渐趋悲伤,语调低沉,"不来"二字虚读。

　　彼尔▲维何?维常▲之华。彼路▲斯何?君子▲之车。戎车▲既驾,四牡▲业业。岂敢▲定居?一月▲三捷。↗

　　驾彼▲四牡,四牡▲骙骙。↗君子▲所依,小人▲所腓。四牡▲翼翼,象弭▲鱼服。岂不▲日戒?猃狁▲孔棘!//ＶＶ

　　语调高扬,语速稍快,尽量体会战争的紧张气氛。

　　昔我▲往矣,杨柳▲依依。↗今我▲来思,雨雪▲霏霏。行道▲迟迟,载渴▲载饥。我心▲伤悲,莫知Ｖ我哀!＞

　　通过今昔对比,一步一蹒跚,语调渐缓渐悲,尽情流露出了士卒的悲叹无助之情。

(房瑞丽　注解)

离骚(节选)

[战国]屈原

原文注释

余既滋兰之九畹兮[一]，又树蕙之百亩[二]。畦留夷与揭车兮[三]，杂杜衡与芳芷[四]。冀枝叶之峻茂兮[五]，愿竢时乎吾将刈[六]。虽萎绝其亦何伤兮[七]？哀众芳之芜秽[八]。众皆竞进以贪婪兮[九]，凭不厌乎求索[十]。羌内恕己以量人兮[十一]，各兴心而嫉妒[十二]。忽驰骛以追逐兮[十三]，非余心之所急[十四]。老冉冉其将至兮[十五]，恐修名之不立[十六]。

[一] 滋：栽，栽种。九畹(wǎn)：极言其多。畹，十二亩田曰畹，一说三十亩田曰畹。

[二] 树：种植。蕙：香草名。

[三] 畦：五十亩，这里用作动词，是种一畦的意思。留夷、揭车，香草名。

[四] 杂：掺杂栽种。杜衡、芳芷(zhǐ)：香草名。

[五] 冀：希望。峻茂：高大茂盛。

[六] 竢(sì)：同"俟"，等待。刈(yì)：收割。

[七] 萎绝：枯萎。何伤：何妨；不要紧。

[八] 芜秽：荒芜，谓田地不整治而杂草丛生。此处比喻人才变质。

[九] 众：指群小。竞进：指对权势利禄的争相追逐。

[十] 凭：满足。楚人名"满"曰"凭"。求索：对权势财富的追求索取。

[十一] 羌(qiāng)：楚地方言，发语词。内恕己：意思是对己宽容。

[十二] 兴心：生心。

[十三] 驰骛(wù)：疾驰，奔腾。追逐：指追求权势财富。

[十四] 所急：急于去做的事。

[十五] 冉冉：渐渐，形容时光渐渐流逝。

[十六] 修名：美好的名声。

背景介绍

《离骚》创作于屈原被楚怀王疏远时，"发愤以抒情"创作出的一首政治抒情诗。屈原学识丰富，"明于治乱，娴于辞令"，具有远大的理想，对内主张修明法度、任用贤才,对外主张联齐抗秦。楚国贵族集团中的顽固派不断打击和排挤屈原,使他一生为之奋斗呼号的政治理想得不到实现。他就用诗歌倾吐自己的忧愁幽思、缠绵悱恻的情绪。

朗读提示

本节中的兰、蕙、留夷、揭车、杜衡、芳芷,都是香草,皆比喻屈原任三闾大夫时所培育的学生。兰蕙属于资质最优者,所以在朗读的时候语气要稍微加重一些。"冀枝叶之峻茂兮,愿竢时乎吾将刈",继续用香草比喻人才,表示等待贤才成长后能够得到任用,改革政事。屈原满怀希望等待着培育的人才苗壮成长,此处语调渐强,语气高扬。紧接着的"哀众芳之芜秽",承上用比,意思说:自己培育、推荐的人才即使遭受摧残打击倒也无妨,最可悲的是他们的变节与堕落。痛惜之情溢于言表,语气低沉。"众皆"两句是说这帮小人贪婪成性,追逐名利没有满足的时候。"羌内"两句指那些小人对自己宽容,却用卑劣的心理揣度别人,因而生出嫉妒之心。在朗读时,要以沉痛的语气,对这些群小的行为进行批判,读出屈原心中的愤懑之情。最后四句说的是他们疯狂地追逐权势财利,并非做"我"心中所急的事。"我"怕的是时间流逝,自己渐渐衰老,无所作为,不能留下美好的名声。朗读时,用低沉的语气,读出屈原的哀婉沉痛,久久不能自已之情。

屈原的《离骚》中有许多楚地方言"兮"字,是语气助词,在朗读时应拉长语气,感受诗歌所表达的思想感情。

诵读标识

余∨既滋▲兰之九畹兮,又树▲蕙之百亩。畦∨留夷▲与▲揭车兮,杂∨杜衡▲与▲芳芷。//冀∨枝叶之峻茂兮,愿竢时▲乎∨吾将刈。＜

屈原表达了自己满怀希望等待着培育的人才苗壮成长,语调渐强,语气高扬。

虽萎绝▲其亦何伤兮?哀∨众芳之芜秽。＞//

屈原说自己培育、推荐的人才即使遭受摧残打击倒也无妨,最可悲的是他们的变节与堕落。痛惜之情溢于言表,语气低沉。

众▲皆竞进▲以贪婪兮,凭不厌乎∨求索。羌▲内恕己以量人兮,各▲兴心而嫉妒。//忽驰骛▲以追逐兮,非∨余心之所急。老冉冉▲其将至兮,↗恐修名▲之不立。

屈原担心的是时间流逝，自己渐渐衰老，无所作为，不能留下美好的名声。朗读时，用低沉的语气，读出屈原的哀婉沉痛，久久不能自已之情。

（房瑞丽　注解）

蒿里行

[汉]曹操

原文注释

　　关东有义士[一]，兴兵讨群凶[二]。初期会盟津[三]，乃心在咸阳[四]。军合力不齐[五]，踌躇而雁行[六]。势利使人争，嗣还自相戕[七]。淮南弟称号[八]，刻玺于北方[九]。铠甲生虮虱[十]，万姓以死亡[十一]。白骨露于野，千里无鸡鸣。生民百遗一[十二]，念之断人肠。

　　[一] 关东：函谷关（今河南灵宝西南）以东。义士：指起兵讨伐董卓诸州郡将领。

　　[二] 讨：讨伐。群凶：指董卓及其爪牙。

　　[三] 初期：本来希望。盟津：即孟津（今河南孟州南），传为武王伐纣会盟八百诸侯处，借指本来期望群雄同心协力。

　　[四] 乃心：其心，指上文"义士"之心。咸阳：秦首都，此借指董卓控制的长安地区。

　　[五] 力不齐：指讨董卓诸将各有谋算，力量不集中。

　　[六] 踌躇：徘徊，迟疑不进状。雁行（háng）：指军队列阵前行，如飞雁的行列。此句倒装，正常语序为"雁行而踌躇"，谓军队相次排列，徘徊观望，不肯前进。

　　[七] 嗣：后来。还：同"旋"，不久。自相戕（qiāng）：自相残杀。时盟军中袁绍、公孙瓒等发生了内部攻杀。

　　[八] "淮南"句：董卓被杀后，袁绍异母弟袁术于建安二年（197）在淮南寿春（今安徽寿县）自立为帝。

　　[九] "刻玺"句：指初平二年（191）袁绍谋废献帝，立幽州牧刘虞为皇帝，刻制印玺。玺，皇帝专用的印章。

　　[十] 铠（kǎi）甲：古代的护身战服。金属制为铠，皮制为甲。虮，虱卵。

　　[十一] 万姓：百姓。以：因此。

　　[十二] 生民：百姓。遗：剩下、存活。

背景介绍

东汉末年,天下板荡,战乱频仍,以曹操为首的一批文学家目睹时代的乱离、感受生命的无常,所以在创作中形成了关注苦难、气魄雄伟、慷慨悲凉的风格,我们称之"建安风骨"。

"横槊赋诗,固一世之雄"(宋苏轼《前赤壁赋》)的曹操,现存诗歌虽不过二十余首,却有很高的艺术价值。它们或书写时代乱离和人民疾苦,被后人称为"汉末实录""诗史"(明钟惺《古诗归》);或抒写一代枭雄的理想抱负和雄心壮志。这些诗歌呈现出非常鲜明而独特的艺术特征:"悲而壮"。

本篇《蒿里行》是一首历史纪实诗,作于建安二年(197)之后。当时权臣董卓挟持汉献帝,占据京城,凶残好杀,引致州郡将领群起讨伐;董卓被诛后,其部下李傕和郭汜又为了把持朝政互相火拼,导致百姓流离失所、苦不堪言。在此历史背景中,曹操实写讨董盟军由最初的合力讨逆,到各派分裂、争权夺利、互相残杀的历史发展过程,揭示了战乱带来的灾难痛苦:战士铠甲不离身,疲于奔命;百姓大量死亡,白骨累累。

朗诵提示

《蒿里行》本来是古代送葬时用的挽歌,曹操以此乐府古题写战争丧乱的时事。"《薤露》哀君,《蒿里》哀臣"(清方东树《昭昧詹言》),可见曹操落笔的对象,是身份为"臣"的军阀将领、普通战士和百姓。本诗深具"建安风骨",现实主义笔法与抒情性完美结合,文辞质朴,而风格古朴悲凉、慷慨沉雄。

本篇的朗诵基调应该是悲愤批判和沉郁哀挽并存。又,本诗以历史事件的因果关系为线索结构全篇,因此,朗诵这首诗歌要注意以下四个层面的情感变化:

第一层次四句总起,介绍讨董盟军会合的正义初衷。对此曹操是认可的,所以在朗诵时,要把理直气壮、同仇敌忾的慷慨激情表达出来。

第二层次四句承接,写大军云集,将领却各怀鬼胎、互相残杀。朗诵这部分内容,要传递出作者由不满而悲愤、痛切的细腻情绪转变。

第三层次四句转折,诗人对袁绍、袁术兄弟借讨董之名谋权称帝的丑陋面目予以揭露批判,并写出了因此造成的后果。这部分诵读,要把握作者对军阀自私自利、不顾民生疾苦的愤怒和痛切已经达到了极致,然后急转而下,对普通将士的同情和对百姓的怜悯,从而沉郁悲凉的情绪变化。

第四层次四句收束,通过图绘灾难惨象,表现出对人民的无限同情和对国事的担忧。这部分诵读,抒情性要强,要把画面背后隐藏的苍凉、担忧、悲悯、痛心感表现出来。

诵读标识

关东∨有▲义士,兴兵∨讨▲群凶。
理直气盛、慷慨激昂

初期∨会▲盟津,乃心∨在▲咸阳。
理性解说,相对平和

军合∨力不齐,踌躇∨而雁行。
不满　　　　　　而(轻声)　　无奈

势利∨使▲人争,嗣还∨自▲相戕。＞
愤怒　　　　　　　　　痛切、悲凉

淮南▲弟∨称号,↗刻玺∨于北方。
激愤　　　　　　　于(轻声),讽刺

铠甲∨生▲虮虱,万姓∨以▲死亡。
同情　　　　　　　　悲悯

白骨∨露▲于野,千里∨无▲鸡鸣。↘
忧愁激切而深沉痛苦

生民∨百遗一,念之∨断人肠。＞
激烈痛切　　沉郁担忧,追悼哀挽,"断人肠"三字连读,余韵要悠长。

(赵素文　注解)

白马篇[一]

[魏]曹植

原文注释

　　白马饰金羁[二]，连翩西北驰[三]。借问谁家子，幽并游侠儿[四]。少小去乡邑[五]，扬声沙漠垂[六]。宿昔秉良弓[七]，楛矢何参差[八]！控弦破左的[九]，右发摧月支[十]。仰手接飞猱[十一]，俯身散马蹄[十二]。狡捷过猴猿[十三]，勇剽若豹螭[十四]。边城多警急，虏骑数迁移[十五]。羽檄从北来[十六]，厉马登高堤[十七]。长驱蹈匈奴[十八]，左顾凌鲜卑[十九]。弃身锋刃端[二十]，性命安可怀[二十一]。父母且不顾，何言子与妻。名在壮士籍[二十二]，不得中顾私[二十三]。捐躯赴国难[二十四]，视死忽如归。

　　[一]白马篇：又名"游侠篇"，是曹植创作的乐府新题，属《杂曲歌·齐瑟行》，用开篇二字命名。

　　[二]金羁(jī)：用黄金装饰的马笼头。

　　[三]连翩(piān)：原指鸟飞的样子，这里用来形容白马奔驰的俊逸形象。

　　[四]幽并(bīng)：幽州和并州。在今河北、山西、陕西一带。

　　[五]去乡邑(yì)：离开家乡。邑：古时指县。

　　[六]扬声：扬名。垂：同"陲"，边境。

　　[七]宿昔：早晚。秉：执、持。

　　[八]楛(hù)矢：用楛木做成的箭。何：多么。参差(cēn cī)：长短不齐的样子。

　　[九]控弦：开弓。的：箭靶。

　　[十]摧：毁坏。月支：箭靶的名称。这里左、右属互文见义。

　　[十一]接：接射。飞猱(náo)：飞奔的猿猴。猱：猿的一种，行动轻捷，攀缘树木，上下如飞。

　　[十二]散：射碎。马蹄：箭靶的名称。

　　[十三]狡捷：灵活敏捷。

　　[十四]勇剽(piāo)：勇敢剽悍。螭(chī)：传说中形状如龙的黄色猛兽。

　　[十五]虏骑(jì)：指匈奴、鲜卑的骑兵。数(shuò)迁移：指经常进兵入侵。数，经常。

[十六] 羽檄(xí):军事文书,插鸟羽以示紧急,必须迅速传递。

[十七] 厉马:扬鞭策马。

[十八] 长驱:向前奔驰不止。蹈:践踏,踩。

[十九] 顾:看。凌:压制。鲜卑:中国东北方的少数民族,东汉末成为北方强族。

[二十] 弃身:舍身。

[二十一] 怀:爱惜。

[二十二] 籍:名册。

[二十三] 中顾私:心里想着个人的私事。中:内心。

[二十四] 捐躯:献身。赴:奔赴。

背景介绍

曹植生于汉献帝初平三年(192),享有"建安之英"的美誉,是曹操之子,曹丕之弟。汉末大乱,少年曹植跟随父亲南征北战,目睹中原从混战逐步走向统一。他自称"生乎军,长乎军",亲历过军旅生活。当时的时代风气与其家族都洋溢着昂扬奋发的精神,充满着慷慨激昂的气息。汉末的分裂割据和建功立业的时代豪情为有理想、有抱负之士提供了机遇,他们投身沙场,慷慨赴死,成为时代的最强音。

《白马篇》是曹植前期的代表作之一。他前期的作品题材广泛,举凡游乐宴饮、聚会送别、言志抒情都有涉及,作品豪逸洒脱,风流蕴藉。在《白马篇》中,笔触曲折动人,歌颂了侠客捐躯赴难、奋不顾身的英勇行为,塑造了侠客武艺高超、忧国忘家甚至不惜牺牲生命的英雄形象,表达出了诗人自身强烈的建功立业的渴望。该诗词采华茂,风骨俊逸,气氛热烈,情调兼胜,作品中的少年侠客既是曹植的自我写照,同时又凝聚和闪耀着建安时期文人身上的"风云之气"。

朗诵提示

这首五言古诗描写的这位边地游侠少年,实际上就是少年曹植的英雄梦。本诗的朗诵基调应该是慷慨激昂、沉着果断,朗诵时应注意以下几点:

一开篇,诗人借助少年侠客身骑白马奔赴西北战场的画面来暗示军情的紧急,借助烘云托月的奇警之句,令人感到气势不凡,扣人心弦,引起好奇。他是谁?为何如此行色匆匆?用紧张、惊奇的语调为下文做好了铺垫。

接着诗人自问自答,以"借问"领起,用铺陈的笔墨补叙英雄的身世及本领。用骄傲自信的语气介绍这位骁勇善战、为国效力的少年侠客。"宿昔"八句,诗人刻意用一连串的对偶句铺陈描写了这位侠客的武艺超群。"破""摧""接""散"等动词的接连使用以及空间位置上的腾挪跌宕生动地展现了侠客的敏捷勇猛、轻捷灵巧。这部分内容颇具画面感,在朗诵时可以借助语音、语速方面的变化做快节奏的呈现。这部分实际上是插叙,对少年侠客的盖世武功及英勇神武进行了铺陈,语调上可以上扬一些。

"边城"六句,与诗歌的开篇相呼应,再继之以紧急,具体说明游侠儿"西北驰"的原因和英勇赴敌的气概。与上文形成了一种因果关系,前面已经细致地描写了游侠儿的高超武艺,因此在危急时刻他能够驰骋沙场,英勇杀敌。此处,对他的沙场立功只用"长驱蹈匈奴,左顾凌鲜卑"便做了简练概括,详略得当,剪裁恰当。朗诵时可以采用较为沉着痛快的语气。

"弃身"末八句揭示了这位少年侠客的内心世界,展现了他捐躯为国、视死如归的崇高精神。侠客不但在战场上能够克敌制胜,更重要的是,他在家与国之间毫不犹豫地进行了选择。虽然对父母妻子心怀愧疚,但在国家危难之际,他果断地选择了视死如归,慷慨豪迈的宣言令我们真切感受到一位有血有肉、英勇不凡的侠客形象。朗诵时的情感需要激昂壮烈,慷慨沉郁。

《白马篇》是曹植前期诗歌中的名作。曹植诗的"赡丽""尚工""致饰""骨气奇高"(钟嵘《诗品》上),还有曹植的"雅好慷慨"(《前录自序》)都在此诗中有充分体现。

诵读标识

白马▲饰金羁,连翩▲西北驰。//借问▲谁家子,幽并▲游侠儿。
紧张、惊奇的情绪　　　　　　　　设问句,语调上升,略带好奇,恍然大悟

少小▲去乡邑,扬声∨沙漠垂。宿昔▲秉良弓,楛矢▲何参差!
铺陈介绍,自豪骄傲的语气　　　果断利落

控弦∨破▲左的,右发▲摧月支。仰手接飞猱,俯身▲散马蹄。
一环紧扣一环,层层深入,络绎不绝,语气中充满自豪与激动。

狡捷▲过猴猿,勇剽▲若豹螭。//∨∨ 边城▲多警急,虏骑▲数迁移。
表达了对侠客精湛武艺的赞赏。　语气急促表现战况紧急,波澜起伏,摇曳多姿。

羽檄▲从北来,厉马∨登▲高堤。长驱∨蹈▲匈奴,左顾∨凌▲鲜卑。//∨∨
英雄气概,睥睨强敌,举重若轻,自信从容。此处与下文有叙事与抒怀的转

换,可作稍长停顿。

　　弃身∨锋刃端,性命∨安可怀。

正面陈词,义正词严,点出英雄的舍身报国。

　　父母▲且不顾,何言▲子与妻。

言辞更进一步,情感更激烈。

　　名在▲壮士籍,不得▲中顾私。捐躯∨赴▲国难,视死∨忽如归。

婉转传情,慷慨沉郁。　　　豪言壮语,一字千钧,高昂沉雄,凸显英雄本色。

(滕春红　注解)

咏荆轲^[一]

[东晋]陶渊明

原文注释

燕丹善养士^[二]，志在报强嬴^[三]。招集百夫良^[四]，岁暮得荆卿^[五]。君子死知己^[六]，提剑出燕京^[七]；素骥鸣广陌^[八]，慷慨送我行^[九]。雄发指危冠^[十]，猛气冲长缨^[十一]。饮饯易水上^[十二]，四座列群英。渐离击悲筑^[十三]，宋意唱高声^[十四]。萧萧哀风逝，淡淡寒波生^[十五]。商音更流涕^[十六]，羽奏壮士惊^[十七]。心知去不归，且有后世名^[十八]。登车何时顾^[十九]，飞盖入秦庭^[二十]。凌厉越万里^[二十一]，逶迤过千城^[二十二]。图穷事自至^[二十三]，豪主正怔营^[二十四]。惜哉剑术疏^[二十五]，奇功遂不成^[二十六]。其人虽已没^[二十七]，千载有余情^[二十八]。

[一] 荆轲：也称庆卿、荆卿、庆轲，战国时期著名刺客，受燕太子丹所遣，入秦刺秦王嬴政。

[二] 燕丹：燕国太子，名丹。士：门客。

[三] 报：报复，报仇。强嬴（yíng）：强秦。嬴指秦王嬴政，即后来统一六国的秦始皇。

[四] 百夫良：众多武士中之杰出者。百，成数，泛指。

[五] 荆卿：即荆轲。卿，犹"子"，对人的尊称。

[六] 死知己：为知己而死。

[七] 燕京：燕国的都城，在今北京一带。

[八] 素骥：白色骏马。白色是丧服色，暗示同秦王决一死战。广陌：宽阔的干道。

[九] 慷慨：情绪激昂。

[十] 雄发上指冠：怒发冲冠。雄发，怒发。冠：帽子。

[十一] 缨（yīng）：绳。此指系帽子的丝带。

[十二] 饮饯：饮酒送别。易水：在今河北省西部，源出易县境。

[十三] 渐离：高渐离，燕国人，与荆轲善，擅击筑。筑（zhù）：古击弦乐器，形似筝。

〔十四〕宋意：燕太子丹所养士。

〔十五〕萧萧：风声。淡淡：水波摇动状。此二句化用自荆轲临行所唱《易水歌》："风萧萧兮易水寒，壮士一去兮不复还。"

〔十六〕商音：古代乐调分为宫、商、角、徵（zhǐ）、羽五个音阶，商音调凄凉。

〔十七〕羽奏：演奏羽调。羽调悲壮激越。

〔十八〕且：将。名：不畏强暴、勇于赴死之名声。

〔十九〕登车何时顾：反诘句，谓"一上车就不回头"，义无反顾之意。

〔二十〕飞盖：车子如飞般疾驰。盖：车盖，代指车。

〔二十一〕凌厉：意气昂扬、奋起直前状。

〔二十二〕逶迤（wēi yí）：路途弯曲延续不绝状。

〔二十三〕图穷：地图展开至尽头。《史记·刺客列传》："荆轲取图奏之，秦王发图，图穷而匕首见。"事自至：行刺之事自然发生。

〔二十四〕豪主：豪强的君主，指秦王。怔（zhèng）营：惊恐、惊慌失措状。

〔二十五〕剑术疏：剑术不精。

〔二十六〕奇功：指刺秦王之功。遂：竟。

〔二十七〕其人：指荆轲。没：死。

〔二十八〕余情：不尽的豪情。

背景介绍

在大部分人的印象中，陶渊明是一位隐逸诗人，为人抱璞守真，不慕荣利。他创作了大量平淡而淳美的田园诗，描绘农村宁静恬美的景物，歌咏悠然自得的归隐生活，表达自己鄙弃官场、怡然自乐的思想感情，时而也感慨一下劳动艰辛、民生疾苦。这样一位诗人，似乎很难与鲁迅先生"金刚怒目"的评价联系起来。然而，《咏荆轲》这首借史咏怀、托古言志的咏史诗，却确实抒发出了这种浩然豪气，在以平淡著称的陶诗中可谓别具一格。宋朱熹说，《咏荆轲》是陶渊明露出豪放本相的作品（《朱子语类》）；清龚自珍《己亥杂诗》也赞他："吟到恩仇心事涌，江湖侠骨恐无多。"

《咏荆轲》大约作于晋宋易代之后，陶渊明五十余岁时。虽然晚年生活过得拮据，"夏日抱长饥，寒夜无被眠"（《怨诗楚调示庞主簿邓治中》），他仍然对东晋王朝保持忠义，不满刘裕废晋恭帝建立刘宋王朝的自利行为。历代文人，借思古之酒杯，多为浇胸中之块垒。表面安贫乐道的陶渊明，内心一直羁押着一只豪放侠义的猛虎，他也曾"少时壮且厉，抚剑独行游"（《拟古》之八），"猛志逸四海，骞翮思远翥"（《杂诗》之五），这不仅是其早年的生活志趣,也是一生不衰的"猛志"。疾恶除暴、舍身济世之心常在,加上忠义的政治志趣驱动,折射进创作,才有了他笔下不畏强暴、慷慨献身的侠士荆轲。

朗诵提示

《咏荆轲》取事于《战国策·燕策》和《史记·刺客列传》,却并不是简单地用诗的形式复述历史故事。诗人按照历史事件发生发展的经过,描写出京、饮饯、登程、搏击四个场面,特别着力于人物动作的刻画,塑造出一个大义凛然的除暴英雄形象。作者用极大的热情歌颂了荆轲刺秦王的壮举,在对奇功不建的深切惋惜中,抒发出自己对黑暗政治的满腔悲愤,寄托了自己坚强不屈的意志。因此,本诗的朗诵基调应该是悲壮和赞美,诵读时要通过声音语调的抑扬顿挫,传达出以下几个层面思想情感的变化:

第一部分头四句,从燕太子丹养士报秦引出荆轲,开门见山便将人物(荆轲)置于秦、燕矛盾之中,渲染其出众、雄俊为百夫良。朗诵者要通过把握住并表现好这种紧张激烈的历史背景冲突感,充分表达出对荆轲资质和能力的赞赏,和作者在他身上寄寓的深沉期待。

第二部分十六句,详细描绘荆轲出燕,众人送行,易水饯行,慷慨悲歌的场面。诵读的过程中,要把握好作者的情绪由平缓而渐趋激昂,再回落为毅然赴死、曲终人散的悲壮苍凉,要情真意足而豪气自生。

第三部分四句,写荆轲义无反顾、直捣秦邦,言简意远。要朗诵出其决死之心与一往无前的舍身气概,以及作者隐含的紧张期待。

第四部分六句,写行刺失败,虽惜墨如金,却有很强的情感张力,是全诗的高潮。写秦王慌张惊恐反衬出荆轲的果敢与威慑,对荆轲被击杀只字不提。最后还加上了两句饱蘸感情的直接抒情和评述。朗诵要表现出作者的鲜明倾向、强烈爱憎,把激昂、遗憾和对人物盖棺论定的赞叹多重交织的情感表现出来。

诵读标识

燕丹▲善▲养士,志在▲报▲强嬴。↗
交代历史背景,深沉历史感。
招集∨百夫▲良,岁暮∨得▲荆卿。
对荆轲才能的赞赏,寄托深沉期待。

君子▲死▲知己，提剑▲出燕京；
壮烈、利落的情绪，"出燕京"连读。

素骥∨鸣▲广陌，慷慨∨送▲我行。＜
平缓、略显苍凉的情绪。

雄发∨指▲危冠，猛气∨冲▲长缨。
声音转向激昂。

饮饯▲易水▲上，四座▲列▲群英。
相对客观平和的叙述。

渐离∨击▲悲筑，宋意∨唱▲高声。
惜别赴死，悲壮情调。

萧萧∨哀风逝，淡淡∨寒波生。
余韵不尽

商音∨更▲流涕，羽奏∨壮士▲惊。
悲壮、激烈

心知∨去▲不归，且有∨后世▲名。＞
赞美、崇敬

登车∨何时顾，飞盖∨入秦庭。
一往无前的果决和豪气。

凌厉∨越▲万里，逶迤∨过▲千城。
气势恢宏激烈。

图穷∨事▲自至，豪主∨正▲怔营。＜
渲染紧张气氛和惊慌情绪。

惜哉∨剑术▲疏，奇功▲遂▲不成。＞
遗憾叹息

其人▲虽▲已没，千载∨有▲余情。＞
盖棺论定，客观有力的肯定和叹息。

（赵素文　注解）

拟行路难(其六)

[南北朝]鲍照

原文注释

对案不能食[一]，拔剑击柱长叹息。丈夫生世会几时？安能蹀躞垂羽翼[二]！弃置罢官去[三]，还家自休息。朝出与亲辞，暮还在亲侧。弄儿床前戏，看妇机中织。自古圣贤尽贫贱，何况我辈孤且直[四]！

[一]案：放食器的小几。

[二]蹀躞(dié xiè)：小步走路状。垂羽翼：喻困顿失意。

[三]弃置：抛弃搁置。

[四]孤且直：特立而正直。

背景介绍

南朝前期，刘宋武帝刘裕至文帝刘义隆元嘉年间，国家加强皇权、整顿吏治，促进了经济的发展。因皇室出身寒微，即位后有意打击豪强士族，用寒门士人掌机要权柄，因此庶族文人得以更多进入政权，也开始进入文坛。思想风气也由清谈玄学转回儒学主流，反映在文学思潮上，便是咏山水、善抒情、重个性的元嘉诗风取代玄言诗，逐步发展起来，诗坛遂出现了元嘉三大家：谢灵运、颜延之、鲍照。出身寒门的鲍照，可谓刘宋诗坛最激进的先锋派。

鲍照字明远，家境贫困。元嘉之治对庶族的提拔，给他以脱颖而出的希望，元嘉十二年(435)，鲍照以献诗言志而被擢为临川国侍郎。然而门阀士族的绝对支配力量尚未拔除，随着元嘉三十年(453)刘义隆为皇太子刘劭所弑，刘宋王朝很快陷入阋墙相残的内乱之中。出身孤寒的鲍照，仕途困顿，壮志难酬。他先后入刘义季和刘濬幕府，随后依随孝武帝刘骏；大明五年(461)，出任刘子顼前军参军，故世称"鲍参军"。泰始二年(466)，刘子顼起兵反明帝刘彧失败被杀，鲍照于乱军中遇害，年约五十一岁。

鲍照擅写乐府诗，其乐府广泛运用七言体和五、七言为主的杂言体，突破了前人五言乐府的旧框架，为七言诗的繁荣发展开拓了道路。其《拟行路难》十八首,便是这样的创新之作。诗歌全面深刻地反映了社会生活和时代面貌,尽情地抒吐个人胸怀,感情丰沛,形象鲜明,具有浓厚的浪漫主义色彩,对唐代诗歌的发展至关重要。清代何焯指出:"诗至明远,发露无余。李、杜、韩、白,皆由此也。"(《义门读书记》)

朗诵提示

《拟行路难》其六真实地展示出鲍照作为贫寒士人的生活状况,无法遏抑地流泻出对门阀制度压抑人才的强烈不满和愤慨,用自由豪放的笔调,倾诉如火的激情,形成震撼人心的气势。

因此,此诗的感情基调应该是雄健豪放、激情愤慨的。在朗诵此诗时,应注意三个层次的情感变化:

第一层次开头四句,描写诗人壮志不酬、坐立不安的情态,抒发作者有志难伸的激愤。朗诵要传递出由无奈而迷惘再渐渐转向激烈愤懑的情绪。

第二层次"弃官"以下六句,表面是设想弃官回家过天伦之乐的情景,以还家的乐趣反衬仕途行路艰险,实际上又隐含了闲居无为的无聊情绪。诵读时,要把平和言辞下隐藏的反讽和沉痛的感情传达出来。

第三部分在自我解嘲中借古人为己鸣不平,其锋芒暗指士族社会和那些邪恶的势利小人。朗诵时,情绪宜再次转向桀骜、激烈,斩钉截铁,戛然而止。

诵读标识

对案∨不能食,拔剑▲击柱∨长叹息。＜
无奈而迷惘的情绪。

丈夫▲生世∨会几时?↗安能▲蹀躞∨垂羽翼!∨∨
渐渐转向激烈愤懑。

弃置∨罢官去,↗还家∨自休息。＞
由愤怒而低沉沉悲凉。

朝出∨与▲亲辞,暮还∨在▲亲侧。

弄儿▲床前▲戏,看妇∨机中织。∨∨
相对平和安详,但隐含迷惘失落。

自古▲圣贤▲尽▲贫贱,↗何况我辈∨孤▲且直!
情绪再转向桀骜、激烈,最后戛然而止。

(赵素文　注解)

宿天台桐柏观[一]

[唐]孟浩然

原文注释

　　海行信风帆[二]，夕宿逗云岛[三]。缅寻沧洲趣[四]，近爱赤城好[五]。扪萝亦践苔[六]，辍棹恣探讨[七]。息阴憩桐柏[八]，采秀弄芝草[九]。鹤唳清露垂[十]，鸡鸣信潮早[十一]。愿言解缨络[十二]，从此去烦恼。高步陵四明[十三]，玄踪得二老[十四]。纷吾远游意，乐彼长生道。日夕望三山[十五]，云涛空浩浩。

　　[一]天台：即天台山，它是浙东历史文化名山，位于中国浙江省天台县城北，西南接仙霞岭、括苍山、雁荡山，西北接四明山、金华山，东北连舟山群岛，《元和郡县图志》卷二六"台州唐兴县"载："天台山，在县北十一里。"《临海纪》云："天台山超然秀出，山有八重，视之如一帆。高一万八千丈，周回八百里。"桐柏观：即桐柏宫，道教庙宇，始建于唐景云二年(711)，司马承祯受唐睿宗敕命在天台玉霄峰葛玄炼丹处建观，据《旧唐书》记载，桐柏观规模宏大，由黄云堂、众庙台、元晨坛、炼形室、凤轸台、朝斗坛、龙章阁等建筑构成。

　　[二]海行信风帆：凭风鼓帆在海上航行。信：任凭。

　　[三]夕宿逗云岛：黄昏在云岛住宿停留。逗：停留。

　　[四]缅寻沧洲趣：远处探访水滨隐者的乐趣。缅：遥远的样子。沧洲趣：隐者之乐。谢朓《之宣城郡出新林浦向板桥》诗："既欢怀禄情，复协沧洲趣。"吕延济注："沧洲，洲名，隐者所居。"

　　[五]近爱赤城好：近处喜爱赤城山的无限美好。

　　[六]扪萝亦践苔：手揽长萝而足踩软苔。

　　[七]辍棹恣探讨：停船后去到天台山中观赏探讨。辍棹：停船。恣探讨：恣意尽情地赏玩。

　　[八]息阴憩桐柏：到桐柏观中稍作休息。憩：休息。

　　[九]采秀弄芝草：采摘灵芝仙草。

　　[十]鹤唳清露垂：仙鹤在深夜鸣叫，此时露水垂降。唳：鹤鸣声。

　　[十一]鸡鸣信潮早：早晨拂晓时分，鸡啼鸣，信潮至。信潮：因潮水定时起而称。《异物志》："伺潮鸡，潮水上则鸣。潮水依时而至，故曰信潮。"

　　[十二]愿言解缨络：真想抛掉身上的官服印信。缨络：比喻世俗的缠绕。

[十三] 高步陵四明：迈大步登上四明山之顶峰。四明：山名，在今浙江省宁波市，自天台山发脉，绵亘数境，道书以为第九洞天，相传上有方石，四面如窗，中通日月星辰之光，故称四明山。

[十四] 二老：指道家人物老子、老莱子。《文选·孙绰〈游天台山赋〉》："追羲农之绝轨，蹑二老之玄踪。"李善注："二老，老子老莱子也。"

[十五] 三山：指海上三神山，方丈、蓬莱、瀛洲。晋代王嘉《拾遗记·高辛》载："三壶，则海中三山也。一曰方壶，则方丈也；二曰蓬壶，则蓬莱也；三曰瀛壶，则瀛洲也。"

背景介绍

孟浩然早年有隐居鹿门的修道经历，青年时漫游求仕，干谒张说，诗会李白，结交王维。诗人年三十九，科举不中，入京不仕，遂辗转吴越，诗会江浙，四十六岁第二次前往长安求取功名仍未果，应友所邀，复东游越剡，忘俗于江南的名山古刹。孟浩然壮年游越时期，诗歌一反愤懑决绝情绪，大多淡泊，甚而带有一点开朗的倾向，其心境的调和与数载浙东漫游经历关系密切。该诗创作于诗人漫游浙东时期，写其在今浙江天台景区桐柏观休憩时经历。天台桐柏宫原名桐柏观、桐柏崇道观，为道教主流全真派南宗祖庭，桐柏宫在县城西北 12.5 公里的桐柏山上，九峰环抱，碧溪前流，是中国道教南宗祖庭。整个宫观，穹楼杰阁之雄丽，云窗雾阁之高下，皆隐约于乔林翠霭之中，"崇饰像丽，无以加矣"，壮丽无比，孟浩然屡入此胜境将自身安置于尘俗之外，在山野之境中感悟人生，发出学老子长生之道、脱离官场、隐居山林的喟叹，表现对仙山隐逸生活的追慕。

朗诵提示

天台景区自然景观壮观，是孟浩然心中的朝圣之地，天台山位于今天台县城北，西南连仙霞岭，东北遥接舟山群岛，山多悬岩、峭壁、瀑布，素以"佛宗道源、山水神秀"享誉海内外，《临海纪》："天台山超然秀出，山有八重，视之如一帆。高一万八千丈，周回八百里。"诗人对天台山流连忘返，屡入此胜境会友访道，将自身安置于尘俗之外，在山野之境中感悟人生。诗中描述了孟浩然在天台桐柏观采摘"灵芝仙草"，享受听鹤唳、闻鸡鸣、观早潮的乐趣，表达了对仕途的厌倦、对隐逸生活的向往与追求。诗人既怀有对这些世外仙山的朝圣之情，又再次以诗歌强化天台桐柏观历史景观坐标中的重要地位。

朗诵的基调是愉快洒脱,朗诵这首诗歌要注意以下两点:

第一,全诗分为两部分,第一部分从"海行信风帆"到"鸡鸣信潮早",描写诗人泛游吴越,夜宿天台桐柏观,在这里感受到了采摘灵芝、享受鹤唳、观早朝、闻鸡鸣的乐趣,这种闲情意趣,与当时纷扰的尘世生活、黑暗的官场争斗形成鲜明对比,同时这些描写也为第二部分从"愿言解缨络"到"云涛空浩浩"所反映的归隐之念作了铺垫,说明了诗人顿生隐居世外的环境诱因,这部分要读出诗人心中的欣喜。

第二,在第二部分中,诗人充分表达了自己产生了归隐之念,决定追踪二老遗迹、学习长生之道的心绪和脱离官场、隐居山林的喟叹,表现对隐逸生活的追慕。诗的最后一句描写云涛,是诗人情思的体现,诵读时情感在这里升华,要传达出诗人洒脱之心境,同时注意全诗的起承转合之势。

诵读标识

海行信▲风帆,夕宿逗▲云岛。

缅寻▲沧洲趣,近爱▲赤城好。＞

扪萝▲亦践苔,辍棹恣探讨。

息阴憩▲桐柏,采秀弄▲芝草。

鹤唳清露垂,鸡鸣信潮早。＞//

表达闲情意趣,轻快愉悦。

愿言解缨络,从此▲去烦恼。∨∨

高步▲陵四明,玄踪▲得二老。

纷吾▲远游意,乐彼▲长生道。＜∨∨

日夕▲望三山,云涛∨空浩浩。＞

反映出诗人对隐逸生活的向往和追求,读时注意心境之洒脱。

(仲秋融　注解)

登　高

[唐]杜甫

原文注释

风急天高猿啸哀，渚清沙白鸟飞回[一]。无边落木萧萧下[二]，不尽长江滚滚来。万里悲秋常作客，百年多病独登台。艰难苦恨繁霜鬓[三]，潦倒新停浊酒杯[四]。

[一]渚(zhǔ)：水中小块陆地。鸟飞回：鸟在急风中飞舞盘旋。回：徘徊回旋。注：古音此处押韵，"回"读 huái。(若依今音，读 huí)

[二]落木：秋天飘落的树叶。萧萧：风吹落叶的声音。

[三]繁霜鬓：增多了白发，如鬓边着霜雪。繁：作动词，增多。

[四]潦倒：衰颓，失意。新停：新近停止。注：重阳登高有饮酒之俗，诗人因病戒酒，故曰"新停"。古音此处押韵，"杯"读 bái。(若依今音，读 bēi)

背景介绍

杜甫七律《登高》创作于唐大历二年(767)秋，其时诗人身处夔州地区，于萧瑟秋风中登高远眺，时见万木凋零之景，遂伤身世飘零之情。结合诗人身世遭际，《登高》正是在杜甫五十六岁贫病交加境况下写就的，当时安史之乱虽已结束四载，然各地军阀乘时争夺地盘的大小战事却不止。杜甫失去严武幕府的庇护，只得离开生活多年的成都草堂，南下夔州，所幸得到当地都督照拂，一住便是三年。在此期间，杜甫疾病缠身，心情压抑，秋日独自登上夔州白帝城外高台临眺，望见萧瑟江景，顿时百感交集，感身世飘零、老病孤愁之悲，遂作此"前无昔人，后无来学"的"古今七言律第一"诗(明代胡应麟《诗薮》)。

朗诵提示

《登高》前四句写景，述登高见闻，紧扣秋天的季节特色，描绘了江边空旷寂寥景致。其中首联为局部近景，颔联为整体远景；后四句抒情，写登高所感，围绕诗人自己的身世遭遇，抒发穷困潦倒、年老多病、流寓他乡的悲哀之情。其中颈联自伤身世，将前四句写景所蕴含的比兴、象征、暗示之意揭出，尾联再作申述，以衰愁病苦的自我形象收束。《登高》语言精练，通篇对偶，一、二句还有句中对，充分显示了杜甫晚年对诗歌语言声律等的把握与运用已臻圆通之境。

《登高》朗诵的基调是孤愁沉郁。朗诵这首诗歌要注意以下几点：

第一，要注意表现全诗广阔的意境胸怀。诗中所用韵脚是"ai"，这个韵发音较为响亮，表现的意境襟怀相对宏阔。同时，诗中入声字有短读的特点："独""浊""白""急"；平声字"猿"，注意读音平缓。

第二，首联诗人围绕夔州的特定环境，描写登高见闻，奠定全诗悲戚基调，朗诵要把握快慢节奏，吟诵注意要用沉重的话语带出凄凉的感觉。"猿"字上平声要长重读。紧承之"渚清"句改变上句沉闷，要长吟"清"字这个节奏点，给人以舒缓之感，句中"鸟"字轻盈带过，语气减弱，给人以飞鸟的自由感。"飞"字平声韵需长吟。

第三，颔联书写了夔州之秋的典型特征，对仗工整，"无边"有空间的广阔感，"不尽"有时间的纵深感，吟诵时节奏点上的"边""江"字和韵字"来"需长吟，联绵字"萧萧""滚滚"的第二字也需要长吟。

第三，颈联是转折句，至此开始抒情。诗人无法排解羁旅孤愁，借着眼前壮阔秋景，长啸抒情。本联需长吟节奏点"秋""年"与韵字"台"字，特别是句中"常""多"，前属平声阳韵，后属平声歌韵，诗人以平声字表现悠扬凄清之情，皆需适当长吟。

第四，尾联悲伤情绪达到顶点，充满了诗人忧国伤时之情，需将语速放慢，语调加重，其中需要长吟的是节奏点"难""停"和韵字"杯"。"繁"为上平声元韵，"霜"为下平声阳韵，皆需长吟（"繁"在第五字，比"霜"长吟半拍）。"浊"字为入声，可加重语气语调，"酒"字为上声，因要表达忧愁悲苦之情也需适当延长半拍。

诵读标识

风急▲天高猿啸哀，＞ 渚清▲沙白∨鸟飞回。

深秋之景，吟时较为平稳，奠定悲愁主调。

无边落木∨萧萧∨下，不尽长江∨滚滚∨来。//

悲中观景，皆着我之色彩，显得愈悲，读来带有时空的纵深无垠之感。

万里悲秋▲常作客，百年多病▲独登台。

转成抒情，悲苦变化急剧，吟咏之声当加急。

艰难苦恨▲繁霜鬓，潦倒新停▲浊酒杯。＞

悲情达到顶点，语速减缓，语调加重。末句长吟，遥寄深刻。

（仲秋融　注解）

饮中八仙歌

[唐]杜甫

原文注释

知章骑马似乘船[一]，眼花落井水底眠。汝阳三斗始朝天[二]，道逢麴车口流涎[三]，恨不移封向酒泉。左相日兴费万钱[四]，饮如长鲸吸百川，衔杯乐圣称避贤。宗之潇洒美少年[五]，举觞白眼望青天，皎如玉树临风前。苏晋长斋绣佛前[六]，醉中往往爱逃禅。李白一斗诗百篇[七]，长安市上酒家眠。天子呼来不上船，自称臣是酒中仙。张旭三杯草圣传[八]，脱帽露顶王公前，挥毫落纸如云烟。焦遂五斗方卓然[九]，高谈雄辩惊四筵。

[一] 知章骑马似乘船：贺知章饮酒醉后摇摇晃晃，骑马像乘船一样。知章：贺知章，越州永兴（今浙江萧山）人，《旧唐书》本传载其"晚年尤加纵诞，无复规检，自号'四明狂客'，又称'秘书外监'，遨游里巷，醉后属词，动成卷轴，文不加点，咸有可观"。

[二] 汝阳三斗始朝天：汝阳郡王李琎嗜酒如命，饮酒三斗后去面见当今天子。汝阳：汝阳王李琎，唐玄宗的侄子。

[三] 道逢麴车口流涎：指李琎路上遇到载酒之车就垂涎三尺。麴（qū）车：酒车。涎（xián）：口水。

[四] 左相日兴费万钱：前左丞相李适之日日嗜酒成瘾，为此花费万钱巨资。左相：左丞相李适之，天宝元年（742）八月为左丞相，天宝五年（746）四月，为李林甫排挤罢相。《大唐新语》卷七载其"性简率，不务苛细，人吏便之，雅好宾客，饮酒一斗不乱，延接宾朋，昼决公务，庭无留事"。

[五] 宗之潇洒美少年：名士崔宗之是潇洒的翩翩美少年。宗之：崔宗之，吏部尚书崔日用之子，袭父封为齐国公，官至侍御史，也是李白的朋友。

[六] 苏晋长斋绣佛前：苏晋在佛像画前长期虔诚斋戒。苏晋：开元进士，曾为户部和吏部侍郎。

[七] 李白一斗诗百篇：李白喝一斗酒就能创作出一百篇诗歌。李白：唐诗大诗人，有"诗仙"之称，《新唐书·李白传》记载：唐玄宗在沉香亭召李白写配乐的诗，而他却在长安酒肆喝得大醉。

[八] 张旭三杯草圣传：张旭饮酒三杯，即挥毫作书，时人称为草圣。张旭：

吴人,唐代著名书法家,善草书,时人称为"草圣"。

　　[九]焦遂五斗方卓然:焦遂五杯酒下肚,才得精神振奋。焦遂:布衣之士,平民,以嗜酒闻名,事迹不详。

背景介绍

　　本诗作于杜甫久困寄居长安之时,诗人身处唐王朝由盛转衰的过渡期,唐王朝表面虽维持"盛世"之景,但实际社会政治状况已逐渐混乱,朝局的黑暗腐败也日渐显现。诗中提及的"酒中八仙"为李白、贺知章、李适之、李琎、崔宗之、苏晋、张旭、焦遂八人,他们正是生活在该时期。杜甫选择这八位性格鲜明的人物与"饮酒"联系在一起,每个人物自成一章,彼此衬托映照,诗人用谐趣的笔调,对当朝权贵表示轻蔑与嘲讽,使"酒中八仙"成为混乱时局中挣扎求生的世人代表,反映出普通世人对时局的态度,更体现了诗人在这一特殊时期情感精神的变化历程。这首诗幽默诙谐,别开生面,王嗣奭《杜臆》赞"此创格,前无所因"。

朗诵提示

　　本诗句句押韵,一韵到底,一气呵成。前不用起,后不用收,是一首严密完整的歌行。诗歌并列地分写八人,句数多少不齐,但首、尾、中腰,各用两句,前后或三或四,有变化也有条理。八人中,贺知章资格最老,所以放在第一位。其他按官爵,从王公宰相一直说到布衣。作者写八人醉态各有特点,纯用漫画素描的手法,写他们的平生醉趣,充分表现了他们嗜酒如命、放浪不羁的性格,生动地再现了盛唐时代文人士大夫乐观、旷达的精神风貌。蔡绦《西清诗话》云:"此歌重叠用韵,古无其体。尝质之叔父元度云:此歌分八篇,人人各异,虽重押韵,无害,亦《三百篇》分章之意也。"故朗诵时要重点注意韵律节奏点的把握。

　　朗诵的基调是谐趣轻快。整体情调幽默诙谑,色彩明丽,旋律轻快。朗诵这首诗歌要注意:

　　第一,从整体上看,本诗为一首严密完整的七言歌行,有句句吟咏的特点。本诗平声句句用韵,一韵到底,一气呵成。在吟咏上,注意诗句中的五七字同声与句尾的三平声,即"五七同声"和"三平落脚",它们用在单句的押韵字上,也用在双句的押韵字上,起到调节平仄的作用,如诗中"衔杯乐圣称避贤"句,"称""贤",五七字同声,读时注意平衡语速。又如"高谈雄辩惊四筵"句,"惊四筵"为"五七同声",而"谈"字本可自由选定,但属末句,声宜缓缓落下,故谈字仍须吟咏,使人感到古声古调,不同凡响。

第二,朗诵时注意诗句表达的具体情感,首段主要表现贺知章对现状不甚满足、迷茫不得意时,只得借酒以避的情状,此时诗人的情感状态还是相对轻松的。诗人对汝阳郡王李琎是一种感激却又惋惜的态度,"道逢麹车口流涎"句的狂态则暗示出诗人心中的沉痛之意。接着,对左丞相李适之的描写是以悲痛的心绪表现出对其悲剧的同情与惋惜,对高门少年崔宗之则着笔于他的蔑视青天、放任不拘的风神。诗中对第五仙苏晋的反抗表现突出,他放弃凡俗入禅,又违反戒规醉酒,辗转于禅和酒之间却仍逃不出尘世的拘束与压迫。全诗的高潮是对"诗仙"李白的风流不羁、斗酒百篇之豪情的深深赞叹。最后,诗人以张旭、焦遂借酒挥毫泼墨与高谈阔论的场景作结,令人意犹未尽。总之,朗读中要将不同人物的性格及情状予以展现。

诵读标识

知章∨骑马∨似乘船,眼花落井▲水底眠。＞

诵读时注意表现晃晃悠悠昏睡貌。

汝阳三斗∨始朝天,道逢麹车▲口流涎,恨不移封向酒泉。↗

注意表现汝阳郡王口水直流、遗憾没能封在九泉当值的情状。

左相日兴费∨万钱,饮如长鲸▲吸百川,衔杯乐圣称▲避贤。＞

表现不惜花费万钱饮酒之夸张貌,以及豪饮脱略政事以便让贤之潇洒貌。

宗之潇洒美少年,举觞白眼▲望青天,皎如玉树▲临∨风前。

傲视青天,俊美之姿有如玉树临风。

苏晋长斋绣佛前,醉中往往爱逃禅。

表现饮酒忘戒律的戏谑。

李白一斗▲诗百篇,长安市上∨酒家眠。天子呼来▲不上船,自称臣是▲酒中仙。↗

表现李白酒助诗兴、自称酒仙之潇洒貌。

张旭三杯▲草圣传,脱帽露顶∨王公前,挥毫∨落纸∨如云烟。＞

表现张旭酒后若得神助之豪情貌。

焦遂五斗▲方卓然,高谈雄辩∨惊▲四筵。＞

表现焦遂喝酒才得精神振奋,在酒席上高谈阔论、语惊四座之飞扬神采。

(仲秋融 注解)

封丘作

[唐]高适

原文注释

　　我本渔樵孟诸野[一]，一生自是悠悠者[二]。乍可狂歌草泽中[三]，宁堪作吏风尘下[四]？只言小邑无所为[五]，公门百事皆有期[六]。拜迎官长心欲碎[七]，鞭挞黎庶令人悲[八]。归来向家问妻子[九]，举家尽笑今如此[十]。生事应须南亩田[十一]，世情付与东流水[十二]。梦想旧山安在哉[十三]，为衔君命且迟回[十四]。乃知梅福徒为尔[十五]，转忆陶潜归去来[十六]。

　　[一] 渔樵：打鱼砍柴。孟诸：古大泽名，在今河南商丘东北。

　　[二] 悠悠：闲适貌。

　　[三] 乍可：只可。草泽：草野，民间。

　　[四] 宁堪：哪堪。风尘：尘世扰攘。

　　[五] 小邑：小城。

　　[六] 公门：官府，衙门。期：期限。

　　[七] 碎：一作"破"。

　　[八] 黎庶：黎民百姓。

　　[九] 归：一作"悲"。妻子：妻子与儿女。

　　[十] 举家：全家。

　　[十一] 生事：生计。南亩田：泛指田地。

　　[十二] 世情：世态人情。

　　[十三] 旧山：家山，故乡。

　　[十四] 衔：奉。且：一作"日"。迟回：徘徊。

　　[十五] 梅福：西汉末隐者。曾任南昌县尉，数次上书言事。后弃家隐遁，传说后来修道成仙而去。

　　[十六] 陶潜：即陶渊明，东晋诗人。归去来：指陶渊明写的《归去来兮辞》。

背景介绍

　　高适是唐代政治成就最为突出的诗人之一。他生活在盛唐，"喜言王霸大略，务功名，尚节义，逢时多难，以安危为己任"（《旧唐书·高适传》）。青少年时期家道中落，他本人又不善经营，始终生活在闲散困顿之中，直到年近五十，才经朋友推荐中了"有道科"，担任封丘县尉的官职。《封丘作》便是他这个时期的作品。

这首诗作是高适发自肺腑的人道主义内心独白，揭示了他理想与现实的矛盾和出仕之后又强烈希望归隐的心声。全诗先自我剖析本性的自在放旷，而后谈到身为小吏的无奈与悲哀，最后追述前贤往事，表达不愿与世俗同流合污的志向。

朗诵提示

在唐代，高适在封丘做的县尉属于较为底层的官员，既要维护社会秩序，又不可避免地要参与一些"鞭挞黎庶"的公务。此诗借四个层次写出了他在此职位上内心的痛苦与纠结。

诗歌一开篇的四句便高亢激越，交代了自己初心的同时，说明了整首诗歌的主旨"不堪作吏"的原因，这也是诗人压抑已久的情感的爆发。对抱负不凡的高适来说，县尉这个"从九品"的卑微小吏与他追求的建功立业有天壤之别。面对眼前的蝇营狗苟，诗人不由怀念起当年在梁园附近自由自在的"渔樵"生活。"乍可"与"宁堪"相对，凸显出诗人的懊恼、追悔及愤慨之情。

"只言"以下四句，对客观现实进行描写，补充说明不堪作吏的现实，与上文形成对比，感情转而深沉，音调亦随之低平压抑。高适本有鸿鹄之志，不得已作了封丘县尉，初入仕途的诗人还是比较理想主义的，哪知一旦走进了衙门，种种烦琐公事，应对不暇，非常郁闷。动辄便要穿戴整齐地"拜迎长官"，这固然令诗人难以忍受，然而更让他难堪的是，他时不时还要充当"鞭挞黎庶"的工具，这对诗人来说，确实是"心欲碎""令人悲"。诵读这两句诗作，不但要表现出诗人的洁身自爱，也要体现出他对贫苦民众的悲悯同情。

接下来"归来向家问妻子"四句，拓展了第二段的内容，画面延伸到诗人的家庭生活。诗人想摆脱官场，但悲愤之情实难自已，在职场上又无人可以倾诉，那就干脆回家向家人倾吐一下自己想要弃官归隐的愿望吧。令他万万没有想到的是，妻子儿女都没法理解自己的纠结痛苦，因为整个社会都是这样的，没有什么值得大惊小怪的，这让诗人惊愕莫名，同时自然也对现实产生了一种逃避的情绪。行文至此，朗诵时对诗人情感上的把握应当是从牢骚满腹、抑郁不平转为无可奈何。

最后一段是前文的收束，现实中的诗人意识到因为暂时还不能摆脱官场的羁绊，所以更加向往归隐生活，与开头的"我本渔樵"相呼应。没有圣明的君主在位，一个小小的县尉不可能有什么作为。汉代的南昌尉梅福，竭诚效忠，屡次上书，却始终徒劳无功，思来想去，倒又想起陶渊明的《归去来兮辞》了。在朗诵这段文字时，情感的把握上可以稍微转急促些，展现出诗人对归隐生活的渴望与迫切。

总之，全诗情感真挚，气势充沛，一气流转，每段一韵，平仄相间，音韵也是起伏有致，增加了阅读的美感。诗作在叙事时的声调、句法、口吻质朴自然，毫无矫饰，令人感动。全诗结构连贯，层次分明，散句与偶句间互为用，颇具跌宕回旋之妙。

在句法上，全诗每段四句的一二句为散行，三四句是对偶。如此交互，既流动，又郑重；四段连结，造成反复回环的旋律。对偶的一联中，不仅字面对仗工整，而且都是一句一意或一句一事，没有重复，整饬精练；更因虚词的巧妙使用，诗意连贯而下，语势生动自然，一气流转。全诗每段一韵，平仄相间，抑扬鲜明，随着诗的感情变化，音韵也起落有致，增加了声调的美感。

高适的诗"多胸臆语，兼有气骨"（殷璠《河岳英灵集》），《封丘作》便是典型。

诵读标识

我本▲渔樵∨孟诸野，一生▲自是∨悠悠者。

从高处落笔，饱含怀念且略带遗憾。

乍可▲狂歌▲草泽中，宁堪∨作吏▲风尘下？<//

高亢激越，情感爆发。　　无可奈何，感情深沉。

只言∨小邑▲无所为，公门百事▲皆有期。

音调平缓。　　感情更加激烈沉郁。

拜迎官长▲心欲碎，鞭挞黎庶∨令人悲。//

对官场的厌恶与对百姓的悲悯交织在一起，语调怆然、低缓。

归来向家▲问妻子，举家尽笑∨今▲如此。

悲愤难抑，带有控诉意味。　　语气转换，前一句有委屈倾吐之意，后一句对比。

生事∨应须▲南亩田，世情付与∨东流水。//

凸显惊愕之感。　　陈述语气，又带无可奈何之感。

梦想▲旧山∨安在哉，为衔君命∨且▲迟回。

语气急切转换，中有悲慨伤怀之感。

乃知梅福▲徒为尔，转忆陶潜∨归去来。＞

对梅福与陶潜的追忆，展现诗人的矛盾心情。同时又与开篇呼应，唱叹有情，读音减弱，慷慨有余韵。

（滕春红　注解）

宣州谢朓楼饯别校书叔云^[一]

［唐］李白

原文注释

弃我去者,昨日之日不可留;乱我心者,今日之日多烦忧。长风万里送秋雁,对此可以酣高楼^[二]。蓬莱文章建安骨^[三],中间小谢又清发^[四]。俱怀逸兴壮思飞^[五],欲上青天览明月^[六]。抽刀断水水更流,举杯消愁愁更愁。人生在世不称意^[七],明朝散发弄扁舟^[八]。

［一］宣州:今安徽宣城一带。谢朓(tiǎo)楼:又名北楼、谢公楼,是南齐诗人谢朓任宣城太守时所建。校(jiào)书:官名,即秘书省校书郎,掌管朝廷的图书整理工作。

［二］此:指上句的长风秋雁的景色。酣:畅饮。高楼:指谢朓楼。

［三］蓬莱文章:蓬莱,此指东汉时藏书之东观,代指各种珍贵典籍的存放处。建安骨:指刚健遒劲的诗文风格。汉末建安(汉献帝年号,196—220)年间,"三曹"和"七子"等作家之诗作风骨遒劲,后人称之为"建安风骨"。

［四］小谢:指谢朓,字玄晖,南朝齐诗人。后人将谢灵运和他并称为大谢、小谢。这里用以自喻。清发(fā):指清新秀发的诗风。发:诗文俊逸。

［五］俱怀:两人都怀有。逸兴(xìng):飘逸豪放的兴致,多指山水游兴,超迈的意兴。壮思:雄心壮志,豪壮的意思。

［六］览:通"揽",摘取。一本作"揽"。

［七］称(chèn)意:称心如意。

［八］明朝(zhāo):明天。散发(fà):去冠披发,指隐居不仕,这里是形容狂放不羁。古人一般束发戴冠,散发表示闲适自在。弄扁(piān)舟:乘小舟归隐江湖。扁舟:小舟,小船。散发弄扁舟:一作"举棹还沧洲"。

背景介绍

李白是一位天才作家,他的创作可谓千载独步,横绝六合,他的一生在中国古代文学史上是一个传奇。因为在诗歌方面无与伦比的才华,他成为当之无愧的"诗仙"。

天宝元年(742),李白经过了漫长的求仕之路,终于"仰天大笑出门去"

（《南陵别儿童入京》），怀着远大的政治抱负来到长安，任职翰林院。但天宝三载（744），他便因谗言而被玄宗赐金放还。离开朝廷，他带着愤慨开始了新一轮的漫游生活。大约在天宝十二载（753）的秋天，李白来到了宣州。现实与理想的尖锐矛盾导致李白产生了非常强烈的精神苦闷，天宝以来的朝政日益腐败，李白的个人遭遇也日益困窘。不久，他的一位故人李云也途经宣州。李云，又名李华，是当时著名的古文家，任秘书省校书郎，专门负责校对图书。李白称其为叔，但两人并非族亲关系。因李华很快就要离开，李白陪他登谢朓楼，并设宴为之饯行。这首诗便创作在此时。

朗诵提示

这是一首饯别抒怀诗，诗人既满怀逸兴，又难掩不平郁闷之气。朗诵时要注意体会和把握诗人的一波三折、起伏跌宕的内心情感。

本诗题目是写登楼设宴送别，可李白一开篇既不写楼，又不写离别，而是直抒胸臆，大发牢骚："昨日之日"与"今日之日"对举，指的是许多个弃我而去的"昨日"和无数个接踵而至的"今日"。也就是说，他的"烦忧"既不自"今日"始，他的"烦忧"也绝非一端。不妨说，这是他对长期以来的政治遭遇和政治感受的一个艺术概括。破空而来的发端，重叠复沓的语言（既说"弃我去"，又说"不可留"；既言"乱我心"，又称"多烦忧"），以及一气鼓荡、长达十一字的句式，都极生动形象地显示出诗人郁结之深、忧愤之烈、心绪之乱，以及一触即发、发则不可抑止的感情状态。

诗作的第三、四两句突作转折，为我们描绘出一幅寥廓晴空、鸿雁北飞的壮美图景，不由得激起酣饮高楼的豪情逸兴。从极端苦闷忽然转到明朗壮阔的境界，仿佛变化无端，不可思议，但这正是李白之所以为李白的魅力所在。目接"长风万里送秋雁"之境，不觉精神为之一爽，烦忧为之一扫，感到一种心、境契合的舒畅，"酣饮高楼"的豪情逸兴也就油然而生了。

五、六两句承高楼饯别分写主客双方。这里用"蓬莱文章"借指李云的文章。上句赞美李云的文章风格刚健，具有"建安风骨"。下句则以"小谢"（即谢朓）自指，说自己的诗像谢朓那样，具有"清发"之趣。李白非常崇拜谢朓，这里用小谢自比，无形中流露出对自己才华的自信。

七、八两句紧接上文，进一步描写主客双方"酣高楼"的意兴，此时二人都有豪情壮志，意兴遄发，酒酣后更是飘然欲飞，甚至想飞上青天去揽明月。这两句笔酣墨饱，淋漓尽致，把面对"长风万里送秋雁"的境界所激起的昂扬情绪推向最高潮，仿佛现实中一切黑暗污浊都已一扫而光，心头的一切烦忧都已丢到了九霄云外。豪放与天真，得到了和谐的统一。

"抽刀断水水更流，举杯消愁愁更愁"，想象中的神游天外、豪情万丈终归还是要面对现实，从幻想回到现实后，诗人显得更加苦闷烦忧。宴席上的酒杯、谢朓楼下的宛溪水，令李白不由自主地产生了天才般的联想，他想斩断的烦忧、他想排遣的失意如抽刀断水般不可实现，恐怕短暂的沉醉亦只能令清醒后的人生更难以直面理想与现实之间的矛盾。诵读时要注意虽然诗人的情绪一落千丈，急剧转折，但又体现出其倔强不屈。

结尾两句"人生在世不称意，明朝散发弄扁舟"讲出了李白的无奈。他总是因为理想与现实的矛盾而陷入无尽的"不称意"中，并且无力解决这个矛盾，他只能自我安慰，想要"散发弄扁舟"，借此摆脱苦闷。当然，这条出路带有一定的消极成分。李白的可贵之处在于他的作品始终为我们传递出豪迈雄放的情怀，实际上他从未放弃理想，从未屈服于环境，作品中感情的大起大落、大开大合，是他对因矛盾心态导致的急剧变化的情感体验的最好展现。

李白思想感情的瞬息万变，波澜迭起，艺术结构的腾挪跌宕，跳跃发展，在这首诗里得到了完美的统一。

诵读标识

弃我▲去者，昨日之日∨不可留；乱我▲心者，今日之日∨多烦忧。//∨∨

平地起波澜，沉重郁结，不可抑止。低沉。

长风万里∨送▲秋雁，对此可以▲酣高楼。蓬莱文章▲建安骨，中间小谢∨又清发。

宕开一笔，境界壮阔，豪情逸兴。澎湃爽朗。　　自然转换，自信、雄放、豪迈。

俱怀逸兴▲壮思飞，欲上青天∨览明月。//∨∨

进一步抒怀，愉快想象，酣畅淋漓，激情昂扬，到达高昂乐观的顶峰。慷慨激昂。

抽刀断水▲水更流，举杯消愁∨愁▲更愁。

直起直落，情绪一落千丈，情感倔强不屈。

人生在世▲不称意，明朝散发∨弄▲扁舟。＜

既是对现实的逃避，也是自我疏解的途径。在黑暗中寻找光明。

（滕春红　注解）

赠卫八处士[一]

［唐］杜甫

原文注释

　　人生不相见，动如参与商[二]。今夕复何夕，共此灯烛光。少壮能几时，鬓发各已苍。访旧半为鬼[三]，惊呼热中肠。焉知二十载，重上君子堂。昔别君未婚，儿女忽成行[四]。怡然敬父执[五]，问我来何方。问答乃未已，驱儿罗酒浆。夜雨剪春韭，新炊间黄粱[六]。主称会面难，一举累十觞。十觞亦不醉，感子故意长[七]。明日隔山岳，世事两茫茫。

　　[一]卫八处士：杜甫的姓卫的朋友，名字和生平事迹已不可考。处士：指隐居不仕的人。八：处士的排行。

　　[二]动如：动不动就像。参(shēn)、商：二星名。古人认为商星早上出现在东方，参星傍晚出现在西方，一出一没，永不相见，所以作者以此作比。

　　[三]访旧半为鬼：彼此打听故旧亲友，竟已死亡一半。

　　[四]成行(háng)：儿女众多。

　　[五]父执：词出《礼记·曲礼》："见父之执。"意即父亲的执友。执是接的借字，接友，即常相接近之友。

　　[六]间(jiàn)：掺和。

　　[七]故意长：老朋友的情谊深长。

背景介绍

　　杜甫是伟大的现实主义诗人，他把自己的生活与国家的命运紧紧联系在一起，深切地同情人民苦难，执着地关怀社会现实，他的诗歌全面深刻地为我们展示了李唐王朝的兴衰巨变，对个人遭际与社会动荡有着全景式的刻画，所以被称为"诗史"。杜甫因为诗作具有集大成的特点，具有沉郁顿挫的风格，并且饱含民胞物与、忧国忧民的精神，被后人称为"诗圣"。

　　这首诗大约创作于唐肃宗乾元二年(759)春天，杜甫当时任华州司功参军。安史之乱给整个王朝以及百姓带来了近乎毁灭性的灾难，杜甫在战乱中为家人安危及国家存亡东奔西走，他冒着生命危险穿过了两军交战的前线,"衣袖露两肘,麻鞋见天子",最后终于在凤翔见到了唐肃宗,并被授官左拾遗。一心"致君尧舜上,再使风俗淳"的诗人终于有了建言献策的机会。但因他在政治风波中毫无经验,在乾元元年(758)冬天因上疏救房琯,被贬为华州司功参军。之后,杜甫告假回东都洛阳探亲。翌年春天,杜甫自洛阳经潼关回华州,路过少年时代的友人卫八处士的家。杜甫与友人一夕相会,又匆匆告别,生发出兵荒马乱中众人所共有的人生离多聚少和世事沧桑之感,于是写下了这首《赠卫八处士》。

朗诵提示

此诗写久别的老友于战乱中重逢话旧,家居情境,家常话语,娓娓写来,表现了乱离社会所特有的"沧海桑田"和"别易会难"之感,同时又写得非常生动自然。

开头四句讲诗人与友人是经过二十年的沧桑巨变后在动乱的年代再次会面,悲喜交集,展现出强烈的人生感慨。诗人与卫八重逢时,安史之乱还在持续,诗人的慨叹正暗隐着对这个乱离时代的感受。昏黄的灯光下,朋友家的宅院成了杜甫飘零生活中的一抹亮色,是乱离环境中美好的一角;久别重逢的两人首先注意到的是彼此"鬓发各已苍",借此对世事、人生的巨变表达出惋惜的心情。接着聊起共同的亲朋故交,发现竟然有半数都已去世了,难免在惊愕痛惜中失声惊呼。正因为那么多亲友的离去,才衬托出他们二人此番见面的欣慰惊喜,同时也有他们心底里深刻的伤痛。

接下去,诗人与朋友及其家人落座后开始聊家常,一问一答间,主客都在不断地感叹,这里有诗人对友人家人丁兴旺、暂时安稳的欣慰,又有伴随着岁月流逝、倏忽迟暮的喟叹。诗人用真诚的笔触写出对朋友儿女的亲切喜爱。他们热情、勤劳、有教养。那融融烛光、春韭与黄粱的香味、与故人挑灯夜话的经历等情景对于饱经离乱的诗人,值得深深眷恋和珍重。

"主称"以下四句,依旧用叙事的手法描写主客畅饮的情景。因为内心激动,作为主人的卫八处士一连喝了十大杯,而杜甫更是激动,他在宴席间也是畅饮畅谈,为什么不内敛一些呢?那是因为明日他就要踏上旅程,如此欢会,不知今生还有无机会了。其中的感情低回婉转,令人回味。

整首诗作非常自然淳朴,诗人只是根据自己的经历随笔写来,层次分明,平易感人。它具有杜诗才有的情感表达,是一种内在的沉郁顿挫。本来是要写朋友相会,却由"人生不相见"的慨叹发端,继而便是"今夕复何夕,共此灯烛光",诗人内心的激动跃然纸上。但后四句并不因为偶然间的邂逅便抒写喜悦之情,而是接以"少壮能几时……惊呼热中肠",感情又趋向沉郁。中间主人热忱的酒宴款待冲淡了世情的凄婉,带给诗人短暂的幸福,但是"主称会面难"的劝酒词,立马又让诗人置身于战乱带来的无限感慨中。这都是杜诗内在沉郁的表现,尽管文字自然浑朴,但感情表达上仍然极具顿挫之致。

诵读标识

人生▲不相见,动如▲参与商。

叙事的语气重点强调"不相见","参与商"可适当延音。

今夕∨复▲何夕,共此∨灯烛光。

反问语气强调"今夕何夕","共此"句饱含对幸存的欣慰,又带有淡淡的感伤和深深的眷恋。

少壮▲能几时,鬓发∨各已苍。

惋惜、惊讶的情态。语调可以轻缓。

访旧∨半▲为鬼,惊呼▲热中肠。焉知∨二十载,重上▲君子堂。∥∨∨

失声惊呼,情感带有爆发性。急切、沉郁。亦悲亦喜,悲喜交集。

昔别∨君未婚,儿女▲忽成行。怡然▲敬父执,问我▲来何方。问答∨乃▲未已,驱儿▲罗酒浆。夜雨∨剪▲春韭,新炊∨间▲黄粱。∥

寻常酒宴,殷切款待,令诗人暂时放下了凄婉,而有一种小醉微醺的幸福感。这是烽火连天时一个异常难得的和平宁静角落,诗人非常享受这种感觉。

主称∨会面难,

离乱的感伤再次袭来。

一举▲累十觞。十觞∨亦不醉,感子∨故意长。明日∨隔山岳,世事∨两▲茫茫。＞

深情、郁结,余韵悠长。　　苍茫、苍凉,声音渐低。

（滕春红　注解）

卖炭翁[一]

[唐]白居易

原文注释

卖炭翁,伐薪烧炭南山中[二]。满面尘灰烟火色,两鬓苍苍十指黑。卖炭得钱何所营[三]?身上衣裳口中食。可怜[四]身上衣正单,心忧炭贱愿天寒。夜来城外一尺雪,晓驾炭车辗冰辙。牛困人饥日已高,市[五]南门外泥中歇。翩翩两骑来是谁?黄衣使者白衫儿[六]。手把文书口称敕[七],回车叱牛牵向北[八]。一车炭,千余斤,宫使驱将惜不得。半匹红绡一丈绫[九],系向牛头充炭直[十]。

[一]卖炭翁:此篇是组诗《新乐府》中的第 32 首,题注云:"苦宫市也。"宫市,指唐德宗贞元末年时,宫中派宦官到市场强行购买物品。

[二]伐:砍伐。薪:柴。

[三]何所营:用来做什么。营:求,经营,这里指需求。

[四]可怜:令人怜悯、同情。

[五]市:长安有专门的贸易区,称市。

[六]黄衣使者白衫儿:黄衣使者,指皇宫内的太监。白衫儿:指太监手下的爪牙。

[七]敕(chì):皇帝的命令或诏书。

[八]回:调转。叱:呵斥。牵向北:指牵向宫中。

[九]半匹红绡一丈绫:唐代交易,绢帛等丝织品可代货币使用。当时钱贵绢贱,半匹纱和一丈绫,与一车炭的价格相差悬殊。这是宦官用贱价强夺民财。

[十]系(xì):绑扎。这里是挂的意思。直:通"值",指价钱。

背景介绍

白居易是中唐时期的伟大诗人,与元稹同为元白新乐府运动的代表,他的人生以贬谪江州为界,明显分为前后两期。前期的白居易"志在兼济",有着高度的参政热情,诗歌创作多"为君、为臣、为民、为事而作"的讽喻诗,后期的诗人因饱经宦海浮沉,无意仕进,则"独善其身",享受田园隐居之趣,自号"香山居士"。

《卖炭翁》是《新乐府》五十首中的一首。《新乐府》五十首是白居易讽喻诗的代表,创作于唐宪宗元和初年,当时他在朝任左拾遗。这组作品特征鲜明,每首诗都有明确的现实意义。如《卖炭翁》的题下便有小序自注:"苦宫市也。"中唐时期,宦官专权,连皇宫中所需物品的采买权都被他们夺走,长安城里常常能见到成群结队的宦官以极低的价格强买货物,甚至分文不给,直接强取豪夺。这种风气在元和年间尤其猖狂,人民深受其害。白居易对此非常痛恨,对那些无端被掠夺的百姓又非常同情,便写出了这首感人至深的《卖炭翁》。

朗诵提示

一开篇,白居易就用同情的语气介绍了描写对象的外貌、劳动的艰辛以及家境的贫寒。诗人用浓墨重彩写卖炭翁的炭来之不易。"伐薪""烧炭"概括了复杂的工序和漫长的劳动过程。"满面尘灰烟火色,两鬓苍苍十指黑"写他在南山中早出晚归,顶风冒雪,经过辛苦的劳作终于攒下了一车炭。诗人用设问手法向我们揭示了残酷的现实:"卖炭得钱何所营? 身上衣裳口中食。"老翁为何如此辛劳? 这看似不经意间的一问一答,不但使文势跌宕起伏,摇曳生姿,还扩展了诗歌反映民间疾苦的深度,使读者一下子恍然大悟,在这寒冷的冬天,卖炭翁已经是家徒四壁,全家人都指望着这车炭来活命了。这也就为后面宦官的恶行作好了铺垫。

接下来的两句话,看似矛盾:"可怜身上衣正单,心忧炭贱愿天寒。"同时也是脍炙人口的名句,它对主人公的心理进行了描绘,"身上衣正单",自然希望天暖。然而这位老翁是把自家全部的生存希望寄托在"卖炭得钱"上,所以他"心忧炭贱愿天寒",哪怕被冻得瑟瑟发抖,也只盼望着天气能更冷些。在矛盾中突出了无奈,主人公的无奈更加突显了作者对他的同情,使作品更有代入感。前面的篇幅只是铺垫,是在烘托造势,行文至此,诗人对老人的真切同情被叠加到令人感动的地步。

以上是白居易对卖炭翁近乎静态的勾勒与描写,他的形象已经深入读者脑海中。紧接着,诗人开始叙事,老天爷也似乎格外开恩,"夜来城外一尺雪",总算盼到了大雪! 这样的天气,住在长安城里的达官贵人们更不可能为了炭的价钱去斤斤计较,老翁终于不用"心忧炭贱"了,貌似这是个好消息。白居易用最为通俗直白的语言,用白描的手法写出了静态的雪又大又厚。接着,诗人笔锋一转,为我们呈现出了一幅缓慢的、动态的画面:卖炭翁顾不上抱怨天多冷,路多难走,一大早便驾车拉着炭往城里赶。这句中,"碾冰辙"既有画面感,同时在读音上也比较拗口,延宕了节奏,读起来更沉重,令人不由自主地联想到冰天雪地里衣着单薄的老人踯躅而行的画面。

漫长的行程过后,卖炭翁终于到了市里,这里是很平实的叙事,虽然人困牛乏,只是在泥泞中缓口气,但毕竟一路顺畅,其实,这是冲突爆发前的宁静。"翩翩两骑来是谁",字面上的轻巧实际上带来的是强烈的矛盾冲突,老人的艰难跋涉之艰辛与翩翩两骑的两相对比,引领了节奏由慢到快的转变。"黄衣使者白衫儿",设问句的答案一下子就令老人满怀的希望像肥皂泡一样彻底破灭了。接下来的动作就一气呵成。"手把文书口称敕,回车叱牛牵向北",流水账一般的叙事令读者跟卖炭翁一样都几乎反应不过来,两个四声 chi 字,令人感到沉重到有点喘不上来气的郁闷。"一车炭,千余斤",整首作品中其余部分都是七言,突然插入两个三字句,节奏比起来自然是快了,但都短促有力,读起来语带哀号,使读者对老人充满了强烈的同情,因为这短促而沉重的两句,使得作品在节奏上又发生了变化。老人眼见宦官由远而近,眼见他们回车叱牛,眼见自己的心血与全家人的希望被掠走,他的心里是怎样的震惊、压抑、无奈、愤恨!面对这样残酷的现实,老人只剩下深深的沉默与无力感了。连同作为旁观者的诗人,恐怕也是如此感受。

如何收尾?跟白居易《新乐府》其他作品习惯性的"卒章显其志"不同,他用了"半匹红绡一丈绫,系向牛头充炭直"来直接收束,红绡、绫本身对这位老人来说就是毫无意义的存在,何况只有半匹和一丈,这与他千余斤的炭相比起来,简直是不堪一提,这轻飘飘的绡与绫与卖炭翁沉重的心情相对比,更是令人愤懑压抑到无处诉说。诗作在矛盾冲突的高潮中戛然而止,没有扩展去说卖炭翁的其他事情。究竟他的明天怎么过,他家人的明天怎么过,在此诗中完全没有提及,这样的处理令作品更含蓄,更有力,更加引人深思"宫市"制度对人民的摧残与迫害,达到了不著一字尽得风流的、扣人心弦的效果。

诵读标识

卖炭翁,伐薪烧炭▲南山中。满面尘灰▲烟火色,两鬓苍苍▲十指黑。
陈述语气,平缓。

卖炭得钱▲何所营?身上衣裳▲口中食。∨∨
可怜身上▲衣正单,心忧炭贱▲愿▲天寒。
同情与怜悯,有代入感。

夜来城外▲一尺雪,晓驾炭车▲辗冰辙。∨∨
略带惊喜,节奏宜缓。　　　描写细致。慢节奏,平和缓慢。

牛困人饥▲日已高,市南门外▲泥中歇。//

翩翩两骑▲来是谁？黄衣使者▲白衫儿。

叙事语气轻巧,语速可稍快,但矛盾冲突骤然到了高潮。

手把文书▲口称敕,回车叱牛▲牵向北。　一车炭,千余斤,

两个四声 chi 字重读。　　短促有力,沉重压抑。

宫使驱将▲惜不得。

无可奈何的无力感。

半匹红绡∨一丈绫,系向牛头▲充▲炭直。↘

突出轻与重,轻快与沉重的强烈对比,凸显卖炭翁的愤懑无处诉说。

（滕春红　注解）

茅屋为秋风所破歌

[唐]杜甫

原文注释

八月秋高风怒号[一]，卷我屋上三重茅[二]。茅飞渡江洒江郊，高者挂罥[三]长林梢，下者飘转沉塘坳[四]。南村群童欺我老无力，忍能对面为盗贼。公然抱茅入竹去，唇焦口燥呼不得，归来倚杖自叹息。俄顷[五]风定云墨色，秋天漠漠向昏黑[六]。布衾[七]多年冷似铁，娇儿恶卧踏里裂。床头屋漏无干处，雨脚如麻未断绝。自经丧乱[八]少睡眠，长夜沾湿何由彻[九]！安得广厦[十]千万间，大庇天下寒士[十一]俱欢颜！风雨不动安如山。呜呼！何时眼前突兀见此屋[十二]，吾庐[十三]独破受冻死亦足！

[一]怒号(háo)：大声吼叫。

[二]三重(chóng)茅：几层茅草。三：泛指多。

[三]挂罥(juàn)：挂着，挂住。罥：挂。

[四]塘坳(ào)：低洼积水的地方(即池塘)。塘：一作"堂"。坳：水边低地。

[五]俄顷(qǐng)：不久，一会儿，顷刻之间。

[六]秋天漠漠向昏黑(古音念 hè)：指秋季的天空阴沉迷蒙，渐渐黑了下来。

[七]布衾：布质的被子。衾：被子。

[八]丧乱：战乱，指安史之乱。

[九]何由彻：如何才能挨到天亮。彻：彻晓。

[十]安得：如何能得到。广厦(shà)：宽敞的大屋。

[十一]大庇(bì)：全部遮盖、掩护起来。庇：遮盖，掩护。寒士："士"原指士人，此处是泛指贫寒的士人们。

[十二]突兀(wù)：高耸的样子，这里用来形容广厦。见(xiàn)：通"现"，出现。

[十三]庐：茅屋。

背景介绍

本诗作于公元 761 年(唐肃宗上元二年)八月。公元 759 年(唐肃宗乾元二年)秋天,杜甫弃官,辗转秦州、同谷、巴陵。公元760年(乾元三年)春天,杜甫在友朋帮助下,在成都西郊浣花溪畔建了一座草堂,漂泊多年后终于有一个安身之所。然而第二年八月,诗人的茅屋便被大风所破,被大雨侵袭。诗中生动地描述了狂风破屋、儿童抱茅入竹林,以及大雨接踵而来,长夜难眠等一系列事情,并由自己的苦况推想到天下寒士,表现出爱及天下的博大胸襟。全诗叙事与抒情相结合,章法参差变化,语言极其质朴而意象峥嵘,略无经营而波澜迭出,以流自肺腑,故能扣人心弦。韵脚变化自如,句式多变,抑扬顿挫。

朗读提示

杜甫经历过唐王朝的全盛时代和由盛转衰的安史之乱,其诗歌的主导风格在安史之乱的前夕开始形成,滋长于其后数十年天下瓦解、遍地哀号的苦难之中。杜甫不只是一个时代的观察者、记录者,他本身的遭遇是同时代的苦难纠结在一起的。人们从他的诗篇中,可以清楚地看到这位富有同情心和社会责任感的诗人,如何辗转挣扎于漂泊的旅途中,历经饥寒困危,备尝忧患。在《茅屋为秋风所破歌》中,他由自家茅屋被风雨吹破而致家人受寒冻,发出"安得广厦千万间,大庇天下寒士俱欢颜"的祈愿。这种宽广的胸怀,是值得后人钦佩的。在朗诵这样一首诗歌时,应当注意以下几点:

第一,社会现实的苦难与自然条件的恶劣给作者一家带来的灾难。朗诵时可以将自己带入作者所处的情境中,感受作者的思想感情。"八月秋高风怒号,卷我屋上三重茅。茅飞渡江洒江郊,高者挂罥长林梢,下者飘转沉塘坳。"这五句诗描写出了大自然的暴力,秋风秋雨侵袭作者茅屋的场景,在朗读这几句的时候,应注意叙事,感情的释放不要过于用力。从"南村群童欺我老无力"到"归来倚杖自叹息"则应开始逐渐累积情感,面对恶劣自然条件的侵袭与群童的欺侮,作者感到无力与愤懑,但也没有任何解决问题的办法,只能以一声叹息收尾。所以这几句是情感蓄势的一个时期,在朗诵时应铺垫出比前面几句略显深沉的情绪,含杂着作者对自己年迈无用的自怨和无奈。

第二,对家人的愧疚,对国家和自己命运的牵挂与担忧。乱世里,家破人亡是寻常事情,一家人能够平安团聚在一起成为多少家庭的梦想。作者在其他的诗篇里饱含深情地描写过骨肉重聚的感人场景和复杂心情。他一生漂泊,对未能给妻子儿女一个好的生活而心存愧疚,"布衾多年冷似铁,娇儿恶卧踏里裂。床头屋漏无干处,雨脚如麻未断绝",生活中的鸡毛蒜皮足以摧毁一个人的英雄梦想和浪漫情怀,但眼前的这一切已经并非柴米油盐的家庭琐事,而是能否生存下去的困顿难堪。作者心怀家国,拥有政治理想和人生信仰,无法想象他面对这一切时的心情该是何等的沮丧惆怅。朗诵时要注意上述情感的变化和累积。

第三,对人生信仰、政治理想的执着。杜甫曾在诗中自称"乾坤一腐儒",他对"致君尧舜"的儒家思想是真心相信并且努力实行的,对"穷则独善其身,达则兼济天下"的进退之路是持不同态度的,他是不管穷达,都要以天下为念。所以在《茅屋为秋风所破歌》里,我们看到,不论现实条件多么恶劣、自身情况多么糟糕,他依然没有绝望,依然能够保有正视现实的热情和勇气。"安得广厦千万间,大庇天下寒士俱欢颜",这样一句呼喊,千年来不知感动、温暖了多少人,它是诸多情绪累积到一定程度的爆发,是真诚情感的结晶和流露,却宣泄得格外节制。这是杜甫的肺腑之言,一腔赤诚,朗诵时亦不必声嘶力竭,而是要和诗人的人生理想与作品风格完美地融合在一起。

诵读标识

八月秋高∨风▲怒号,卷我屋上∨三重▲茅。

读出秋风咆哮的感觉。

茅飞渡江▲洒江郊,高者挂罥▲长林梢,下者飘转∨沉塘坳。

读出画面感,含蓄克制地表达焦灼担忧之情。

南村群童▲欺我▲老无力,忍能对面∨为▲盗贼。

无力与愤懑。

公然▲抱茅▲入竹去,唇焦▲口燥▲呼不得,归来▲倚杖∨自▲叹息。//∨∨

无可奈何的心情。

俄顷▲风定∨云墨色,秋天▲漠漠∨向昏黑。

暗淡愁惨的心境。

布衾多年∨冷似▲铁,娇儿恶卧∨踏里裂。

加倍艰难。

床头屋漏∨无▲干处,雨脚如麻∨未▲断绝。

焦灼与怨愤。

自经丧乱∨少▲睡眠,长夜沾湿∨何由彻!

盼天明的迫切心情。

安得广厦ᐯ千万间,大庇▲天下寒士ᐯ俱欢颜! 风雨不动ᐯ安如山。＜

"叹息肠内热",胸怀天下的阔达境界。

呜呼! 何时▲眼前突兀ᐯ见此屋,吾庐独破▲受冻ᐯ死▲亦足!

炽热的情感,崇高的理想。

（刘源　注解）

桂枝香·金陵怀古

［北宋］王安石

原文注释

登临送目，正故国晚秋[一]，天气初肃。千里澄江似练[二]，翠峰如簇。归帆去棹残阳里[三]，背西风，酒旗斜矗。彩舟云淡，星河鹭起[四]，画图难足[五]。

念往昔，繁华竞逐，叹门外楼头[六]，悲恨相续。千古凭高，对此谩嗟荣辱[七]。六朝旧事随流水[八]，但寒烟衰草凝绿。至今商女[九]，时时犹唱，后庭遗曲[十]。

［一］正故国晚秋：故国金陵正值一派晚秋的景象。故国：旧时的都城。

［二］千里澄江似练：清澈的长江像一匹长长的白绢。澄江：清澈的长江。练：白色的绢。

［三］归帆去棹（zhào）残阳里：帆船在夕阳里往来穿梭。去棹：往来的船只。棹：划船的一种工具，形似桨，引申为船。

［四］星河鹭（lù）起：白鹭从水中沙洲上飞起。星河：银河，指长江。

［五］画图难足：用图画也难以充分地表现它的美好。

［六］叹门外楼头：语出杜牧《台城曲》"门外韩擒虎，楼头张丽华"，此处指南朝陈亡国惨剧。

［七］谩嗟荣辱：空叹什么荣耀耻辱。

［八］六朝旧事随流水：六朝往事已随流水消逝。六朝：指建都金陵的三国吴、东晋、南朝宋、齐、梁、陈六个朝代。

［九］至今商女：直到如今的歌女。商女：歌女。

［十］后庭遗曲：传为陈后主所作歌曲《玉树后庭花》，后人认为是亡国之音，杜牧《泊秦淮》有云："商女不知亡国恨，隔江犹唱《后庭花》。"

背景介绍

《桂枝香·金陵怀古》一词作于王安石出任江宁知府时，具体创作时间有二说，一说在宋英宗治平四年（1067），此时作者第一次任江宁知府，有不少咏史吊古之作；一说在宋神宗熙宁九年（1076），其时作者被罢相，第二次出任江宁知府。无论是在哪年，全词都与王安石一直以来变法强国的政治抱负紧密相关。宋神宗时期，王安石发动了一场旨在改变北宋建国以来积贫积弱局面的社会改革运动，此次变法自熙宁二年(1069)开始，至元丰八年(1085)宋神宗去世结束，被称为王安石变法，或熙宁变法、熙丰变法，变法在一定程度上改变了北宋积贫积弱的局面，影响深远，但却触动了大地主阶级的根本利益，最终遭到他们的强烈反对，以失败告终。本词立意高远，作者以壮丽的山河为背景，通过对金陵(今江苏南京)景物的赞美和历史兴亡的感喟，历述古今盛衰之感，抒发金陵怀古之情，寄托了王安石对当时朝政的担忧和对国家政治大事的关心，流露出王安石失意无聊之时移情自然风光的情怀。杨湜《古今词话》有言："金陵怀古，诸公寄词于《桂枝香》，凡三十余首，独介甫最为绝唱。东坡见之，不觉叹息曰：'此老乃野狐精也！'东坡美服之语，非引用刘玺遇狐故事。"可谓的评。

朗诵提示

　　本词书写既有个人的失意感叹，更包含对当时朝政的担忧和对国家政治大事的关心，作者认为对于六朝兴亡相继的事实不能空空感叹，而是要从政治上加以变革，以免重蹈覆辙，故这是一首政治家的词，结合政治思想背景才能探索到它的底蕴。

　　诵读的基调是感伤苍凉，朗诵这首词要注意以下几点：

　　第一，作者虽以登高望远为主题，却是以故国晚秋为眼目，诵读先立"秋"之基调。词以"登临送目"四字领起，"正""初""肃"三字逐步将其主旨点醒，为词拓出一个高远的视野。故在朗诵之初，要试将自己置身于深秋傍晚临江览胜、凭高吊古的整体氛围基调中。

　　第二，注意本词的用韵。此词为"双调，一百一字。前后段各十句，五仄韵"。在用韵上，全词用韵十分考究，清人徐本立在《词律拾遗》中评价：此词前用送、正、气、似、去、桿、背、画等去声字，后用竞、叹、恨、对、谩、旧、事、但、后等去声字，极为谨严。在韵脚上，全词押"鱼模"入声韵。王骥德《曲律》卷三《杂论》第三十九评价此韵"'鱼模'之混"。"鱼模"之混与入声之逼仄相结合，形成一种激越浑厚的声情，此种声情恰能配合词人表达出登高怀古时的悲壮或苍茫之感。

　　第三，本词上阕写登临金陵故都之所见，诵读节奏以轻快为主。"似练""如簇"句借名句"解道'澄江净如练'，令人长忆谢玄晖"，"背""矗"字，用得极妙，把江边景致写得栩栩如生，似有生命其中，以及"彩舟""星河"两句一联，顿增明丽之色，诵读时注意用轻快的语调。

第四，本词下阕另换一幅笔墨，怀古抒情。词人感叹六朝皆以荒淫而相继亡覆的史实，既有悲恨荣辱，空贻后人凭吊之叹，又嗟往事无痕，唯见秋草凄碧。王安石反复运用古之名句，饶有不尽之情致，朗诵中当带出嗟叹之意。

诵读标识

登临▲送目，正∨故国晚秋，天气初肃。千里澄江似练，翠峰▲如簇。（以上景象高远开阔，气势不凡。）归帆去棹▲残阳里，背西风，酒旗斜矗。（人事匆匆，由纯自然的景物写到人的活动，画面顿时生动。）彩舟▲云淡，星河▲鹭起，画图▲难足。∨∨//（景象雄壮宽广，视野随之扩大。）

念∨往昔，繁华竞逐，叹∨门外楼头，悲恨▲相续。＞∨（"念"字作转折，今昔对比，时空交错，虚实相生，对历史和现实，表达出深沉的抑郁和沉重的叹息。）千古凭高，对此∨漫嗟荣辱。（雄伟气概，全词抒情高潮。）六朝旧事随流水，但▲寒烟∨衰草凝绿＞。（借"寒烟""衰草"寄惆怅心情。）至今商女，时时∨犹唱，后庭遗曲。＞（深沉的感慨，读出悠长感。）

（仲秋融　注解）

村 行

[北宋]王禹偁

原文注释

马穿山径菊初黄,信马[一]悠悠野兴[二]长。万壑有声含晚籁[三],数峰无语立斜阳。棠梨[四]叶落胭脂色,荞麦花开白雪香。何事吟余忽惆怅[五],村桥原树[六]似吾乡。

[一]信马:任凭马儿随意行走。白居易《城东闲游》:"独寻秋景城东去,白鹿原头信马行。"

[二]野兴:郊游的兴致。杨衒之《洛阳伽蓝记》:"是以山情野兴之士,游以忘归。"

[三]晚籁:傍晚时分自然界发出的各类声响。

[四]棠梨:又名杜梨、甘棠。落叶乔木,白花,其子酸涩,其叶似苍术叶,经秋泛红,似胭脂。

[五]惆怅:因失意或忧虑而兴起的伤感、懊恼之情。宋玉《九辩》:"惆怅兮而私自怜。"

[六]原树:原野上的树木。

背景介绍

王禹偁(954—1001),字元之,山东巨野人。出身寒微,十余岁即能文。太平兴国八年(983)进士,授成武县主簿。后历任右拾遗、翰林学士、知制诰等职。其诗歌受中唐元白一派之影响,诗风清秀雅淡,在宋初诗坛别具一格。

宋太宗淳化二年(991),王禹偁因事被贬为商州团练副史,在商州谪居近两年。"商山五百五十日"(《量移自解》)的贬谪生涯,是王禹偁诗歌创作的高峰,在此期间他写了二百余首诗,《村行》即是其中较有代表性的一首。政治上的失意,得以让诗人纵情于商州的山水美景,这给远宦的诗人带来了极大的心理抚慰,其《听泉》诗云:"平生诗句是山水,谪宦方知是胜游。"可谓当日心境之写照。然而再好的美景也比不过故乡的风物,异乡村野的"胜游"经历,特别是这些"村桥原树"自然就勾起诗人对故乡原野的深刻记忆,从而牵惹出绵延无尽的思乡之愁。

朗诵提示

　　《村行》写秋日傍晚商山村野之景致。诗人骑着马悠闲地穿梭在山野小路上，随即被眼前美丽的秋景所吸引。万山纵横中他不仅听到各类鸟兽和溪流泉瀑之声响，还被夕阳映照下的数座巍峨山峰所震撼。诗人将视线拉回，立刻又注意到山径两旁的成片棠梨，叶似胭脂，兀自凋零，早已落了厚厚一层。晚风拂面，诗人又闻到了荞麦花开的清香，它们盛开在田野之中，宛如一片白雪。诗人不自觉地吟起诗来，不过这种兴致并没有维持太久，他忽然感到莫名的怅惘。诗人为何事忧愁呢，原来村口边的古桥、郊野上的林木以及山道旁的风景，竟都像极了他的故乡。

　　此诗写思乡之情，诵读时总体节奏宜舒缓悠扬。首联诗人兴致初起，"悠悠"二字正显出诗人的漫不经心，恰与"野兴长"对照，此时语调要拖长一些。颔联"立斜阳"三字要重读，语调宜低沉。颈联写秋日原野斑斓之景致，语调轻松活泼，节奏舒缓。尾联诗人情思忽转，由异乡村野秋景牵起故乡愁思，怅惘之中，突入惊诧之情，节奏上存在明显的变换。语调上，"何事"顿住，"惆怅"二字拉长，至"似吾乡"则引发出悠长的思乡之情。

诵读标识

　　马穿山径▲菊初黄，信马悠悠∨∨野兴长。

　　兴致初起，情绪较为舒缓。

　　万壑有声∨含晚籁，数峰无语∨立斜阳。

　　棠梨叶落∨胭脂色，荞麦花开∨白雪香。//∨∨

　　前三联写景，兴味悠长，至此应作稍长的停留。

　　何事▲吟余∨忽惆怅，村桥∨原树∨∨似吾乡。＞

　　情思忽转，怅惘之中，突入惊诧之情，余味袅袅。

（徐新武　注解）

水调歌头[一]·明月几时有

[北宋]苏轼

原文注释

丙辰[二]中秋，欢饮达旦[三]，大醉，作此篇，兼怀子由[四]。

明月几时有[五]，把酒[六]问青天。不知天上宫阙[七]，今夕是何年。我欲乘风归去，又恐琼楼玉宇[八]，高处不胜[九]寒。起舞弄清影，何似在人间。

转朱阁，低绮户，照无眠[十]。不应有恨，何事长向别时圆。人有悲欢离合，月有阴晴圆缺[十一]，此事古难全。但愿[十二]人长久，千里共婵娟[十三]。

[一]水调歌头：词牌名，又名"元会曲""台城游""花犯念奴"等，双调，九十五字，上阕九句，四平韵；下阕十句，四平韵。相传隋炀帝开汴河自制《水调歌》，唐人演为大曲，"水调"即南吕商调，"歌头"即大曲中的开头，此调盖宋人从《水调》大曲中摘取"歌头"部分制成词谱。宋郭茂倩编《乐府诗集》卷七十九尚存唐无名氏《水调歌》十一首。

[二]丙辰：干支纪年法之一，即宋神宗熙宁九年(1076)。

[三]达旦：彻夜到天明。

[四]子由：苏轼弟弟苏辙(1039—1112)，字子由。

[五]明月几时有：化用唐李白《把酒问月》："青天有月来几时，我今停杯一问之。"

[六]把酒：端起酒杯。唐孟浩然《过故人庄》："开筵面场圃，把酒话桑麻。"

[七]宫阙：宫殿，此处指词人想象中的月中宫殿楼宇。

[八]琼楼玉宇：美玉装成的楼阁。据明杨湜《古今词话》，宋神宗读至此句，乃叹曰："苏轼终是爱君。"

[九]不胜：经不住。

[十]朱阁：红色的阁楼；绮户：彩绘雕花的窗户。

[十一]圆缺：月亮盈亏之状。唐韦应物《拟古诗》其十云："华月屡圆缺，君还浩无期。"

[十二]但愿：只愿。东晋陶渊明《庚戌岁九月中于西田获早稻》云："但愿长如此，躬耕非所叹。"

[十三]婵娟:代指明月。南朝谢庄《月赋》有"隔千里兮共明月"之句,尾句或从此化出。

背景介绍

北宋神宗熙宁九年(1076)八月中秋,苏轼时居密州(今山东诸城),酣畅大醉,对月抒怀,兼及对弟弟的思念,因填此词。苏轼与弟弟苏辙情谊深挚,熙宁四年(1071),苏轼以开封府推官通判杭州,弟弟苏辙则北任齐州(今济南)幕府掌书记,熙宁七年(1074)苏轼请求调知密州,虽与苏辙相隔咫尺,却仍然无缘相见。此时距两人于颍州初别,已六年有余。不过,当初颍州之别,尤令苏轼"酸冷",其《颍州初别子由》记兄弟初别依依之况,诗云:"近别不改容,远别涕沾胸。咫尺不相见,实与千里同。人生无离别,谁知恩爱重。"面对人生的离别无常,词人的情感态度经常是矛盾复杂的,故对"无常"的思考和表达,在其诗词中往往呈现出多面的、丰富的义涵。

南宋学者胡仔《苕溪渔隐丛话》谓"中秋词自东坡《水调歌头》一出,余词尽废",这首词情感真挚,气脉灵动,词境疏宕开阔,可谓千古咏中秋之绝唱。不仅如此,作为"东坡范式"的绝佳体现,其在词史上别具转折意义,南宋胡寅《酒边词序》云:"及眉山苏氏,一洗绮罗香泽之态,摆脱绸缪宛转之度,使人登高望远,举首高歌,而逸怀浩气,超然乎尘垢之外。于是花间为皂隶,而柳氏为舆台矣!"苏词打破了时人对"词为艳科"的偏见,在思想境界上提升了词的品格,在艺术风格上又别开一路,极大地丰富了词体的艺术表现力,转移一代风气。

朗诵提示

词的上阕写词人大醉后与月对话,继而上天入地、乘兴而舞、逸兴壮思之情状。首句即发问,奇思壮采,"把酒问青天"化用李白《把酒问月》《月下独酌》诗意,又与屈原《问天》遥相呼应。接下来彻底陷入"大醉"之后的痴绝状态,词人接连遥想自己乘风遨游于月宫之上,不过"天上宫阙""琼楼玉宇"高寒旷远,远不如人间烟火,温暖真实。词人既向往天上宫阙,羽化登仙,乘风归去,长居月宫,如《前赤壁赋》所云:"挟飞仙以遨游,抱明月而长终。"又流连人间凡境,自弄"清影",其矛盾心理暴露无遗。"清影"句显然化用李白《月下独酌》"我歌月徘徊,我舞影零乱",同是月下独舞,与影为伴,李白关注的是"我舞"之状,即在"我"与月的对话中,"我"的中心地位;而苏轼重心在

"影"(即月之投射),"影"大于"我","我"寄于"影",并且刻意突显"影"之"清"的孤傲品格。

词下阕因月起情,对月遣怀,兼及怀人,由中秋月圆念及人间的聚合无常。起句连用三个短句,"转""低""照"三字既写出了月亮升降徘徊的自然状态,也写出了时间的暗自流逝和对这段物理时间极度敏感的词人心理。"无眠"的词人辗转反侧,他想了太多问题,从古至今,从天上到地下,从家国到个人,而最关切的还是那个没有人能回答的千古难题:"何事长向别时圆?"月亮为何偏偏在人们离别的时刻才圆满耀眼呢?词人喃喃自语,郁结难展,继而笔锋一转,自我宽慰:人世的悲欢离合恰如月亮的阴晴圆缺一般,自古而然,本来就没有十全十美之事。既如此,词人又何必愁闷呢?此处词人的思考显然带有哲理的意味,从人到月、从古至今,由自然现象联想到人世离合,从一般经验引发出对事物本质的思考和概括。尾句,词人从无尽的愁思中脱离出来,不再发问和思考,情绪顿时开阔起来,他充满兴味地寄托希望,既然人间的离别是在所难免的,那么只要亲朋康健,即使远隔千里,也能通过同一个月亮而找到彼此的联结。这种希冀突破了时间和空间的局限,显示了词人博大空灵、丰富饱满的精神境界。

这首词的诵读基调总体上是欢快昂扬的,中间虽有对人事无常的深沉感慨,但又能自作解人,指出向上一路。具体而言,上阕望月,词人"把酒问青天",乘风起舞,奇情壮采,气势浩荡,节奏欢快昂扬;下阕对月遣怀,兼怀弟弟子由,意绪低沉,先感念人事悲欢离合之无常,表达对"此事古难全"的无奈,又希冀"人长久",沉郁中不乏旷达自解之意。词人情感收放自如,跌宕有致,时而奔腾汹涌,时而低回暗吟,故诵读时要注意情绪的起伏转换、声调的抑扬顿挫。另外对词中几个入声字如"月""阙""夕""阁""别""合""缺"等要读得急促一些。

诵读标识

明月▲几时有,把酒▲问青天。↗（气势开阔处,语调上扬,节奏舒缓。）不知▲天上宫阙,今夕∨是何年。我欲∨乘风▲归去,又恐∨琼楼▲玉宇,高处∨不胜寒。起舞∨弄清影,何似▲在人间。＞（天上人间,恣意遨游,乘风起舞,高接混茫,词风清朗豪宕,节奏欢快昂扬。）

转朱阁,低绮户,照无眠。（时间流动,词人情绪也在快速转换。）不应▲有恨,何事▲长向∨别时圆。∨∨（对月发问,而月不能答,愁绪郁结,此处停顿要久一点。）人有∨悲欢▲离合,月有∨阴晴▲圆缺,此事▲古难全。∨∨

（笔锋忽转，语气上代明月而答，结构上荡开一层，对人世无常进行思考，无奈中蕴含旷达之情。）但愿▲人长久，千里∨共婵娟。＞（郁结打开，词境更显丰满，意味深长。）

（徐新武　注解）

扬州慢[一]·淮左名都

[南宋]姜夔

原文注释

淳熙丙申至日[二],予过维扬[三]。夜雪初霁[四],荠麦[五]弥望。入其城,则四顾萧条,寒水自碧,暮色渐起,戍角[六]悲吟。予怀怆然,感慨今昔,因自度此曲。千岩老人[七]以为有《黍离》[八]之悲也。

淮左名都[九],竹西佳处[十],解鞍[十一]少驻初程。过春风十里[十二],尽荠麦青青。自胡马窥江[十三]去后,废池乔木[十四],犹厌言兵。渐黄昏,清角[十五]吹寒,都在空城。

杜郎俊赏[十六],算而今、重到须惊。纵豆蔻[十七]词工,青楼梦好[十八],难赋深情。二十四桥[十九]仍在,波心荡、冷月无声。念桥边红药[二十],年年知为谁生。

[一]扬州慢:词牌名,又名"郎州慢",此调为姜夔自度曲。双调九十八字,上阕十句四平韵,下阕九句四平韵。

[二]淳熙:南宋孝宗朝第三个年号,共计十六年;丙申,即淳熙三年(1176);至日:即冬至日。

[三]维扬:扬州的别称。《尚书·禹贡》载"淮海惟扬州",后人因截取"惟扬"二字以为名,"惟"与"维"通。北周庾信《哀江南赋》:"淮海维扬,三千余里。"

[四]初霁:指雪方止,天刚刚放晴。

[五]荠麦:荠菜和野生的麦子。

[六]戍角:军营中发出的号角声。

[七]千岩老人:南宋诗人萧德藻,字东夫,自号千岩老人,与姜夔父亲姜噩同是绍兴二十一年(1151)进士。姜夔曾跟随德藻学诗,因器重姜夔之才,以兄女妻之,故姜夔对德藻十分敬重。其《一萼红·古城阴》《惜红衣·簟枕邀凉》等皆与德藻相关。

[八]黍离:《诗经·王风》中篇名,本意指一排排生长茂盛的黍子。《毛诗序》解读这首诗云:"《黍离》,闵宗周也。周大夫行役,至于宗周,过故宗庙宫室,尽为禾黍。闵周室之颠覆,彷徨不忍去,而作是诗也。"大意是说周平王东迁后,周大夫经过周朝故都镐京,眼见宗庙宫室尽被毁坏,甚至上面都长满了禾黍,周

大夫感慨今夕,彷徨忧伤而不忍离开,因作此诗。后以"黍离"指代亡国之痛。

[九]淮左名都:指扬州地理位置优越,历史悠久,盛名在外。淮左:即淮东。宋朝的行政区划中,淮南分东西二路,扬州是淮南东路的首府。

[十]竹西:即竹西亭,在扬州北门外。杜牧《题扬州禅智寺》:"谁知竹西路,歌吹是扬州。"

[十一]解鞍:解下马鞍,稍作停驻。南朝颜延之《秋胡诗》之三:"严驾越风寒,解鞍犯霜露。"

[十二]春风十里:指昔日扬州城繁华热闹的场景。此处化用杜牧《赠别二首》其一:"春风十里扬州路,卷上珠帘总不如。"

[十三]胡马窥江:指金兵南下侵占长江北岸地区,将扬州洗劫一空。金兵曾两次南侵,第一次在建炎三年(1129),第二次在绍兴三十一年(1161)。此处当指金兵第二次侵犯扬州给这座城市带来的沉重灾难,以至于十多年后仍然是"四顾萧条"之状。

[十四]废池乔木:荒废的城池和高大的古树。《孟子·梁惠王下》:"所谓故国者,非谓有乔木之谓也,有世臣之谓也。"后以"乔木"代指故国之思。南朝颜延之《还至梁城作》:"故国多乔木,空城凝寒云。"

[十五]清角:角,古代五音之一。古人以为角音清越,故曰清角。

[十六]杜郎俊赏:杜郎,指杜牧,曾担任淮南节度使掌书记,居扬州多年。俊赏:快意地玩赏。

[十七]豆蔻:此处化用杜牧《赠别二首》其一:"娉娉袅袅十三余,豆蔻梢头二月初。"

[十八]青楼梦好:此处化用杜牧《遣怀》:"十年一觉扬州梦,赢得青楼薄幸名。"

[十九]二十四桥:指扬州城内古桥。一说桥名"二十四",又名吴家砖桥、红药桥。一说扬州城内实有二十四座桥,据沈括《梦溪笔谈》:"扬州在唐时最为富盛。旧城南北十五里一百一十步,东西七里三十步,可纪者有二十四桥。"此处化用杜牧《寄扬州韩绰判官》:"二十四桥明月夜,玉人何处教吹箫。"

[二十]红药:红芍药。南朝谢朓《直中书省》:"红药当阶翻,苍苔依砌上。"

背景介绍

南宋孝宗淳熙三年(1176)冬至日,姜夔路过扬州,目睹兵乱后扬州城断垣残壁、荒烟萧条之状,不禁追忆起昔日扬州热闹繁华、生机勃勃之盛景,独怀怆然而不禁家国之思,因填此词。姜夔,字尧章,自号白石道人,江西鄱阳人,精通音律,经常填词而自为谱曲歌唱,这首词正是其中之一。本词感慨今昔，悲怆凄抑，然词境空灵，虚实转换处，寄寓深长，尤见词人炼句之工。

朗诵提示

　　姜夔是南宋词曲大家，亦精于诗，曾著《白石道人诗说》，主张诗词创作应当"句中有余味，篇中有余意"。这首词韵律灵动，一唱三叹；抚今追昔，情思深挚，怀古而不滞于古，写黍离之悲，无激愤语，蕴藉深沉，而满篇皆是山河破碎之痛，余味无穷。具体而言，此词上阕写扬州城残破荒凉之景，词人想象中的、历史上生机盎然的扬州和兵燹后四顾萧条的扬州形成了鲜明的对比，虚实交杂，百感其中。金兵窥江以来，昔日杜牧笔下"春风十里"的扬州盛景，如今只剩"废池乔木"，荒烟零落，杂草丛生，俨然一座空城。"厌"字不仅表明词人对战乱的情绪和态度，也表明战争给这座城市留下的巨大伤痛，令人心有余悸。"空城"句尤见词人心境，心极沉痛而以淡语出之。词下阕志感，抒发"黍离之悲"。在表达手法上，词人并非直抒胸臆，而是巧妙化用杜牧扬州组诗，以其俊游情事破题，而人事变换中更显情蕴之深致，"惊"字点题，又回应了上阕"空城"扬州的萧条之状：即便风流潇洒如杜牧者，目睹扬州今日荒寒景象，也会惊叹痛惜；即便杜牧再有才华，此时也难以用诗歌描写出他对扬州的款款深情。因为当初他所痴狂的青春少女和往复流连的青楼旧梦早已化为泡影，他的才情在此时只会显得不合时宜。词人的悲哀加重了，他不愿再回忆杜牧了，词境于是又递转一层。词人面对着昔日杜牧驻足过的古桥，听闻着几百年来兀自荡漾的湖水，观望着似乎不为时间左右的冷月，他的心境更加悲凉了。在词的结尾，词人陷入了对人世变乱的无穷追问当中，然"桥边红药"是虚写，以乐景衬悲情，寄寓深婉。纵观全词，词人在强烈的今昔对比中寄寓家国之感，艺术手法上，虚实结合，以景驭情，语言雅洁凝练，词境一片空灵。

　　此词诵读的基调应当是沉缓凄怆的，但声调低婉处又别具清刚峭拔之势，宜平稳有力，多抑少扬。上阕关于扬州城的今昔对比，存在明显的节奏转换，如"过春风十里"，写扬州昔日盛景，语调应当上扬，接下来的"尽荠麦青青"则又回到眼前荒芜残破的扬州，语气沉缓无奈。"空城"语凄冷悲壮，一片空蒙，词人悲抑之情已达极致，诵读时语调尤应深婉有力。下阕连续化用杜牧诗意，充满艺术张力。"重到须惊"句承上启下，情调上稍微和缓，然至"冷月无声"句，又荡开一层，词境雅淡空灵。尾句替"红药"发问，寄寓深婉，语调先扬后降，而落笔在没有答案的追问里。

诵读标识

淮左∨名都,竹西∨佳处,解鞍∨少驻▲初程。过∨春风十里,尽∨荠麦青青∨∨。自∨胡马窥江▲去后,废池∨乔木,犹厌∨言兵。渐∨黄昏,清角▲吹寒,都在∨空城。＞(上阕写景,今昔对比中情感存在明显的转换,语调上多为先扬后抑。)

杜郎▲俊赏,算而今、重到▲须惊。纵∨豆蔻词工,青楼▲梦好,难赋∨深情。二十四桥▲仍在,波心荡、冷月∨无声。念∨桥边红药,年年∨∨知为▲谁生。＞(下阕志感,情蕴深沉,词人内心虽极度悲怆,通篇却无激愤语,词人之悲情反而被凄冷的花月吞没了,词境空灵,韵味无穷。)

(徐新武　注解)

水龙吟·甲辰岁寿韩南涧尚书^[一]

[南宋] 辛弃疾

原文注释

　　渡江天马南来^[二]，几人真是经纶手^[三]。长安父老^[四]，新亭风景^[五]，可怜依旧。夷甫诸人^[六]，神州沉陆，几曾回首。算平戎万里，功名本是，真儒事，公知否。

　　况有文章山斗^[七]。对桐阴^[八]、满庭清昼^[九]。当年堕地，而今试看，风云奔走。绿野风烟^[十]，平泉草木^[十一]，东山歌酒^[十二]。待他年，整顿乾坤事了，为先生寿。

　　[一] 甲辰岁：宋孝宗淳熙十一年。韩南涧：韩元吉，字无咎，开封人，曾任吏部尚书。徙居上饶时，所居门前有涧水，故号南涧。

　　[二]"渡江"句：西晋灭亡后，琅琊王司马睿渡江，在建康（今江苏南京）称帝，建立东晋。晋朝皇帝姓司马，故称"天马"。这里借指宋高宗赵构南渡。

　　[三] 经纶手：治理国家的能手。经纶：整理乱丝，后引申为处理政务。

　　[四] 长安父老：指代中原沦陷区民众。长安：汉唐故都，这里指宋都汴京（今河南开封），并泛指北方被金兵占领的区域。《晋书·桓温传》载，桓温自江陵北伐，进军至霸上，长安百姓"持牛酒迎温于路者十八九，耆老感泣曰：'不图今日复见官军'"！

　　[五] 新亭风景：《世说新语》记载，东晋渡江南下的士族官员，每遇天气晴美的日子，常互相邀约到新亭游玩会饮，一次酒筵上周顗叹息说："风景不殊，正自有山河之异！"大家都相视流泪。

　　[六] 夷甫诸人：《晋书·桓温传》记载，桓温自江陵北伐，过淮、泗一带进入北境时，与僚属一起登楼远眺中原大地，慨叹说："遂使神州陆沉，百年丘墟，王夷甫诸人不得不任其责！"王夷甫：西晋宰相王衍，专尚清谈，不论政事，值匈奴南侵，遂造成西晋的灭亡。

　　[七] 文章山斗：《新唐书·韩愈传》曾说韩的文章"学者仰之如泰山、北斗"。此句赞扬韩元吉的文名如韩愈一般，被时人目为泰山、北斗。

　　[八] 桐阴：北宋有两韩氏并盛，一为相州韩氏，一为颍川韩氏。颍川韩氏京师第门多植桐树，故世称"桐木韩家"，以别于相州韩氏。韩无咎有《桐阴旧话》十卷，记其家世旧事。

〔九〕满庭清昼：指桐木枝叶繁茂，树荫覆盖满庭，比喻韩氏家族正兴旺发达。

〔十〕绿野风烟：唐宰相裴度退居洛阳，其别墅曰绿野堂。《新唐书·裴度传》："时阉竖擅权，天子拥虚器，缙绅道丧，度不复有经济意，治第东都集贤里，沼石林丛，岑缭幽胜。午桥作别墅，具燠馆凉台，号绿野堂，激波其下。度野服萧散，与白居易、刘禹锡为文章，把酒穷昼夜相欢，不问人间事。"风烟：风物，景色。

〔十一〕平泉草木：唐宰相李德裕退隐后在洛阳郊外筑"平泉庄"，多植名花异草。

〔十二〕东山歌酒：东晋谢安寓所会稽东山（在今浙江上虞西南）时，常出外游山玩水，听歌饮酒。

背景介绍

宋孝宗淳熙八年（1181），辛弃疾被弹劾，退隐于上饶之带湖，曾任吏部尚书的韩元吉，致仕后亦侨寓此地。由于他们都有抗金雪耻的雄心壮志，所以过从甚密，往来唱和频繁。淳熙十一年（1184），值韩元吉六十七岁寿辰，辛弃疾填此词祝寿。此时距宋金"隆兴和议"已整整二十年，南宋朝廷，文恬武嬉，多好浮华，不务正业，结党营私，消沉颓废，"居官者耻言政事书判，而曰学道爱人。相蒙相欺，以尽废天下之实"。此时距辛弃疾南归亦二十余载，他辗转江西、湖南、湖北等地，始终不曾在抗金一线。"却将万字平戎策，换得东家种树书"，淳熙八年这次罢官，辛弃疾在大有为之年被闲置，又将荒废多年有心杀贼、报国无门的漫长时光。面对山河破碎，心有悲壮之气；感慨壮志难酬，词发苍凉之声，辛弃疾因此破除俗套，把本该赞颂恭维的祝寿词写成了情辞兼美的抒情词。

朗诵提示

稼轩词的朗诵，一是把握其爱国底色，辛弃疾对国家和民族存亡的深切忧虑，对祖国大好河山的无限热爱，对沦陷在金人铁骑下中原地区的乡土和人民的缅怀和同情，对自己壮志难酬的满腔悲愤，使得稼轩词充满了生动深厚的现实内容，具有洪亮的声响和充沛的感染力量；二是准确理解稼轩词中典故的含义，辛弃疾"搜罗万象，驰骋百家"，经史子集无不入词，典故迭起，词简义丰，不弄清楚典故的含义，就无法正确把握稼轩词的情感。

作者痛感虽为"经纶手"却均遭闲置，又渴望重整乾坤，有报国的热切，有壮志的难酬。本首词整体风格悲壮苍凉，感情真挚，曲折回荡，朗诵应注意以下几点：

第一，整首词先放后收，动荡多姿，在感情上，由悲而壮，由壮而豪，不断提升，于慷慨中显激昂，令人奋进。读本首词，要有指点江山、激扬文字的气势。

第二，本词首句"渡江天马南来，几人真是经纶手"，如高山坠石，劈空而来，力贯全篇，后面的议论抒情全由此而发，把握住本句的情感，是全词的关键。

第三，"长安父老，新亭风景，可怜依旧。夷甫诸人，神州沉陆，几曾回首"，把握住由悲到愤的情感过渡，"悲"的是神州陆沉，沦陷区百姓的凄惨，"愤"的是朝堂诸公清谈误国，不思恢复。

第四，"算平戎万里，功名本是，真儒事，君知否"，既是对韩元吉的劝勉，也是辛弃疾的抒怀，语气由上两句的悲愤上升为雄壮，要有英雄气。

第五，下片"况有文章山斗。对桐阴、满庭清昼。当年堕地，而今试看，风云奔走。绿野风烟，平泉草木，东山歌酒"，这几句是夸赞韩元吉的家世显赫、志趣高雅，语气可放缓，以赞叹之意，娓娓道来。

第六，结尾一句"待他年，整顿乾坤事了，为先生寿"，要读出豪放激昂的气势。

诵读标识

渡江▲天马▲南来，几人▲真是∨经纶手。长安▲父老，新亭▲风景，可怜∨依旧。夷甫▲诸人，神州▲沉陆，几曾▲回首。（读出作者对国事日非的愤激。）算∨平戎▲万里，功名▲本是，真▲儒事，公∨知否。（由愤激到雄壮。）

况有∨文章山斗，对∨桐阴、满庭▲清昼。当年▲堕地，而今试看，风云▲奔走。绿野▲风烟，平泉▲林木，东山▲歌酒，∨∨（语气放缓。）待∨他年，整顿∨乾坤事了，为∨先生▲寿。（表现出作者对友人的期望、对国事的关心及乐观精神。）

（刘源 注解）

雨霖铃·寒蝉凄切[一]

[北宋]柳永

原文注释

　　寒蝉凄切[二]，对长亭[三]晚，骤雨初歇。都门帐饮无绪[四]，留恋处[五]，兰舟催发[六]。执手相看泪眼，竟无语凝噎[七]。念去去[八]，千里烟波，暮霭沉沉楚天阔[九]。

　　多情自古伤离别，更那堪[十]，冷落清秋节！今宵[十一]酒醒何处？杨柳岸，晓风残月。此去经年[十二]，应是良辰好景[十三]虚设。便纵有千种风情[十四]，更与何人说？

　　[一]雨霖铃：此调原为唐教坊曲。相传唐玄宗避安禄山乱入蜀，时霖雨连日，栈道中听到铃声，为悼念杨贵妃，便采作此曲。后柳永用为词调。又名《雨霖铃慢》。

　　[二]凄切：凄凉急促。

　　[三]长亭：古代在交通要道边每隔十里修建一座长亭供行人休息，又称"十里长亭"，靠近城市的长亭往往是古人送别的地方。

　　[四]都门：国都之门。这里代指北宋的首都汴京（今河南开封）。帐饮：在郊外设帐饯行。无绪：没有情绪。

　　[五]留恋处：一作"方留恋处"。

　　[六]兰舟：古代传说鲁班曾刻木兰树为舟，这里用作对船的美称。

　　[七]凝噎（yē）：喉咙哽塞，欲语不出的样子。

　　[八]去去：重复"去"字，表示行程遥远。

　　[九]暮霭（ǎi）：傍晚的云雾。沉沉：深厚的样子。楚天：指南方楚地的天空。

　　[十]那（nǎ）堪：哪能承受，怎能经受。那，同"哪"。

　　[十一]今宵：今夜。

　　[十二]经年：年复一年。

　　[十三]良辰好景：一作"良辰美景"。

　　[十四]纵：即使。风情：风采、情怀。亦指男女相爱之情，深情蜜意。

背景介绍

柳永出身于官宦世家,先世为中古士族河东柳氏,少时学习诗词,有功名用世之志。大中祥符二年(1009),柳永初试落第。情绪愤激之下,他写下盛传一时的《鹤冲天》,词有云:"青春都一饷,忍把浮名,换了浅斟低唱。"也正因此词,柳永后来科举遭到了仁宗皇帝的斥责:"且去浅斟低唱,何要浮名?"被黜落后,柳永自称"奉旨填词柳三变",长期地流连坊曲。仁宗景祐元年(1034)始登进士第,曾任睦州推官、泗州判官、余杭令等差遣,一生漂泊,很不得志。这种仕途的失意,让柳永在书写人生羁旅情愁时,夹杂自身的怀才不遇、命运飘零之感,《雨霖铃》正是其中的代表作,全词以冷落凄凉的秋景作为衬托,叙写与恋人离别的伤痛及身世飘零的无奈,以铺叙为主,白描见长,点染环境,描摹情态,情景俱出。《蓼园词选》评此词:"清和朗畅,语不求奇,而意致绵密,自尔稳惬。"

朗读提示

这首词极有名气,以其缠绵悱恻、深沉婉约多用来代表柳永词的独特风貌。北宋当时人道:"柳郎中词,只好十七八女孩儿,执红牙拍板,唱'杨柳岸、晓风残月'。"在诵读时应注意以下几点:

第一,读出层次。柳永词运用了长调词适于铺叙、层次丰富、变化多端的特点,在词中融抒情、叙事、说理、写景于一体,有更复杂的内涵。《雨霖铃》细致描绘和具体刻画了整个送别的场景,词的上阕一层写秋景,一层写离别,一层写别后之景;下阕一层写秋日离别的伤感,一层写想象中酒醉醒来时的凄凉景色,再一层收回,叹息从此天各一方、孤单寂寞。全词曲折回环,层次鲜明,所以朗诵时也要读出这种层次感,让听众置身于伤感离别的场景之中,全词仿佛词中之景色亦能亲眼所见,词中之送别亦是亲身经历,词中之伤情亦能亲身体会。

第二,读出情感。《雨霖铃》是一首送别之作,"多情自古伤离别",写的是离愁别恨。而它之所以能够在众多书写别情的作品中脱颖而出,除了上述的艺术特色外,还在于它的情真,这也是其感人至深的重要原因。作者以词作为自己心态的写真,将情人离别之际难舍难分的留恋和痛苦、分别之后知音难寻的伤感和苦闷表达得淋漓尽致,令人读完亦有心醉之感。在诵读时,要细细揣度该如何表达这份真挚美好的情感,朗诵固然需要技巧,但过多在意技巧反而会限制真实情感的抒发。

第三,读出特点。即事言情,情由事生,这是柳永写词的特点,也是区别他与其他词人的关键。柳永的词作,抒情中含有叙事性和隐约的情节性,所以朗诵时要注意事与情的连贯性和相融性。例如"执手相看泪眼,竟无语凝噎",一个"执"字,画面感立显,也将彼此之间不忍分别的眷恋形容曲尽,所谓情由事生,即是如此。所以"执"字重音,既是对场景的再现,也能够传递出情感的深切。后面"念去去,千里烟波,暮霭沉沉楚天阔",可以放缓,留下更多的空间给听众去想象。

诵读标识

寒蝉凄切,对长亭晚,骤雨▲初歇。//都门▲帐饮无绪,留恋处,兰舟催发。执手▲相看泪眼,竟▲无语▲凝噎。(读出千言万语哽咽在喉的焦灼悲痛、眷恋不舍与无奈伤怀之情。)念去去,(二字连用,读时一字一顿,拖音。)千里烟波,暮霭沉沉▲楚天阔。(放缓。)

多情自古▲伤离别,更那堪,冷落清秋节!今宵▲酒醒▲何处?杨柳岸,晓风残月。//此去经年,应是良辰好景虚设。便▲纵有▲千种风情,更与∨∨何人▲说?＞(结句读出"余恨无穷,余味不尽"之意。)

(刘源　注解)

望海潮·东南形胜

[北宋]柳永

原文注释

东南形胜,三吴都会[一],钱塘自古繁华[二]。烟柳画桥,风帘翠幕,参差十万人家[三]。云树绕堤沙[四],怒涛卷霜雪,天堑无涯[五]。市列珠玑[六],户盈罗绮,竞豪奢。

重湖叠巘清嘉[七],有三秋桂子[八],十里荷花。羌管弄晴[九],菱歌泛夜[十],嬉嬉钓叟莲娃[十一]。千骑拥高牙[十二],乘醉听箫鼓,吟赏烟霞。异日图将好景[十三],归去凤池夸[十四]。

[一]三吴都会:杭州是三吴的都会所在。三吴:即吴兴、吴郡、会稽三郡,此处泛指今江苏南部和浙江的部分地区。

[二]钱塘自古繁华:杭州自古以来就十分热闹繁华。

[三]参差(cēn cī)十万人家:大约有十万户人家。参差:高下不齐貌。

[四]云树绕堤沙:高耸入云的大树环绕着钱塘江沙堤。云树:形容树木高耸入云。

[五]天堑(qiàn)无涯:宽广的江面一望无涯。天堑:天然壕沟,多指长江,此处指钱塘江。

[六]市列珠玑:市场上陈列着琳琅满目的珠玉珍宝。珠玑:珠是珍珠,玑是一种不圆的珠子。珠玑泛指珍贵的商品。

[七]重湖叠巘(yǎn)清嘉:里湖、外湖与重重叠叠的山岭十分清秀美丽。重湖:以白堤为界,西湖分为里湖和外湖,故曰重湖。巘:小山峰。

[八]有三秋桂子:这里指秋季桂花飘香。三秋:指秋季第三月,即农历九月,此处代指秋季。

[九]羌(qiāng)管弄晴:晴天欢快地吹奏着羌笛。羌管:即羌笛,羌族之簧管乐器。

[十]菱歌泛夜:夜晚划着船采菱唱歌。泛夜:即"夜泛",泛:坐船。

[十一]嬉嬉钓叟莲娃:钓鱼的老翁、采莲的姑娘都喜笑颜开。嬉嬉:和乐貌。莲娃:采莲女。

[十二]千骑拥高牙:千名骑兵簇拥着巡察归来的长官。高牙:高矗之军旗,高官出行时的仪仗旗帜。

［十三］异日图将好景：他日把这美好的景致描绘出来。异日：改日。图将：画出。

［十四］归去凤池夸：回京时向朝中的人们夸耀一番。凤池：全称凤凰池，原指皇宫禁苑中的池沼，此处指朝廷。

背景介绍

作者柳永，字耆卿，原名三变，字景庄，崇安（今属福建）人。宋景祐元年进士，官至屯田员外郎，排行第七，世称柳七或柳屯田。柳永为人放荡不羁，终身潦倒，善为乐章，长于慢词，其词多描绘城市风光与歌妓生活，尤长于抒写羁旅行役之情，是北宋第一个专力写词的文人。他创作慢词独多，发展了铺叙手法，在词史上产生了较大的影响，特别是对北宋慢词的兴盛和发展有重要作用。词作流传极广，有"凡有井水饮处皆能歌柳词"之说。本词为柳永赠予孙何的作品，据说词人的创作目的是请求对方为自己举荐。全词先总写，后分写，层层铺叙，由宏观到微观，由内而外，由近及远，栩栩如生地为读者描绘了人间天堂杭州的"形胜"与"繁华"，美景与欢乐。其中上阕描写杭州的自然风光和都市的繁华，下阕描写西湖，展现杭州人民和平宁静的生活图景。据传金主完颜亮见其"三秋桂子，十里荷花"之句，遂起投鞭渡江之志。

朗诵提示

本词主要描写宋代杭州的富庶与美丽，作者以生动的笔触和瑰丽的形式，将杭城的繁荣、钱塘江大潮的雄浑、百姓的平安幸福一一展现出来，给读者一种愉悦的感受。全词以点带面，明暗交叉，铺叙晓畅，形容得体，一反柳永惯常的风格，且此词音律协调，情致婉转，其慢声长调和所抒之情起伏相应。

诵读的基调是欣悦自豪，朗诵这首词要注意以下几点：

第一，词人以大开大阖、波澜起伏的笔法，浓墨重彩地铺叙展现了杭州的繁荣、壮丽景象，在诵读上阕时，要读出自矜欣悦的感情，对如烟的柳树、彩绘的桥梁、挡风的帘子、翠绿的帐幕，以及市场上陈列着琳琅满目的珠玉珍宝，家家户户都存满了绫罗绸缎等，要带有欣赏的目光、欣喜的语调去吟诵，特别是上阕最后要表现出竞相比较奢华的情绪。

第二，下阕写景壮伟、声调激越，诵读时注意要把得意自豪的情绪表现出来。其中无论是吹奏羌笛、采菱唱歌，还是箫鼓管弦、吟诗作词等，都是表现了在美好景致中的欢快愉悦之情。词人曲中言志,表示他日把这美好的景致描绘出来,回京升官时向朝中的人们夸耀,吟诵时要流露出自豪的情愫。

诵读标识

东南形胜,三吴都会,钱塘∨自古繁华。(以鸟瞰式镜头摄下宋代杭州全貌,字字铿锵有力,"形胜""繁华"四字,为点睛之笔。)烟柳画桥,风帘翠幕,参差▲十万▲人家。<("参差十万人家"一句,转弱调为强音,表现出整个都市的繁庶。)云树▲绕堤沙,怒涛▲卷霜雪,天堑▲无涯。∨∨(一个"绕"字,写出长堤迤逦曲折的态势。)市列▲珠玑,户盈▲罗绮,竞▲豪奢。<//(抓住"珠玑"和"罗绮"两个细节把市场的繁荣、市民的殷富反映出来,暗示杭城声色之盛。)

重湖▲叠巘清嘉,有▲三秋桂子,十里荷花。("三秋""十里"之句高度凝练,撼动人心,以轻音读出繁华以及十里飘香之美好景致。)羌管弄晴,菱歌泛夜,嬉嬉∨钓叟莲娃。(对仗工稳,情韵悠扬。)千骑▲拥▲高牙,乘醉▲听箫鼓,吟赏∨烟霞。(笔致洒落,音调雄浑。)异日∨图将好景,归去∨凤池夸。↗(以达官贵人的不思离去,烘托出西湖之美,带有自矜之喜。)

(仲秋融 注解)

咏煤炭

[明] 于谦

原文注释

凿开混沌^[一]得乌金^[二]，藏蓄阳和^[三]意最深。爝火^[四]燃回春浩浩，洪炉照破夜沉沉。鼎彝^[五]元赖生成力，铁石犹存死后心。但愿苍生俱饱暖，不辞辛苦出山林。

[一] 凿开混沌：此处借用了《庄子·应帝王》中"凿浑沌七窍"的典故，"混"通"浑"。

[二] 乌金：指煤炭。

[三] 阳和：原指阳光和暖，这里借指煤炭蓄藏的热力。

[四] 爝（jué）火：指火把。

[五] 鼎彝（yí）：古代庙堂祭祀用的青铜礼器。

背景简介

于谦（1398—1457），字廷益，号节庵，钱塘（今浙江杭州）人。明成祖永乐十九年（1421）中进士，为官清正，历任山西、河南巡抚、大理寺少卿、兵部侍郎等职。明英宗正统十四年（1449）爆发"土木堡之变"，英宗被瓦剌俘虏，瓦剌乘势进逼北京，于谦临危受命，升任兵部尚书，拥立明代宗即位，并积极组织军队抵抗瓦剌入侵，打赢了北京保卫战，功勋卓著，加少保衔。明代宗景泰八年（1457），英宗"南宫复辟"，于谦因拥立代宗之故，再加上奸臣进谗言陷害，以"谋逆罪"遭冤杀。明宪宗即位后，于成化元年（1465）为于谦平反冤狱并恢复生前官爵名誉，明孝宗弘治二年（1489），追赠光禄大夫、柱国、太傅，谥肃愍，明神宗万历年间改谥忠肃。于谦是一位杰出的政治家与军事家，虽进士出身，却并不刻意于文学创作，平素所作诗文，皆从肺腑中流出，有着广阔的社会内容，反映了作者的真情真志，诗风朴实刚劲，真切感人，现存诗六百余首，有《于忠肃集》传世。清代著名学者纪昀评论于谦诗曰："谦诗风格遒上，兴象深远，虽志存开济，未尝于吟咏求工，而品格乃转出文士上。"这首《咏煤炭》就是于谦诗中的代表作，语言朴实无华，却无处不体现出诗人的报国之志与爱民之心，字字真情，感人至深。

朗诵提示

　　这是一首咏物诗,诗人以煤炭自喻,托物明志,希望通过自己的努力,使处于困顿饥寒中的国家与人民重获振作与饱暖,表现出爱国诗人甘心为国为民奉献生命力量的抱负与襟怀。全诗情感真挚,语句流畅,完美地将咏怀与咏物结合在一起,充分展现了一代忠烈的才情与人格。首联第一句点题,诗人以此自况,交代出处;第二句从写物顺承到咏怀,正面抒发了自己渴望为国家和百姓带来温暖与和平的志向,巧妙地运用了比兴手法,在一联短短十四字中,就从对喻体的咏物升华到了对本体的咏怀,在朗诵时,要注意情感的逐渐高涨,语气的逐渐加强。

　　颔联通过对煤炭物理上特性的描写,即带来春浩浩的温暖与打破夜沉沉的光明,来表露自己勇于牺牲自我,给冷酷黑暗的现实带来温暖与光明,对朝政与民生进行除旧布新的决心,虽然看似纯然写物,实则更深层次地表达了燃烧自己,为国家为世道具体做些什么的愿景,这一联,语气可以稍微平和一些,作为上下两联的过渡,但语气要在平和中充满着期望,情绪蓄势待发。

　　接下去的颈联,诗人进一步突出自己的豪情壮志,鼎彝象征着国家的权力与尊严,于谦想到了自己临危受命,保家卫国,希望自己能像煤炭一样燃起熊熊烈火,打败瓦剌侵略军,再造大明王朝的权威,为国家重铸鼎彝;为此,于谦九死不悔,心如铁石,坚贞不移,这块熊熊燃烧的烈炭,也正是爱国诗人人格的写照,更是国家与人民在危急存亡关头希望的火种。这一联,在朗诵时要注意情绪的激昂,语气一定要格外坚定不屈。

　　尾联诗人从煤炭进一步生发,以吐露自己"但愿苍生俱饱暖"的终极宏愿。这一句,不由得让我们想起了杜甫《茅屋为秋风所破歌》中的那句:"安得广厦千万间,大庇天下寒士俱欢颜。"杜工部与于少保虽然时隔数百年,但他们爱国为民之心,却远隔数百年而产生了共鸣,形成了时空中的呼应,可谓异曲同工。于谦受命于危难之际,挽大明王朝于既倒,但这一切,在诗人看来,无论付出多少努力与牺牲,都是心甘情愿的,他的目的只有一个,即挽救国家与人民,为国家带去重整河山的光明,为人民带来饱暖和平的温暖。最后一句进一步点题明志,将自己的情志与煤炭的意象紧密结合,寄托深远,浑然天成,可谓是于谦在历史关键时刻,用碧血丹心抒发出来的力作!此处情感也到达了高潮,在朗诵时一定要注意情绪高亢,真挚雄浑。

诵读标识

　　凿开▲混沌∨得乌金,藏蓄▲阳和∨意最深。

熠火▲燃回∨春浩浩，＜ 洪炉▲照破∨夜沉沉。↘

鼎彝▲元赖∨生成力，铁石▲犹存∨死后心。

但愿▲生∨俱饱暖，不辞▲辛苦∨出山林。＞

最后一句语气坚毅沉着，语音渐弱，余味不绝。

（黄成蔚 注解）

度大庾岭

〔清〕朱彝尊

原文注释

　　雄关直上岭云孤[一]，驿路梅花岁月徂[二]。丞相祠堂虚寂寞[三]，越王城阙总荒芜[四]。自来北至无鸿雁[五]，从此南飞有鹧鸪[六]。乡国不堪重伫望[七]，乱山落日满长途。

　　[一]雄关：这里指梅关，在大庾岭上。清杜臻《巡视记》记载，"至南安舍舟登（大庾）岭，过所谓'南岳雄关'者，夹道皆短垣，苍松列嶂间"。

　　[二]驿路梅花：《读史方舆纪要》中记载，"（梅关）尝为天下必争之处。有驿路在石壁间，相传唐开元中张九龄所凿，宋嘉祐中复修广之。旧时岭上多梅，故庾岭亦曰梅岭，关曰梅关。"岁月徂（cú）：指年代久远。徂：往，逝。

　　[三]丞相祠堂：指大庾岭上唐代宰相张九龄"张文献祠"，在岭上云封寺前。张九龄为岭南人。

　　[四]越王：指南越王赵佗。秦亡，据广东、广西，自立为王。汉武帝时遣庾胜兄弟伐南越，遂归汉。越王城阙：指赵佗的都城，在今广州城西。

　　[五]北至无鸿雁：相传北雁南飞至湖南衡阳回雁峰即返，不再向南过大庾岭。古代又有鸿雁传书的传说，这里合用，寄寓无以传寄家书的悲伤。

　　[六]鹧鸪：左思《吴都赋》"鹧鸪南翥而中留。"刘逵注，"鹧鸪，如鸡，黑色，其名自呼。或言此鸟常南飞不止。豫章已南诸郡处处有之。"古人认为其鸣声谐音为"行不得也哥哥"，诗文中常用来表现思念故乡。

　　[七]乡国：故乡。重（chóng）：再。伫望：站立四望。

背景介绍

　　作者朱彝尊（1629—1709），字锡鬯（chàng），号竹垞（chá），晚号小长芦钓鱼师，又号金风亭长，秀水（今浙江嘉兴）人。清代词人、学者、藏书家。康熙十八年举博学鸿词科，除翰林院检讨。康熙二十二年入直南书房。康熙三十一年罢官后辞官归里，潜心著述。朱彝尊词风清丽，为"浙西词派"的创始人。又为清代浙派诗开山鼻祖。

　　大庾岭是我国五岭之一，在江西大余与广东南雄交界处。《度大庾岭》作于清顺治十三年（1656），作者应广东高要县知县杨雍建之聘赴广东，途经大庾岭时所作。本诗抒写怀古思乡之情,气象雄阔而苍凉。

朗诵提示

这首诗较典型地体现了朱彝尊早期诗歌的风貌,其七律受杜甫和明前后七子的影响较深,注重气象的开阔和词句的典雅。此诗融写景、吊古、抒怀于一体,烘托乡思,却写得含而不露,颇得沉郁顿挫之致。因此,本诗的朗诵基调应该是一种磊落而多感慨的情绪。朗诵时要注意以下几点:

第一,诗的首联描绘了大庾岭的险峻雄伟,继而由驿站梅花引起了诗人对岁月流逝的无限感慨。朗诵上句时的情感要体现出宏大的气势,下句要逐渐收束,语气转向舒缓怅然,表现对人生的感慨。

第二,诗的颔联写丞相祠、越王城俱已冷寂荒芜,历史的遗迹已经衰败。朗读时以低沉平和的语气抒发历史沧桑感。

第三,诗的颈联写诗人吊古伤今,产生思乡之情,朗诵时情绪转为淡淡的感伤。

第四,诗的尾联写遥望家乡,起伏的山峦、落日的余晖已经洒满了漫漫旅途,景物描写中蕴含着作者深深的感慨和浓厚的思乡之情,一种苍凉之感油然而生。朗诵时以含蓄蕴藉、沉郁顿挫的基调表现这种苍凉之感。

诵读标识

雄关直上∨岭云孤,< 驿路梅花∨岁月徂。//
情绪由高昂转向怅然。

丞相祠堂∨虚寂寞,越王城阙∨总荒芜。//
语气低沉平和。

自来北至∨无鸿雁,从此南飞∨有鹧鸪。
乡国不堪∨重伫望,乱山落日∨满长途。>
语气沉郁顿挫,情感苍凉。

(蔚然 注解)

梅花九首[一]（选一）

［明］高启

原文注释

琼姿只合在瑶台[二]，谁向江南处处栽[三]？雪满山中高士卧[四]，月明林下美人来[五]。寒依疏影萧萧竹，春掩残香漠漠苔[六]。自去何郎无好咏，东风愁寂几回开[七]？

[一] 梅花九首：本题九首是古代咏梅诗名作，前人评为"首首皆飘逸绝群，句锻字炼"。本诗是第一首。

[二] 琼姿：美玉般的姿容。瑶台：神话中的昆仑山，上有瑶台十二座，皆以五色彩玉筑成，代指为神仙居住之所。

[三] "谁向"句：化用宋代徐照《庭中梅花正开》诗"江南何处不寒梅"。

[四] "雪满"句：以袁安的典故喻梅花品格高洁。《后汉书·袁安传》："时大雪积地丈余，洛阳令身出案行，见人家皆除雪出，有乞食者。至袁安门，无有行路，谓安已死。令人除雪入户，见安僵卧。问何以不出，安曰：'大雪人皆饿，不宜干人。'令以为贤，举为孝廉。"

[五] "月明"句：谓梅花之风标绝尘。

[六] "疏影""残香"：均指梅花。宋林逋《山园小梅》诗有"疏影横斜水清浅，暗香浮动月黄昏"。

[七] "自去"二句：表达世无知己的意思。何郎：指南朝诗人何逊，曾作《扬州法曹梅花盛开》等诗。《梁书》记载："何逊为扬州法曹，廨舍有梅树一株，时吟咏其下。后居洛，思梅，请再任，从之。抵扬，花方盛开，对花彷徨终日。"后世咏梅多用何逊事。诗人认为梅花的"好咏"自何逊始，何逊之后梅花便不逢知己，寂寞愁苦地在东风中开落。

背景介绍

作者高启（1336—1374），元末明初著名诗人，字季迪，号槎轩，长洲（今江苏苏州）人，元末隐居吴淞青丘，自号青丘子，与刘基、宋濂并称"明初诗文三大家"，又与杨基、张羽、徐贲被称为"吴中四杰"。明洪武初，以荐参修《元史》，授翰林院国史编修，擢户部右侍郎，力辞不受。苏州知府魏观在张士诚宫址改修府治，获罪被诛。高启曾为之作《上梁文》连坐腰斩。著有《高太史大全集》等。《梅花九首》是高启创作的一组咏物诗,此处选第一首。诗歌四面下笔,多方譬喻,为梅花定下高士美人这样基本的品格意象,然后围绕此一核心展开多侧面、多层次的描写,其中"雪满"一句,更是万口传诵,为后人激赏。

朗诵提示

诗歌巧用典故,把梅花人格化,传达出梅花的神韵,并以萧疏闲逸、淡远清切之笔调,写出梅花的高洁绝俗,暗喻作者自己的人格,气韵高逸。因此,诵读时应营造超然绝俗的氛围。具体如下:

第一,诗歌开头以疑问的方式起句,但又不见回答,寓答案于疑问之中,衬托出梅花的不俗气质和灵秀仙骨。朗诵要升调上扬,表现出设问而又对答案成竹在胸。

第二,接下来诗人以高士、美人为喻,又以雪满山中和月明林下为背景,突出了梅花孤傲高洁与清秀典雅的品格与风度。这句是全诗中对梅花形象的正面勾勒,诵读时要表现出对美好事物的赞美之情。

第三,诗人进一步用萧萧疏竹、苔掩残香这种清寒疏淡的背景来衬托梅的品格。诵读时语气转为舒缓,表现出疏淡的韵致。

第四,诗歌的结尾句,是诗人抒情主人公形象与梅花精神融合的关键句,既有对梅花难觅知音的怜悯与惋惜,也有对自己人格的隐喻。且与首句照应,依然是以问句形式作结。诵读时尤其是后半句要情绪转为低落,声调适当拉长,表现出含义无穷、韵味悠长之意。

诵读标识

琼姿▲只合∨在▲瑶台,谁向▲江南∨处处▲栽? //

设问语气。

雪满▲山中∨高士▲卧,月明▲林下∨美人▲来。 //

表现出欣赏与赞美之意。

寒依▲疏影∨萧萧▲竹,春掩▲残香∨漠漠▲苔。 //

诵读时语气转为舒缓,表现出疏淡的韵致。

自去▲何郎∨无▲好咏,＞东风▲愁寂∨几回∨开? //

诵读时情绪渐低落,语调长缓,表现出含义无穷、韵味悠长之意。

(蔚然　注解)

甲申^[一]八月辞故里

[明] 张煌言

原文注释

　　国破家亡欲何之？西子湖头有我师。日月双悬于氏墓^[二]，乾坤半壁岳家祠^[三]。惭将赤手^[四]分三席，敢向丹心借一枝。他日素车^[五]东浙路，怒涛岂必属鸱夷^[六]！

　　[一]甲申：即公元1644年，当年农历三月十九日，李自成攻占北京城，明朝末代皇帝崇祯帝自缢，明朝宣告灭亡，所以诗人在诗歌首句即言"国破家亡"。

　　[二]于氏墓：即明代中期兵部尚书、民族英雄于谦的墓。于谦出生于杭州，并葬于杭州，曾在土木堡之变后辅佐明代宗赢得了北京保卫战的胜利，击退了瓦剌入侵，保住了明朝的江山社稷。明英宗南宫复辟后，其遭奸臣诬陷被杀，于明宪宗即位后平反，并在西子湖畔建祠以表彰纪念。

　　[三]岳家祠：即岳庙，为了纪念南宋抗金名将岳飞而建。清代大诗人袁枚在其诗《谒岳王墓》中赞曰："赖有岳于双少保，人间才觉重西湖。"赞赏了岳飞和于谦的历史贡献和民族气节。同时张煌言也借岳飞和于谦，以明自己忠于明朝，抗争到底的决心。

　　[四]赤手：即徒手，在此表示自己对复兴明朝毫无寸功的愧叹。

　　[五]素车：古代丧事所用之车，在此以死明志，以示绝不向清朝妥协让步。

　　[六]鸱夷：《史记·伍子胥列传》载："吴王闻之大怒，乃取子胥尸盛以鸱夷革，浮之江中。"诗人在此虽然以死明志，但依然对复明抱有一定信心，认为明朝不一定会像夫差的吴国那样灭亡，自己也未必就会像伍子胥那样落得一个身死国灭的悲惨下场。

背景简介

　　张煌言（1620—1664），字玄著，号苍水，鄞县（今属浙江宁波）人。明末举人，清顺治二年（1645）起兵抗清。南明永历帝时，官至大学士兼兵部尚书，与郑成功联军抗清。康熙三年（1664）因叛徒出卖被捕，同年九月在杭州英勇就义。有《张苍水集》存世。这首诗是张煌言写于明朝灭亡当年（1644）的八月，此时福王朱由崧在南京刚刚即位，年号弘光，并试图与入主中原不久的清朝对抗，以期复兴明朝。在这样的政治局势下，充满爱国主义精神的诗人在诗中表现出了对国破家亡的悲痛与无奈,但转念一想,江南的明朝兵力尚有可为,于是,诗人借怀想岳飞和于谦两位名将保家卫国的事迹以自励,表达了对前贤的敬仰,更坚定了自己抗清的决心,从而进一步表露自己对明朝复兴事业的志愿和忠诚,渴望建功立业,挽救国运。最后,诗人不惜自我牺牲,以换取明朝的存续,表现出慷慨悲壮、不失战斗精神的乐观,尤其在诗歌的最后,诗人虽然抱定了必死的决心,却对抗清事业的胜利怀有信念。全诗主基调虽然是在国破家亡的历史背景中形成,不免苍郁悲凉,但诗人抗清卫国的激情和自信,亦时有闪现,悲伤中闪烁着希望,将晚明板荡时代背景下士大夫舍生取义的爱国主义精神展露无遗。

朗诵提示

这首诗的主基调是苍郁悲凉的,因为诗歌的创作时间,正好是明朝灭亡的当年,面对山河板荡、国破家亡,诗人心中郁结的哀痛之情不言而喻。所以在朗诵的时候,一定要体现出沉重的心境。当然,爱国的诗人并没有熄灭复兴故国的希望,在哀痛之余,也要表现出一种不屈的斗志与置之死地而后生的信心,在沉郁中带着慷慨。

具体来说,首联第一句是直抒胸臆的,表现了明朝大厦倾覆后,作为臣民的诗人,心中无限无奈和迷惘,情感拿捏上一定要注重沉郁悲痛;后一句,诗人心中复国的怒火和战胜敌人的信念被激发了出来,他想到虽然北方故土沦入敌手,但在江南,南明王朝依然存续,有着可以抵抗北方敌军的军事力量,因此第二句在朗读时,情绪要略微高昂,主要是表现出一种战斗的信念,以及对国家复兴的期望。

领联是诗人怀古喻今的两句,诗人怀想于谦和岳飞这样的爱国名将,并借以激励自己的抗争斗志,所以此联两句要读出对古贤的敬仰之情,更要表现出因之而进一步高涨的战斗信念,要读得铿锵有力,坚定激昂。

颈联第一句是诗人的自思,同时还带有一丝无法为国家抗敌复兴的无奈和自责,因此在诵读时,情绪再度低沉,语调因陷入自我的深思而变得长缓,但转入第二句,情绪就要发生转折,这个转折并不是一种高昂,而是从自责中走出来,进而自我激励,坚定自己对故国的忠心与信心,虽然语调依然是沉缓的,但语气坚定,要把"一片丹心"呈露出来。

尾联连接上一联,既然诗人拥有着坚定的报国丹心,因此他不惜为国捐躯,抗争到底,只求明朝能够收复故土,击退敌军。特别是在最后一句中,甚至表现出了一种甘愿置之死地而后生的战斗乐观主义精神,对抗击敌军有着胜利的希望和信心。所以这一联的两句,第一句要表现出一种九死不悔的慷慨激昂之情,第二句要体现出一种情绪的高昂,甚至对敌人的蔑视与嘲讽,尽管全诗笼罩在一片亡国后的愁云惨雾的氛围之中,但也并非毫无希望,诗人在末尾为战斗吹响了号角,也给读者带来了一丝希望,虽然这个希望也许会用生命去换取,但在爱国主义的激励下,依然如此坚定不屈。

诵读标识

国破家亡▲欲何之? 西子湖头▲有我师。

日月双悬▲于氏墓,乾坤▲半壁∨岳家祠。<

惭将赤手▲分三席,敢向丹心▲借一枝。

他日素车▲东浙路,怒涛▲岂必∨属鸥夷!<

(黄成蔚　注解)

赴戍登程口占示家人

[清]林则徐

原文注释

力微任重久神疲,再竭衰庸定不支。苟利国家生死以,岂因祸福避趋之? 谪居正是君恩厚,养拙^[一]刚于^[二]戍卒宜。戏与山妻^[三]谈故事,试吟断送老头皮^[四]。

[一] 养拙:即藏拙,严守本分,不露己意。
[二] 刚于:正好。
[三] 山妻:对自己妻子的谦称。
[四] 老头皮:自己的谦称,即老头子的意思。

背景简介

林则徐(1785—1850),字元抚,一字少穆,晚号竢村老人,福建侯官(今福州)人,嘉庆十六年(1811)进士,官至湖广总督、两广总督,道光十九年(1839)赴广东查禁鸦片并筹备海防。鸦片战争后,被投降派陷害并革职发配新疆,后被起复为云贵总督,卒谥"文忠"。林则徐诗文创作颇多,早期以酬唱之作为主,鸦片战争后,风格一变,表现出了强烈的爱国主义精神,后人编有《林则徐全集》。此诗正是林则徐在鸦片战争爆发后,遭清政府投降派与英军合谋陷害,被发配新疆伊犁临行前与家人的留别之作。对于诗人来说,忠心爱国却遭遇极大的不公,心情应该是无比懊丧的,但作为一位名垂千古的爱国主义政治家与文学家,诗人并未为一己仕途之得失而悲愤,反而更加坚定了自己报效国家、九死不悔的信念,那句"苟利国家生死以,岂因祸福避趋之?"更是成为晚清爱国主义诗作中的名句,激励着一代又一代的仁人志士,更展现出了民族英雄林则徐的光辉人格与襟怀。

朗诵提示

此诗创作于鸦片战争爆发之后,林则徐忠心护国却遭遇国内外反动势力的联合迫害,在垂暮之年被革职发配边地,无论是国家层面上割地赔款的重大损失,还是个人仕途命运上的不幸遭遇,都让此诗蒙上了一层悲剧色彩,使全诗都笼罩在惨淡的氛围之中。作为此诗的作者,林则徐的内心必然存在着失望与悲伤，所以这个主基调，是一定要把握住的。但是，林则徐更是一位有着强烈爱国主义精神的民族英雄，他不会为一己得失而陷入痛苦之中，反而在目睹了山河破碎之后，更加激起了他报国的决心，就算断送了自己的性命，只要有利于国家的兴旺，都在所不惜，悲伤中有着无限的慷慨激昂，充满着爱国者的悲壮。

把握住了主基调，再来具体分析全诗的每一联。首联因为诗作的背景是发配前与家人诀别，因此难免悲伤感怀。但诗人并没有把导致自己不幸的矛头对准朝廷，而是对自己岁月迟暮、力不能支感到忧伤，"烈士暮年，壮心不已"，虽然主观上还想报效国家，但无奈自己已近垂暮之年，多年繁忙的政务已经让自己精力疲惫，深感自己力量的衰微，再也支撑不起自己为国家做更多的事。当然，也包含着一丝对自己暮年远戍、前途未卜的迷惘与悲凉。所以，这一联语速要低沉迟缓，以表现出情绪上的低落。

颔联是诗人爱国主义热情迸发的转折点，虽然诗人为国家和个人命运深感无奈，但英雄之"悲"并没有仅仅停留在"悲凉"的层面上，而是笔锋一转，进入了一个更高的境界，化"悲凉"为"悲壮"，将自己满腔斗志激发了出来。诗人虽然垂垂老矣并遭遇不幸，但依然怀有坚定的信念，不顾自己的安危，不管敌人的迫害，也要忠心为国，九死不悔，与其说这是一种乐观主义，不如说是一种视死如归的英雄气概。所以，这一联的诵读，情绪一定要高昂，语气一定要坚定，这是对不公的命运进行抗争的号角，不仅有悲愤，更有壮烈！

颈联又从激情的迸发状态收摄回来，进行了自我内心的独白。在此我们也不得不承认，林则徐虽然有着高于那个时代士大夫的爱国精神，但他也必然会受到时代的局限。在他的内心深处，忠君思想根深蒂固，哪怕国家和他个人的不幸都是来自朝廷的投降政策，他也要表露出对"皇恩浩荡"的感激；同时，作为一个有着几十年官场经验的封建社会的高级官僚，亦无法摆脱那种"藏拙"以远祸的普遍"智慧"，虽然其中也有着自己无奈的自嘲，但也是不可避免的时代烙印，对于一个复杂的历史人物，我们对他的解读需要多面向，需要同情之理解。这一联，主要将诗人无奈的情感和对朝廷的忠心表露出来，语气应该是凝重迟缓的。

最后的尾联，前半句虽然略带轻松语气，一定程度上可以起到调节全诗气氛的作用，但后半句却将诗人报国的决心展露无遗。这一联虽然表面上看是临行前与妻子的安慰戏语，却将全诗主旨点明，即哪怕断送了自己这条"老命"，也不改报国的决心。语气虽然流于轻松，却更为坚定，在迷惘的前路上,诗人依然保有一丝乐观情绪,而其支撑,永远是林则徐自己的爱国主义精神,这也是这位民族英雄之所以伟大的根本所在!

诵读标识

力微任重∨久神疲,再竭衰庸▲定不支。

苟利国家▲生死以,岂因▲祸福∨避趋之?

谪居正是▲君恩厚,养拙刚于戍卒宜。

戏与山妻▲谈故事,试吟断送▲老头皮。

此处语气可读得轻松一些。此处语气要坚定。

(黄成蔚　注解)

圆圆曲（节选）

[清]吴伟业

原文注释

鼎湖当日弃人间[一]，破敌收京下玉关[二]。恸哭六军俱缟素[三]，冲冠一怒为红颜[四]。红颜流落非吾恋[五]，逆贼天亡自荒宴[六]。电扫黄巾定黑山[七]，哭罢君亲再相见[八]。相见初经田窦家[九]，侯门歌舞出如花。许将戚里箜篌伎[十]，等取将军油壁车[十一]。家本姑苏浣花里[十二]，圆圆小字娇罗绮[十三]。梦向夫差苑里游[十四]，宫娥拥入君王起。前身合是采莲人[十五]，门前一片横塘水[十六]。横塘双桨去如飞，何处豪家强载归[十七]？

[一]鼎湖：古代传说是黄帝乘龙升天之处。典出《史记·封禅书》。传说黄帝铸鼎于荆山下，鼎成，有龙垂髯下迎黄帝，黄帝即乘龙而去。后世因称此处为"鼎湖"，用来比喻帝王去世。此处指崇祯帝自缢于煤山（今景山）。

[二]破敌：指吴三桂引清兵击败李自成起义军。玉关：玉门关，在今甘肃敦煌西，这里借指山海关。

[三]恸（tòng）哭：放声痛哭。六军：周朝天子所统率的军队，一军为一万二千五百人。后泛指朝廷的军队。缟（gǎo）素：白色的衣服。这里指丧服。

[四]冲冠一怒：即怒发冲冠，典出《史记·廉颇蔺相如列传》。红颜：美女。这里指陈圆圆。

[五]"红颜"以下四句，模拟吴三桂的口吻为自己降清作辩解。红颜流落：指陈圆圆为起义军所俘。

[六]逆贼：对李自成起义军的诬称。天亡：天意要使他们灭亡。荒宴：沉溺于宴饮。

[七]电扫：闪电般扫荡。比喻进击神速。黄巾、黑山：东汉末年张角领导的黄巾起义军和张燕领导的黑山起义军。这里借指李自成的起义军。

[八]君亲：指崇祯皇帝朱由检和吴三桂的父母亲。时吴三桂父母由于吴三桂降清，已被李自成杀死。

[九]田窦（dòu）：西汉外戚武安侯田蚡、魏其侯窦婴。这里借指崇祯皇帝的外戚，一般认为是田妃之父田畹。

[十]戚里：皇帝外戚居住之处。这里指田畹家。箜篌伎（kōng hóu jì）：弹

篌箎的艺伎,指陈圆圆。

[十一]油壁车:指古代女子乘坐的以油涂饰车壁的车子。《乐府诗集·苏小小歌》中有"妾乘油壁车,郎骑青骢马"。

[十二]姑苏:即苏州。浣(huàn)花里:唐代名妓薛涛居住在四川成都西郊浣花溪。这里借指陈圆圆在苏州的住处。

[十三]小字:小名。娇罗绮:形容陈圆圆长得比罗绮(漂亮的丝织品)还要鲜艳美丽。

[十四]夫差(chāi):春秋时代吴国的君王。苑:夫差与西施游乐的宫苑。

[十五]合:该。采莲人:指西施。

[十六]横塘:地名,在苏州市西南。

[十七]豪家:这里指田畹家。

背景介绍

陈圆圆本姓邢,名沅,字畹芬,圆圆是其小名,明末苏州名妓,与董小宛、卞玉京等交好,共被列为"秦淮八艳"。后被辽东总兵吴三桂纳为妾。吴三桂出镇山海关,李自成农民起义军攻占北京,陈圆圆被俘。吴三桂为此大怒,引清兵入关,攻陷北京,圆圆复归吴三桂,后随吴至云南。《圆圆曲》是一首七言歌行体诗,是吴伟业"梅村体"的代表作之一,当作于1651年(清世祖顺治八年)之前。全诗共七十八句,五百四十九字,通过明末清初名妓陈圆圆与吴三桂的聚散离合,反映了明末清初易代之际一系列重大的历史事件,并委婉曲折地讽刺了吴三桂为了一己之私的变节行为。全诗巧妙地将吴三桂、陈圆圆同吴王夫差、西施联系起来,又运用典故入诗,从而使诗篇笼罩了一种深沉的历史感,增强了诗歌的表现力。诗作结构新颖,情节曲折,蝉联巧妙,表现出高超的叙事艺术技巧。

朗诵提示

吴伟业身经亡国之痛,以明末清初的历史与现实为题材,反映山河易主、物是人非的社会变故,《圆圆曲》是这类题材中的代表之作。因此,诗歌的诵读应以凝重的历史感为基调。主要注意以下几方面问题:

第一,吴梅村虽被认为继承白氏的长庆体,但他并不把自己的作品限制在对古人的模拟上,例如,《圆圆曲》中屡屡采用的蝉联句法,使诗歌富有音乐感,因此,朗诵时要体现出韵律美。

第二,布局谋篇是《圆圆曲》的精华之处,诗歌没有依照事情发生的自然顺序展开，而是把叙事顺序也作为艺术构思的手段之一，运用倒叙、追叙、插叙等手法安排情节结构，并运用顶针格，以前后句的相同相似或相关联系，使情节的时空大转换平滑接转，不会显得过于突兀。因此朗诵时要对细微的情感与叙述变化作出区分，否则容易全篇语调单一。

　　第三，全诗的意义段落可以分为六大段，前五段叙事，后一段议论。前八句是第一段，是布局谋篇最成功之处。诵读时要表现出开篇不凡，先声夺人之势。九至四十二句是第二段，叙述陈圆圆归吴三桂的过程。这一过程很长（我们节选了其中一节），一波三折，极具戏剧性。根据情节的变化，可分为四小段，初见—圆圆出身—被迫入京—为闯军所俘。因此，诵读时应根据每段主题，变换语调，表现出不同的情感与情绪。

诵读标识

鼎湖当日∨弃人间，破敌收京∨下玉关。

恸哭▲六军∨俱▲缟素，冲冠▲一怒∨为▲红颜。∥
　　　　　　　　　有先声夺人的气势。

红颜▲流落∨非▲吾恋，逆贼▲天亡∨自▲荒宴。∥
以下四句朗诵时模仿吴三桂的语气。

电扫▲黄巾∨定▲黑山，∥哭罢▲君亲∨再▲相见。∥
　　　语气转为急促。第一小节结束，语气逐渐舒缓。

相见▲初经∨田窦▲家，侯门▲歌舞∨出▲如花。∥
上下两个"相见"蝉联，诗歌转入对往事的回忆。

许将▲戚里∨箜篌▲伎，等取▲将军∨油壁▲车。∥
　　　　　语气充满期待。

家本▲姑苏∨浣花里，圆圆▲小字∨娇▲罗绮。∥
　　　　　　语气微轻快。

梦向▲夫差∨苑里▲游，宫娥▲拥入∨君王▲起。

前身▲合是∨采莲人，门前▲一片∨横塘▲水。

横塘▲双桨∨去▲如飞，何处▲豪家∨强▲载归？
　　　　　问句，但要表现出明知故问的语气。

（蔚然　注解）

浣溪沙·谁念西风独自凉

[清]纳兰性德

原文注释

谁念西风独自凉[一]，萧萧黄叶闭疏窗。沉思往事立残阳[二]。

被酒莫惊春睡重[三]，赌书消得泼茶香[四]。当时只道是寻常[五]。

[一] 谁：这里指亡妻卢氏，谓除亡妻之外，还能有谁。

[二] "沉思"句：前蜀李珣《浣溪沙》有"暗思何事立残阳"。

[三] 被酒：醉酒，酒力未过。春睡重：谓睡得沉酣。宋程垓《愁倚栏》有"昨夜酒多春睡重，莫惊他"。

[四] 赌书、泼茶：此处借李清照和赵明诚的典故。李清照《金石录后序》记载："余性偶强记，每饭罢，坐归来堂烹茶，指堆积书史，言某事在某书、某卷、第几叶、第几行，以中否角胜负，为饮茶先后。中即举杯大笑，至茶倾覆怀中，反不得饮而起。甘心老是乡矣！故虽处忧患困穷而志不屈。"以此典说明往日与亡妻有着像赵明诚与李清照一样的美满的生活。消得：值得。

[五] "当时"句：现在追忆起来，才觉得格外值得珍惜。

背景介绍

纳兰性德（1655—1685），叶赫那拉氏，原名成德，字容若，满洲正黄旗人，号楞伽山人，清代著名词人。纳兰性德的词以"真"取胜，在清初词坛独树一帜，词风清丽婉约，哀感顽艳，格高韵远，独具特色，被王国维称赞"以自然之眼观物，以自然之舌言情"。这首《浣溪沙》是为亡妻卢氏而作的悼亡词。康熙十三年，纳兰性德迎娶卢氏，夫妻伉俪情深。三年后卢氏亡故，纳兰伤怀不已，陆续创作了不少悼念卢氏的作品。上片由黄叶、疏窗、残阳之秋景，触发对亡妻的思念，氛围孤寂凄清。下片深情回忆昔日与卢氏的寻常往事，并借用李清照、赵明诚夫妻和美的诗意生活为喻，说明与亡妻往日的美满恩爱。结句的"寻常"二字更道出了人生永久的遗憾，当时从未想过需要珍惜的平凡琐碎的日常，到如今竟然不可能再现。亡妻不可复生，心灵创痛也再难平复，怀恋、悲哀、惆怅的复杂情感蕴藏在字里行间。此词词境萧索惨淡，词心凄凉伤悲。

朗诵提示

这首悼亡词上阕写纳兰性德丧妻后的孤独凄凉,下阕回忆与妻子曾经的短暂的欢乐,并以无尽的怀恋与悲哀结束全词。因此,《浣溪沙》的朗诵应该是哀伤的基调,间以回忆部分的轻快与浅浅的快乐。朗诵时应注意以下几个问题:

上阕首句从季节变换的感受发端,西风渐紧,寒意逼人,而卢氏已香消玉殒,不再能对自己嘘寒问暖。"谁念西风独自凉?"这句反问的答案尽在不言之中,表达了作者内心的无尽悲伤。次句"萧萧黄叶"是秋天的典型景象,使词人心头更添一层秋意,完全沉浸在对往事的回忆中。次句平接,面对萧萧黄叶,又生无限感伤。诵读时从开篇"西风"便需用哀伤沉重的情感基调,语调缓重。

下阕前两句回忆妻子在世时两个生活片段,一是春天酒醉睡梦沉沉,一是夫妻以茶赌书。纳兰性德记忆中的卢氏,才情并茂又娇憨可爱。诵读回忆部分,朗诵者不能停留于对过去生活的平实叙述,而是要用轻快的语调表现出生活的鲜活与卢氏的聪慧活泼。

下阕最后一句是全词的重心。纳兰性德明知过去的一切已无法挽回,只能把绵绵哀思与无奈化为"当时只道是寻常"。曾经拥有的美好太容易得到,我们都认为理应如此,平平常常,只有失去了才知曾经的拥有多么珍贵。因此,诵读此句时,应在前面两句结束后作一较长的停顿,情绪由轻快活泼转入沉痛感伤,并蕴含着追悔。

诵读标识

谁念▲西风Ⅴ独自凉,萧萧▲黄叶Ⅴ闭疏窗。沉思▲往事Ⅴ立残阳。＞//(语调沉郁、缓重。)

被酒▲莫惊Ⅴ春睡重,赌书▲消得Ⅴ泼茶香。//ⅤⅤ(转用轻快的语调诵读,营造当年生动鲜活的生活图景。)当时▲只道Ⅴ是寻常。＞(情绪由轻快活泼转入沉痛感伤,并蕴含着对往事的追悔与对人生的感悟。)

(蔚然 注解)

绮怀[一]（其十五）

[清]黄景仁

原文注释

　　几回花下坐吹箫，银汉红墙[二]入望遥。似此星辰非昨夜[三]，为谁风露立中宵[四]。缠绵思尽抽残茧[五]，宛转心伤剥后蕉。三五年时三五月[六]，可怜杯酒不曾消。

　　[一]绮怀："绮"字本义为"带花纹的丝织品"，引申为"美丽""美妙"。"绮怀"即指一种无法言说的美妙情怀。

　　[二]银汉红墙：银汉，银河；红墙，女子闺房，表明与所怀之人虽咫尺相隔，却远如银河那般遥不可及。此处化用唐李商隐《代应》："本来银汉是红墙，隔得卢家白玉堂。"清初诗人王士禛《闰中秋夜不寐悼亡》亦有"红墙银汉途难越，碧海青天怨有余"之句。

　　[三]"昨夜"句：此处化用李商隐《无题》"昨夜星辰昨夜风，画楼西畔桂堂东"。

　　[四]"中宵"句：李商隐《凉思》有"永怀当此节，倚立自移时"句，姜夔《武康丞斋同朴翁咏牵牛》有"老觉淡妆差有味，满身秋露立多时"句，高启《芦雁图》袭用姜诗化为"沙阔水寒鱼不见，满身风露立多时"。"中宵"句或从此化出。

　　[五]"残茧"句："思"通"丝"，双关语。此句化用李商隐《无题》"春蚕到死丝方尽，蜡炬成灰泪始干"。黄景仁《秋夕》诗亦有"心如莲子常含苦，愁似春蚕未断丝"之句，可与此句对照。

　　[六]三五月：指农历十五夜的月亮。南朝王僧孺《月夜咏陈南康新有所纳》："二八人如花，三五月如镜。"

背景介绍

　　黄景仁（1749—1783），字仲则，自号鹿菲子，江苏武进人。四岁而孤，家境清贫，极聪慧，年少即有诗名，然仕途偃蹇，屡试不第，一生落拓。乾隆四十六年（1781），景仁游西安，以陕西巡抚毕沅之助，才得以捐补县丞一职。四十八年（1783）四月末，景仁在贫病交加中离世，年仅三十五岁。景仁个性十分倔强，孤高自负，虽才名早著，却不遇于世。其诗风不主一家，《绮怀》组诗写少年情事，缠绵悱恻，低回掩抑，又呈现出不同的艺术魅力。

据说景仁年少时曾与其表妹有过一段未果的恋情,待表妹远嫁多年后,二人终于再见,不过这次是在表妹生子的"汤饼"宴上(《绮怀》其十有"蠹缘汤饼筵前见,仿佛龙华会里游"句),然而人世变换,景仁感慨无限,追忆旧游情事,写下了《绮怀》十六首。本篇是《绮怀》十六首中的第十五首,也是最为人传诵的一首,充分体现了缠绵深情、婉转朦胧的艺术特质。要注意,这种艺术创造主要得益于他对李商隐无题诗和爱情诗的模仿和化用,故只有厘清其诗与李商隐诗在情感和文本上的双重互文关系,我们才能深刻理解这首诗歌的深沉意蕴。

朗诵提示

这首诗总体基调是朦胧感伤的,故诵读时节奏宜平缓沉稳。前两联写景,首句是对往昔"花下吹箫"的美好追忆,是初相识的怦然心动,令人心驰神往。而"银汉红墙"又把人拉回残酷的现实,与伊人所隔不过是半堵红墙,却似天上的银河那般遥不可及。颔联中虚实交杂,诗人反复在回忆与现实之间跳动徘徊,"星辰"句虽从李商隐《无题》诗"昨夜星辰昨夜风"中化出,却反用其意,诗意更进一层,而旧欢难觅之恨,皆明白道出。"中宵"句写无尽思念,凄怨已极。诗人清醒地面对现实的"冷",望眼欲穿,这思念穿透过去和现在,在漫长的夜晚狠狠地刺痛诗人的心,让他感到绝望。

颈联抒情,诗人压在心底的那种深沉的思念和惆怅,像残茧那般丝丝缕缕,缠绵不绝,又如芭蕉被严严实实包裹的心蕊,剥开一层,又是一层,这与李商隐《代赠》诗"芭蕉不展丁香结,同向春风各自愁",句意正同。"思尽"与"心伤",一语双关,这两句继续化用李商隐的诗,而情感的抒发更加深邃绵长。尾联追忆往昔"三五年时",呼应了首句"几回花下"的旧时光。诗人再次陷入时间的往复循环中,无尽的追忆带来的只有满身的失落、遗憾乃至绝望,自从那段"三五年时"的欢愉过后,陪伴诗人的不过是一杯接一杯的烈酒和四下无人的黑黢黢的冷夜。回不去的感伤和怆痛,持续地撕裂着诗人的现在,也因此,诗人的缠绵深情和这首诗呈现出来的情感才显得十分诚挚且珍贵。

诵读标识

几回▲花下∨坐吹箫,银汉▲红墙∨入望遥。

似此▲星辰∨非昨夜,为谁∨风露▲立中宵。

前两联写景,虚实结合,语调先扬后抑,情绪亦从对过去的追忆里拉回到凄抑的现实。

缠绵∨∨思尽▲抽残茧，宛转∨∨心伤∨剥后蕉。

颈联抒情，语极沉痛，一字一顿。

三五年时▲三五月，可怜▲杯酒∨不曾消。＞

尾联再次追忆，呼应开头，然缠绵婉转之思，不绝如缕。

（徐新武　注解）

蝶恋花[一]·九十韶光如梦里

[清]文廷式

原文注释

九十韶光[二]如梦里。寸寸关河[三],寸寸销魂地。落日野田黄蝶起,古槐丛荻[四]摇深翠。

惆怅玉箫催别意。蕙些兰骚[五],未是伤心事。重叠泪痕缄锦字[六],人生只有情难死[七]。

[一] 蝶恋花:词牌名,又名"鹊踏枝""凤栖梧",原为唐代教坊曲名。

[二] 九十韶光:春天三个月共九十天的美丽时光。

[三] 寸寸关河:《金史·左企弓传》:"金太祖既定燕,从初约,以与宋人。企弓献诗,略曰:'君王莫听捐燕议,一寸河山一寸金。'金太祖不听。"文廷式精于史学,此句或出于左企弓事典。关河:即山河国土。文氏好友黄遵宪《赠梁任父同年》亦有"寸寸山河寸寸金,侉离分裂力谁任"之句,可为此句注解。

[四] 丛荻:茂密的荻花。

[五] 蕙些(suò)兰骚:些,先秦时楚人的习用语气词。此处化用屈原《离骚》:"余既滋兰之九畹兮,又树蕙之百亩。"蕙、兰为两种香草,比喻志行高洁。

[六] 缄锦字:封闭书信。锦字,即用锦缎织成的文字,后代指书信。唐李白《久别离》诗:"况有锦字书,开缄使人嗟。"

[七] "人生"句:元好问《摸鱼儿·雁丘词》有"问世间、情是何物,直教生死相许",此句承接北宋欧阳修《玉楼春》"人生自是有情痴,此恨不关风与月"。明汤显祖《牡丹亭记·题词》有"情不知所起,一往而深。生者可以死,死可以生",清初沈谦《蝶恋花·睡起》有"情死情生,拚为情颠倒",清中叶黄景仁《满江红》有"向青山恸哭,只应情死"等,同咏千古之至情而各臻其妙。

背景介绍

文廷式(1856—1904),字道希,号云阁,别号纯常子,江西萍乡人,曾参与维新变法,戊戌政变后出走日本。词名甚著,有《云起轩词钞》,存词一百五十余阕,多感时忧世之作,深情绵邈,沉郁悲哀。据文廷式《南旋日记》光绪丙戌年(1886)四月二十八日条:"出都,是日晴。早起发行李,巳刻开车。……长乐都统出谈,谓余何以急行,自言身衰发白,恐不再见,颇凄然也……出东便门,得词一首:九十韶光如梦里……"时文廷式应礼部试不第,即将出都南下。暮春感怀,慨叹韶光如梦。又目睹"寸寸关河,寸寸销魂地",词人别有一番伤心事,其中不仅有对个人渺茫前途的凄然之感,还有对国势日颓的忧愤之思。敏感的词人行走在"落日野田"的"丛获深翠"中,发出"人生只有情难死"的哀叹。叶恭绰《广箧中词》选文氏此词,并以"沉痛"二字评之,可谓知言。

这种对国势衰颓、世变日亟的哀叹在文氏诗词中有着持久的展现,又据文廷式《南轺日记》光绪癸巳年(1893)七月二十二日条:"连日所行之境,绿杨万树,红蓼丛生,愈繁密处,愈觉萧疏。乃知天地间自有此种清瑟之物,风疏雨骤,尤似秋深。余本野性,对此辄有江湖之思,微吟二句韵:每当获苇萧森处,便有江湖浩荡心。盖深知世变之巨,将来非一手一足之力所能挽。"这则日记写于文氏典试江南副考官期间,其南下时节尚未深秋,然经行处虽"绿杨万树,红蓼丛生",却心境凋丧,特感萧疏清瑟,"尤似深秋"。朝堂内的政治纷争与朝堂外的战争变乱,使其频频生出山河故国、韶光如梦的体验。这些诗文恰如谶言一般,不久即印证了清王朝的彻底衰败。

朗诵提示

这首词的总体基调是抑郁感伤的,离京南下时的眷恋、应试落第后的惆怅、关河日渐沦落的忧愤以及韶华易逝的无奈诸种情绪交杂在一起,压得词人喘不过气来。韵律上,这首词下上阕各四仄韵,节奏上低沉凄抑,情调上低回往复,一唱三叹。具体而言,词上阕写景,起句写三春美好时光恍如梦寐,其中也暗示着词人青春韶华的流逝;紧接着词人联想到满目山河日渐凋零,而不觉黯然销魂,这里有对离开京都的不舍,更有对国势日颓的隐忧。离开东便门以后,词人在"落日野田"中渐行渐远,此句可与陈维崧《尉迟杯·青溪路》"闻说近日台城,剩黄蝶漾漾,和梦飞舞"句合参,词境一片空蒙,词人内心也陷入彻底的迷惘惆怅中。落日下的黄蝶使人不禁想起庄周梦蝶的典故,而大清帝国的运势也如这落日余晖一般,即将陷入亘古长夜。道路两旁一排排古槐和茂密的获草正散发着生机,但词人的心境却是涩而萧疏的,他看不到希望。

词下阕抒情,宣扬至情,这和历史上的众多痴情者们如欧阳修、元好问、沈谦、黄景仁等形成了照应。离开的惆怅和种种"伤心事"一并袭来,即便如《楚辞》借蕙、兰所寄托的那般幽怨也难以言说词人此刻的惆怅。他在忧愤中狠狠地落下泪来,写了很多话,却只能默默地藏在信封里。词的最后,词人感叹"人生只有情难死",他相信人间自有真情,也相信至情可以超越生死。需要注意的是,后两句采用诗词中依托男女相思以寄寓君国之思的传统,旨在传达出婉转缠绵、要眇宜修的复杂感情。

诵读标识

九十韶光∨如梦里。寸寸∨关河,寸寸∨∨销魂地。(时光流逝之哀,关河沦落之痛,皆在其中,语调沉缓。)落日野田∨黄蝶起。古槐丛荻∨摇深翠。(情在景中,写景只为舒缓悲情,语气平缓而稍微上扬。)

惆怅玉箫∨催别意。蕙些▲兰骚,未是▲伤心事。重叠泪痕∨缄锦字。人生只有∨∨情难死。＞(伤心至极,情感沉郁,一字一顿,差为呼号语。)

(徐新武　注解)

第三章　古代散文

公孙丑下（节选）

[战国]孟子

原文注释

孟子曰：天时不如地利，地利不如人和[一]。三里之城，七里之郭[二]，环而攻之而不胜。夫环而攻之，必有得天时者矣；然而不胜者，是天时不如地利也。城非不高也，池非不深也[三]，兵革非不坚利也[四]，米粟非不多也，委而去之[五]，是地利不如人和也。故曰：域民不以封疆之界[六]，固国不以山溪之险，威天下不以兵革之利。得道者多助，失道者寡助。寡助之至，亲戚畔之[七]；多助之至，天下顺之。以天下之所顺，攻亲戚之所畔，故君子有不战[八]，战必胜矣。

[一]天时、地利、人和：《荀子·王霸篇》说："农夫朴力而寡能，则上不失天时，下不失地利，中得人和，而百事不废。"荀子所指的"天时"指农时，"地利"指土壤肥沃，"人和"是指人的分工。而孟子在这里所说的"天时"则指士兵作战的时机、气候等；"地利"是指山川险要、城池坚固等；"人和"则指人心所向、内部团结等。

[二]三里之城，七里之郭：内城叫"城"，外城叫"郭"。

[三]池：即护城河。

[四]兵：武器，指戈矛刀箭等攻击性武器。革：皮革，指甲胄。

[五]委：弃。

[六]域民：限制人民。域，界限。

[七]畔：同"叛"。

[八]有：或，要么。

背景介绍

天、地、人三者的关系问题古往今来都是人们所关注的。三者到底谁最重要也就成了人们议论的话题。孟子在这里则主要是从军事方面来分析论述天时、地利、人和之间关系的，而且是观点鲜明："天时不如地利，地利不如人和。"三者之中，"人和"是最重要的，起决定作用的因素，"地利"次之，"天时"又次之。这是与他重视人的主观能动性的一贯思想分不开的，同时，也是与他论述天时、地利、人和关系的目的分不开的。正是从强调"人和"的重要性出发，他得出了"得道者多助，失道者寡助"的结论。这就把问题从军事引向了政治，实际上又回到了他那"老生常谈"的"仁政"话题。

朗读提示

　　孟子的文章以逻辑气势取胜，文章的语言思辨色彩极强。《天时不如地利章》的朗读基调注意突显气势充沛的逻辑思辨色彩。文章分为两个部分：第一部分，作者开门见山，提出"天时不如地利，地利不如人和"时的分论点，在朗读时要着重加强语气，突出分论点。然后用两个层次分别论证，"三里之城"七句，论述"天时不如地利"，"城非不高也"六句，论述"地利不如人和"，从而得出"人和"是第一重要的因素。读到"人和"时要语气坚定。第二部分阐发引申，提出"得道者多助，失道者寡助"的分论点，朗读时要加强语气。全文由一系列因果句群组成，前呼后应，顺理成章，一气呵成。语言简洁明快，句式错综多变，层递、并列、对偶、对比、排比、顶真等方式交替使用，并且骈散间行，奇偶相配，气势奔走流畅，读之上口，如行云流水，听之悦耳，如金声玉振。

诵读标识

　　孟子曰：天时▲不如地利，地利▲不如人和。↗三里之城，七里之郭，环而攻之▲而不胜。夫▲环而攻之，必有▲得天时者矣；然而∨不胜者，⌒是∨天时不如▲地利也。城∨非不高也，池∨非不深也，兵革▲非不坚利也，米粟▲非不多也，委而去之，是∨地利不如▲人和也。//（"地利不如人和"，朗读时要突出论点，注意加强语气，读到"人和"时，语气更加坚定。）

　　故曰：域民▲不以封疆之界，固国▲不以山溪之险，威天下▲不以兵革之利。得道者∨多助，失道者∨寡助。寡助▲之至，亲戚▲畔之；多助▲之至，天下▲顺之。以∨天下之所顺，攻∨亲戚之所畔，故∨君子有不战，＜战▲必胜矣。↗

（房瑞丽　注解）

逍遥游(节选)

[战国]庄子

原文注释

  且夫水之积也不厚,则其负大舟也无力。覆杯水于坳堂之上[一],则芥为之舟[二];置杯焉则胶[三],水浅而舟大也。风之积也不厚,则其负大翼也无力,故九万里则风斯在下矣[四]。而后乃今培风[五],背负青天而莫之夭阏者[六],而后乃今将图南。

  蜩与学鸠笑之曰[七]:"我决起而飞[八],抢榆枋[九]而止,时则不至,而控于地而已矣[十];奚以九万里而南为[十一]?"适莽苍者[十二],三餐而反[十三],腹犹果然[十四];适百里者,宿舂粮[十五];适千里者,三月聚粮。之二虫又何知[十六]?

  小知不及大知[十七],小年不及大年。奚以知其然也?朝菌不知晦朔[十八],蟪蛄不知春秋[十九],此小年也。楚之南有冥灵者[二十],以五百岁为春,五百岁为秋;上古有大椿者[二十一],以八千岁为春,八千岁为秋,此大年也。而彭祖乃今以久特闻[二十二],众人匹之[二十三],不亦悲乎?

  [一]覆:倾倒。坳:凹陷,"坳堂"指堂中低凹处。

  [二]芥:小草。

  [三]置杯焉则胶:将杯子放于其中则胶着搁浅。置,放。焉,于此。胶,指着地。

  [四]斯:则,于是。

  [五]而后乃今:"今而后乃"的倒文,意为"这样,然后才……"。培:凭。

  [六]莫之夭阏(yāo è):无所滞碍。夭阏,联绵词,表示阻挡。"莫之夭阏"即"莫夭阏之"的倒装。图南:计划向南飞。

  [七]蜩(tiáo):蝉。学鸠:斑鸠之类的小鸟名。

  [八]决(xuè):疾速的样子。

  [九]抢(qiāng):突过。榆枋:两种树名。

  [十]控:投,落下。

  [十一]奚以:何以。为:句末语气词,表反问,相当于"呢"。南:名词作动

词,向南(飞行)。"奚以……为",即"哪里用得着……呢"。

　　[十二]适:去,往。莽苍:色彩朦胧,遥远不可辨析,本指郊野的颜色,这里引申为近郊。

　　[十三]三餐:指一日。意思是只需一日之粮。反:同"返",返回。

　　[十四]犹:还。果然:吃饱的样子。

　　[十五]宿:这里指一夜。宿舂(chōng)粮:即舂宿粮,舂捣一宿的粮食。

　　[十六]之:此,这。二虫:指蜩与学鸠。虫:有动物之意,可译为小动物。

　　[十七]知(zhì):后来写作"智",智慧。

　　[十八]朝菌:一种朝生暮死的菌类植物。晦朔:晦,农历每月的最后一天,朔,农历每月的第一天。一说"晦"指月末,"朔"指月初。

　　[十九]蟪蛄(huì gū):寒蝉,春生夏死或夏生秋死。

　　[二十]冥灵:大树名。一说为大龟名。

　　[二十一]大椿:传说中的大树名。

　　[二十二]彭祖:传说中尧的臣子,名铿,封于彭,活了约八百岁。乃今:而今。以,凭。特,独。闻,闻名于世。

　　[二十三]众人:一般人。匹:配,比。

背景介绍

　　《逍遥游》是《庄子》的代表篇目之一,也是诸子百家中的名篇,充满奇特的想象和浪漫色彩,寓说理于寓言和生动的比喻中,形成独特的风格。"逍遥游"也是庄子哲学思想的一个重要方面。全篇一再阐述无所依凭的主张,追求精神世界的绝对自由。在庄子的眼里,客观现实中的一事一物,包括人类本身都是对立而又相互依存的,这就没有绝对的标准,要想无所依凭就得无己。因而他希望一切顺乎自然,超脱于现实,否定人在社会生活中的一切作用,把人类的生活与万物的生存混为一体;提倡不滞于物,追求无条件的精神自由。

朗读提示

　　本节节选自《庄子·逍遥游》第一段的第二层。文章开头的比喻,意在说明我们一般所认为的大小、远近等,其实都是相对的,朗读时语气较为平缓。在朗读"故九万里则风斯在下矣"和"而后乃今将图南"时要语气渐强。作者还以行路备粮作比喻进一步说明这个道理。"适莽苍者""适百里者""适千里者"所准备的粮食各有不同,这是因为行程的远近不同。朗读时语气逐渐加强。作者批驳蜩与学鸠，蜩与学鸠满足于那种局促的天地，甘愿做那井底之蛙，却还自鸣得意地嘲笑鲲鹏，毫无自知之明，在朗读的时候，蜩与学鸠的话尽量用自以为是的语气和稍微高扬的语调诵读出来。正是因为它们没有认识到这一点，反而以为自己的"抢榆枋而止"是无所依赖的、是自由的。紧接着说明"小知不及大知，小年不及大年"的道理，即小与大的区别。这两句朗诵时要带语气肯定，并充满理性的思辨议论色彩。中心意思还是说明，小与大等一切关系都是相对的。"奚以知其然也"同句语气上扬。庄子指出，朝菌、蟪蛄与冥灵、大椿相比，普通的人与彭祖相比，以及上文的蜩、学鸠与大鹏相比，都是小与大的区别。这种"小大之辩"是从现实的层面上来看的，也就是从"有待"的层面上来看的。但是另一方面，如果从"无待"的角度来看，那么，即使是长寿的冥灵、大椿、彭祖，他们依然受到"知""年"的限制，依然没有达到完全的自由。人如果认识不到这一点，只是徒然感叹人生的短暂，美慕彭祖的高寿；或者只是看到相对关系中的一面，而看不到另一面，那么就和庄子前文所批驳的蜩与学鸠是一样的了。

诵读标识

　　且夫▲水之积▲也不厚，则其▲负大舟▲也无力。覆杯水▲于坳堂之上，则芥▲为之舟；置杯焉▲则胶，水浅▲而舟大也。风之积▲也不厚，则其▲负大翼▲也无力，故▲九万里则▲风斯在下矣。而后▲乃今培风，背负青天▲而莫之夭阏者，而后▲乃今▲将图南。↗

　　蜩与学鸠▲笑之曰："我▲决起而飞，抢▲榆枋而止，时则▲不至，而▲控于地而已矣；奚以▲九万里而南为？"适▲莽苍者，三餐而反，腹▲犹果然；适▲百里者，宿▲舂粮；适▲千里者，三月▲聚粮。<之二虫▲又何知？

　　小知▲不及大知，小年▲不及大年。奚以▲知其然也？朝菌▲不知晦朔，蟪蛄▲不知春秋，此∨小年也。楚之南▲有冥灵者，以▲五百岁为春，五百岁为秋；上古▲有大椿者，以▲八千岁为春，八千岁为秋，此∨大年也。而▲彭祖▲乃今以久特闻，众人▲匹之，不亦悲乎？>

（房瑞丽　注解）

史记·李将军列传（节选）

〔西汉〕司马迁

原文注释

广出猎，见草中石，以为虎而射之，中石没镞[一]，视之石也。因复更射之，终不能复入石矣。广所居郡闻有虎，尝自射之。及居右北平[二]射虎，虎腾伤广，广亦竟射杀之。

广廉，得赏赐辄分其麾下[三]，饮食与士共之。终广之身，为二千石四十余年[四]，家无余财，终不言家产事。广为人长[五]，猿臂[六]，其善射亦天性也，虽其子孙他人学者，莫能及广。广讷口[七]少言，与人居则画地为军阵，射阔狭以饮[八]。专以射为戏，竟死[九]。广之将兵，乏绝之处[十]，见水，士卒不尽饮，广不近水，士卒不尽食，广不尝食。宽缓不苛，士以此爱乐为用[十一]。其射，见敌急，非在数十步之内，度[十二]不中不发，发即应弦而倒。用此[十三]，其将兵数困辱，其射猛兽亦为所伤云。

[一] 中石没(mò)镞(zú)：射中石头，箭头全部陷入石内。镞，箭头。

[二] 右北平：郡名。

[三] 麾(huī)下：部下。

[四] 为二千石(dàn)四十余年：指担任二千石级别长官（太守、郎中令等）四十余年。

[五] 广为人长：指李广身形高大。

[六] 猿臂：手臂像猿那样长而灵活。

[七] 讷(nè)口：言语迟钝，口齿笨拙。

[八] 射阔狭以饮：赌射程的远近喝酒。

[九] 竟死：一直到死。

[十] 乏绝之处：指行军到达粮食缺乏、水源断绝的地方。

[十一] 爱乐为用：爱戴李广且乐于为他所用。

[十二] 度(duó)：估计，推测。

[十三] 用此：因此。

背景介绍

司马迁出身于史官世家,与父亲司马谈两代人的最大人生追求,莫过于"网罗天下放失旧闻,考之行事,稽其成败兴坏之理"(《报任安书》),完成《史记》的著述。其创作目的,由青年时期显声扬名、光宗耀祖的功利追求,转向壮年以后的"究天人之际,通古今之变,成一家之言"(《报任安书》),反映出了传统知识分子对探索历史真相的执着,对揭示人类社会背后运转规律的勃勃雄心,以及对个体命运的悲悯与关怀。正是这种以人为本的史学观念,使得司马迁的史传写作中具有空前绝后的共情性,他与笔下的人物,似乎是同呼吸、共命运的。司马迁笔下的历史人物,每一位都是独一无二的。他们嬉笑怒骂,个性鲜明;他们的人生,个个都不平凡,都是戏剧性极强的传奇;他们的兴衰穷达和终极命运,看似只被种种偶然性因素左右,却又异曲同工地带着宿命的空幻苍凉。这种无所不在的历史悲剧意识,无形中拓展了司马迁史传散文中的内容广度和思想深度,让他笔下的人物,无间融入广阔的社会风潮和重大的历史叙事中,呈现出既伟大又渺小的面貌。鲁迅先生因此赞誉《史记》为:"史家之绝唱,无韵之《离骚》。"

朗诵提示

作为"冯唐易老,李广难封"(唐王勃《秋日登洪府滕王阁饯别序》)的著名悲剧英雄,李广武艺高强、战功赫赫,人称"飞将军",却又终生沉抑不遇,最后激愤自刎,身死族衰。李广的生平遭际,本身无疑有着很强的悲剧传奇色彩。加上李陵事件给司马迁带来的惨烈人生变故,更无疑让司马迁对李广及李氏家族,产生了非同寻常的强烈同情。

因此,本文的朗诵基调应该是一种磊落而多感慨的情绪。朗诵这段节选古文要注意以下几点:

第一,在选文里,司马迁通过深具画面感的描述性文字,用快速变换的情节场景,多方面多角度地描绘出李广武艺高强、英勇善战、爱兵如子、身先士卒,以及木讷寡言、不善钻营的人物特征。这就要求朗诵者在朗诵时,不仅要注意故事的叙述性,更要关注声调气息展开变换的抑扬顿挫感,以图用声音营构出立体动态的画面效果。

第二,主人公人品行为的质朴崇高与命运结局的惨淡不堪,构成隐秘的对比,司马迁把美好的事物直接破灭在读者眼前,这使得文章具有浓郁的悲剧气氛。同时文中又隐藏有作者对悲剧命运成因的理性思索和探究。因此要求朗诵者必须准确把握文章字里行间流露的历史沧桑气息和理性思考的力量。

第三,在写作的时候,司马迁用语精练自然,但却具有强烈的抒情性。文中寓托了作者对李广的尊崇、怜惜,流露出对好人不得善终的不公命运的悲悯与叹息。这就要求朗诵者用利落清晰的发音吐字,把不同叙事画面背后的微妙变化的艺术情感准确到位地展现出来。

诵读标识

广▲出猎,见▲草中石,以为虎▲而射之,中石▲没镞,视之∨石也。(此句带着推崇赞赏的语气。)因∨复更▲射之,终▲不能▲复入石矣。＞(此处语气渐弱,有遗憾之意。)广▲所居郡∨闻有虎,尝▲自射之。及居▲右北平∨射虎,虎腾▲伤广,广▲亦竟▲射杀之。(此处重视矛盾冲突,情绪由平和转为紧张,最后终于舒缓。)

广▲廉,得赏赐▲辄▲分其麾下,饮食▲与士共之。终▲广之身,为二千石▲(此处带介绍的性质,语气平和理性。)四十余年,家无余财,终▲不言家产事。(隐隐显示出肯定褒扬的态度。)//广▲为人长,猿臂,其善射▲亦▲天性也,虽▲其子孙▲他人▲学者,莫能▲及广。(衷心赞赏的语气和态度,语音上扬。)广▲讷口少言,与人居▲则▲画地为军阵,射阔狭▲以饮。专以射为戏,竟死。(遗憾惋惜,困惑不满,尽在不言中的感觉。)//广之将兵,("广之"轻读。)乏绝之处,见水,士卒▲不尽饮,广▲不近水,士卒▲不尽食,广▲不尝食。(此处情节描绘还原,要有画面感。)宽缓▲不苛,士∨以此▲爱乐为用。//(语气亲切而有赞美意。)其射,见敌急,非在▲数十步之内,度▲不中▲不发,发∨即应弦而倒。用此,其将兵▲数困辱,其射猛兽▲亦为所伤云。＞(此处理性分析因果,有喜有悲,褒贬兼具,情绪宜客观内敛,留下回味空间。)

（赵素文　注解）

归田赋

[东汉]张衡

原文注释

　　游都邑以永久^[一]，无明略以佐时^[二]；徒临川以羡鱼^[三]，俟河清乎未期^[四]。感蔡子之慷慨，从唐生以决疑^[五]。谅天道之微昧^[六]，追渔父以同嬉^[七]；超埃尘以遐逝^[八]，与世事乎长辞^[九]。

　　于是仲春令月^[十]，时和气清。原隰郁茂^[十一]，百草滋荣。王睢^[十二]鼓翼，鸧鹒^[十三]哀鸣；交颈颉颃^[十四]，关关嘤嘤^[十五]。于焉逍遥^[十六]，聊以娱情。

　　尔乃龙吟方泽，虎啸山丘^[十七]。仰飞纤缴^[十八]，俯钓长流；触矢而毙，贪饵吞钩^[十九]；落云间之逸禽^[二十]，悬渊沉之魦鰡^[二十一]。

　　于时曜灵俄景^[二十二]，继以望舒^[二十三]。极般游之至乐^[二十四]，虽日夕而忘劬^[二十五]。感老氏之遗诫^[二十六]，将回驾乎蓬庐^[二十七]。弹五弦之妙指^[二十八]，咏周、孔之图书^[二十九]。挥翰墨以奋藻^[三十]，陈三皇之轨模^[三十一]。苟纵心于物外^[三十二]，安知荣辱之所如^[三十三]！

　　[一]都邑：指东汉京都洛阳。永久：长久。

　　[二]明略：明智的谋略。佐时：辅佐当时的君主。

　　[三]徒临川以羡鱼：《淮南子·说林训》："临流而羡鱼，不如归家织网。"这句谓自己空有佐时的愿望。

　　[四]俟：等待。河清，传说黄河一千年清一次，古人认为河清是政治清明的标志。《左传·襄公八年》："俟河之清，人寿几何！"这句谓等待政治清明未可预期。

　　[五]"感蔡子"两句：蔡子，即蔡泽；唐生，即唐举。两人皆战国时人。蔡泽未发迹时，曾请唐举看相。慷慨，悲叹。决疑，请人看相，以决前途命运。蔡泽问相，事见《史记·范睢蔡泽列传》。

　　[六]谅：信，实在是。微昧：幽隐不明。

　　[七]"渔父"句：渔父，王逸《楚辞章句》："屈原放逐，在江湘之间，忧愁叹吟，仪容变易。而渔父避世隐身，钓鱼江滨，欣然自乐，时遇屈原川泽之域，怪而问之，遂相应答。"嬉，乐。此连上句，说天道幽隐不可预测，自己将与渔父同

乐于川泽。

　　[八]埃尘：指纷浊的世俗。遐逝，远去。

　　[九]长辞：永别。因政治混乱，自己与世不合，故作者下定决心退隐。

　　[十]令：善，好。令月，即好的月份。

　　[十一]原隰（xí）：原，平地。隰，低湿地。郁（yù）茂，草木繁盛貌。

　　[十二]王雎：鸟名，即雎鸠。

　　[十三]鸧（cāng）鹒（gēng）：鸟名，即黄鹂。

　　[十四]颉（xié）颃（háng）：飞而上谓颉，飞而下谓颃。指鸟上下翻飞。

　　[十五]关关嘤嘤：鸟和鸣声。王雎关关，鸧鹒嘤嘤。

　　[十六]于焉：于是乎。

　　[十七]"尔乃"两句：尔乃，于是。方泽，大泽。写作者在山泽间逍遥吟啸，类似龙虎。

　　[十八]纤缴（zhuó）：系在箭尾的细绳，代指箭，用以弋射禽鸟。

　　[十九]这两句写鸟触矢毙命，鱼贪饵吞钩。

　　[二十]落：鸟在云间被射中落下。逸禽：高飞的鸟。一说，指鸿雁。

　　[二十一]悬：鱼在深渊被钓起。鲹（shā）鰡（liú）：鲨鱼和鰡鱼。

　　[二十二]曜灵：指太阳。俄：斜。景：同"影"。

　　[二十三]望舒：神话中月亮的御者，代指月亮。这句谓月亮继太阳而出现。

　　[二十四]般（pán）游：游乐。

　　[二十五]劬（qú）：劳苦。

　　[二十六]老氏之遗诫：指《老子》第十二章所说："驰骋畋猎，令人心发狂"之语。

　　[二十七]回：返。驾：车驾。蓬庐：茅屋。

　　[二十八]五弦：五弦琴，传为舜作。指，同"旨"，意趣。

　　[二十九]周、孔之图书：周公、孔子所修的典籍。这两句写自己追慕虞舜、周、孔之道，故弹他们所造琴，咏他们所著书。

　　[三十]翰：笔。奋：发。藻：辞藻。这句是挥笔著文的意思。

　　[三十一]陈：陈述。三皇：上古圣皇，或谓天皇、地皇、人皇，或谓燧人、伏羲、神农，或谓伏羲、神农、女娲，传说不一。轨模：法则。

　　[三十二]苟：姑且。这句谓放任心神于世外。

　　[三十三]如：往，归。这句谓不考虑荣辱得失的结果。

背景介绍

　　汉赋是汉代新兴的一种诗歌和散文结合的独特文学形式，特点是散韵结合、专事铺叙。汉赋经历了三个阶段：骚体赋、汉大赋和抒情小赋。汉初骚体赋承袭楚辞体制，咏物抒情。西汉中后期盛行的汉大赋又称新体赋，长篇宏幅，铺张扬厉。东汉出现的抒情小赋，则是短篇韵文，手法精巧，情感真挚。

张衡字平子，是东汉时期杰出的天文学家、文学家。他是汉大赋向抒情小赋转变的标志性人物。其代表作《归田赋》就是清丽明畅的抒情小赋。此赋虽短，但凝聚了张衡一生的仕途感慨与生活情志。它一洗之前汉大赋富丽繁缛、有辞无情的面貌，转为洗练优美、情景交融。

朗诵提示

作者以轻浅清新的语言，描绘出田园山林和谐欢快、神清气和的景色；表面上渲染作者畅游山林、悠然自适的心情；内里却隐含作者不满黑暗现实，情愿归返田园从事著述也不愿同流合污的耿介郁勃情绪；同时又有作者试图用道家的超脱精神进行自我劝诫、自我解脱的倾向。

因此，《归田赋》的朗诵基调应该是欢欣适意与耿介沉郁皆具。朗诵时宜从四个层次来处理不断跳跃变化的感情曲线：

第一段写作者功业难就，抽身退隐。语似旷达，却掩盖不住失望。他感慨自己生不逢时，虽有蔡泽那样的才华，却无建功立业的机遇，只能归居退隐。其感情是立体复杂的。这要求朗诵者在朗诵时，把作者丰富的内心世界表达出来，呈现出其悲愤惆怅、黯然慨叹的负面情绪。

第二段借景抒情，写归田后的欣喜心情。风物美好，生机蓬勃，作者的心情也从抑郁转向豁然。朗诵时，宜把握住感情曲线一步步由低沉转向高昂的变化。

第三段语此意彼，顿作转折。作者写自由渔猎，却并没有写其中乐趣，写逸禽触矢毙命，鱼儿贪饵吞钩，隐含着世事险恶、官场倾轧的感慨，显然包含了作者官海浮沉的悲愤心酸。朗诵时，宜把握住这种感情曲线的回落。

第四段是真正旷达语。用道家逍遥物外的思想作自我纾解，把创造力转向精神生活，著书立说，求臻于齐荣辱、忘得失的境界。朗诵时的感情宜转向开朗昂扬，并在这旷达超脱的调子中悠然收束。

诵读标识

游▲都邑∨以▲永久，无▲明略∨以▲佐时；（见悲愤激烈的情绪。）徒▲临川∨以▲羡鱼，俟▲河清乎∨未期。//（至此声音和情绪渐低落。）感∨蔡子▲之慷慨,从∨唐生▲以决疑。//谅∨天道▲之微昧,追▲渔父∨以同嬉;//("之"轻声。自我排解,力求语气平和。)超▲埃尘∨以遐逝,与▲世事乎∨长辞。(怅然慨叹的语气。)

于是∨仲春令月,时和▲气清。原隰▲郁茂,百草▲滋荣。↗王雎▲鼓翼,鸧鹒▲哀鸣;交颈▲颉颃,关关▲嘤嘤。//(语调明快,欣喜赞美。)于焉▲逍遥,聊以▲娱情。(情感渐渐转向高昂。)

尔乃∨龙吟▲方泽,虎啸▲山丘。//仰飞▲纤缴,俯钓▲长流;(欢欣愉悦)触矢▲而毙,贪饵▲吞钩;(情绪渐渐曲折跌落。)落∨云间▲之逸禽,悬∨渊沉▲之鲨鳎。(转向沉郁)

于时∨曜灵▲俄景,继以∨望舒。∨∨极∨般游▲之至乐,虽∨日夕▲而忘劬。//感∨老氏▲之遗诫,将∨回驾乎▲蓬庐。//(自我纾解,情绪由低沉而渐趋平和。)弹∨五弦▲之妙指,咏∨周、孔▲之图书。挥∨翰墨▲以奋藻,陈∨三皇▲之轨模。∨(情绪再转向开朗昂扬。)苟∨纵心于▲物外,安知∨荣辱▲之所如!↗(在旷达超脱的调子中悠然收束。)

(赵素文　注解)

兰亭集序

[东晋]王羲之

原文注释

　　永和九年[一]，岁在癸丑，暮春之初，会于会稽山阴之兰亭[二]，修禊事也[三]。群贤毕至[四]，少长咸集[五]。此地有崇山峻岭，茂林修竹，又有清流激湍，映带左右，引以为流觞曲水[六]，列坐其次。虽无丝竹管弦之盛，一觞一咏，亦足以畅叙幽情。

　　是日也，天朗气清，惠风和畅。仰观宇宙之大，俯察品类之盛，所以游目骋怀[七]，足以极视听之娱，信可乐也。

　　夫人之相与，俯仰一世[八]，或取诸怀抱，晤言一室之内[九]；或因寄所托，放浪形骸之外[十]。虽趣舍万殊[十一]，静躁不同，当其欣于所遇，暂得于己，快然自足，不知老之将至[十二]；及其所之既倦，情随事迁，感慨系之矣。向之所欣，俯仰之间，已为陈迹，犹不能不以之兴怀，况修短随化，终期于尽！古人云："死生亦大矣。"[十三]岂不痛哉！

　　每览昔人兴感之由，若合一契[十四]，未尝不临文嗟悼，不能喻之于怀。固知一死生为虚诞[十五]，齐彭殇为妄作[十六]。后之视今，亦犹今之视昔，悲夫！故列叙时人，录其所述，虽世殊事异，所以兴怀，其致一也。后之览者，亦将有感于斯文。

　　[一]永和：晋穆帝年号，345—356年。

　　[二]会（kuài）稽：郡名，东晋时包括今浙江西部、江苏东南部一带地方。山阴：今浙江绍兴。

　　[三]修禊（xì）：古代习俗，于三月上旬的巳日（魏以后定为三月三日），人们群聚于水滨嬉戏游玩，以祛除不祥和求福，实际上这是古人的一种游春活动。

　　[四]群贤：指谢安等与会的名流。

　　[五]少长：指不同年龄的社会名流。

　　[六]流觞（shāng）曲水：把盛酒的样子放入弯曲的水道中任其漂流，杯停在某人面前，某人就引杯饮酒。这是古人一种劝酒取乐的方式。

　　[七]骋（chěng）：尽情施展，不受约束。

〔八〕俯仰一世:很快地过了一生。俯仰,低首抬头之间,形容时间短暂。

〔九〕晤(wù)言:面对面谈话。

〔十〕放浪形骸(hái)之外:行为放纵不受世俗礼法所拘束。

〔十一〕趣舍:同"取舍"。

〔十二〕老之将至:语出《论语·述而》:"其为人也,发愤忘食,乐以忘忧,不知老之将至云尔。"

〔十三〕死生亦大矣:语出《庄子·德充符》。

〔十四〕契(qì):符契,古代的一种信物。在符契上刻上字,剖而为二,各执一半,作为凭证。

〔十五〕一死生:把死和生看作一回事。

〔十六〕齐彭殇:把长命的和短命的等量齐观。彭,彭祖,相传活了八百岁。殇(shāng),指短命夭折的人。

背景介绍

晋穆帝永和九年(353)也就是王羲之51岁时,他时任会稽内史,在农历三月三日,王羲之正好就趁着这个祭祀活动节日,和亲朋好友相聚,饮酒作诗、畅谈人生,"群贤毕至,少长咸集",胜友如云。他邀请好友谢安、谢万、孙绰、许询、支遁及儿子王凝之、王徽之等40余人在兰亭雅集,曲水流觞、饮酒作诗,要求与会者每人作四言诗、五言诗各一首,集会结束后,将与会者的诗汇集为《兰亭集》,而王羲之为之作序,即此《兰亭集序》。

朗读提示

这篇文章既有盛宴雅集之乐,也有人生慨叹之悲,一喜一悲,体现了作者王羲之的大情怀、大格局和对生命的理性思考。诵读时,既要表现出少长咸集、畅叙幽情的欢乐,也要有情随事迁、感慨系之的悲叹,前者要注意语势的连贯和语调的上扬,将"乐"字作为表达的高点来强调,后者就要注意停顿和重音轻读,用相对迟重的语气来表达生命之悲。然而,作者的情感并没有在这由喜到悲的过程中变得沉郁,诵读时要注意展现"深沉而不消沉"的内在感觉。探索人生哲理,发感慨,用和缓低沉的语调读出,其中"死生亦大矣"中的"大"重读,"岂不痛哉"降调读出慨叹。作者在发出"悲夫"感叹之前,"后之视今,亦犹今之视昔"缓缓吐出,重音"悲",后面的句子和缓低沉读出。文本细腻的变化也对诵读者提出更高要求,要把握由喜到悲的过渡句,要深入理解"一死生为虚诞,齐彭殇为妄作"对生命价值的肯定。显然,时代虽不同,感悟却是一致的。"悲"的是宇宙是永恒的,人生却是短暂的;这种生命的体验让人无奈而惆怅。这是跨越千古之悲。这里的"悲"不同于上一段的"痛",而是对个体之痛的理性思考,是由己悲人的,更为深刻和感慨。

诵读标识

永和▲九年,岁在▲癸丑,暮春▲之初,会于▲会稽山阴▲之兰亭,修▲禊事也。群贤▲毕至,⌒少长▲咸集。此地▲有崇山峻岭,⌒茂林修竹,又有▲清流激湍,⌒映带左右,引以为▲流觞曲水,列坐其次。虽无▲丝竹管弦之盛,一觞一咏,亦足以▲畅叙幽情。

是▲日也,天朗气清,惠风和畅。仰观▲宇宙之大,俯察▲品类之盛,所以▲游目骋怀,足以▲极视听之娱,信可∨乐也。↗

夫▲人之相与,俯仰▲一世,或▲取诸怀抱,晤言一室之内;或▲因寄所托,放浪形骸之外。虽▲趣舍万殊,静躁▲不同,当其▲欣于所遇,暂得于己,快然自足,⌒不知老之将至;及其▲所之既倦,情随事迁,感慨系之矣。向之所欣,俯仰之间,已为陈迹,犹不能不以之兴怀,况▲修短随化,终期于尽!古人云:"死生亦大矣。"岂不∨痛哉! ↘

每览▲昔人兴感▲之由,若合一契,未尝▲不临文嗟悼,不能▲喻之于怀。固知▲一死生▲为虚诞,齐彭殇▲为妄作。后之视今,亦犹今之视昔,>悲夫!("后之视今,亦犹今之视昔,悲乎"缓缓吐出,重音"悲",后面的句子和缓低沉读出。)

故▲列叙时人,录其所述,虽▲世殊事异,所以▲兴怀,其致∨一也。后之览者,亦将▲有感于∨斯文。

(房瑞丽 注解)

滕王阁序(节选)

[唐]王勃

原文注释

嗟乎! 时运不齐^[一],命途多舛^[二]。冯唐易老,李广难封^[三]。屈贾谊于长沙,非无圣主^[四];窜梁鸿于海曲,岂乏明时^[五]?所赖君子见机,达人知命^[六]。老当益壮,宁移白首之心^[七];穷且益坚,不坠青云之志^[八]。酌贪泉而觉爽,处涸辙以犹欢^[九]。北海虽赊,扶摇可接^[十];东隅已逝,桑榆非晚^[十一]。孟尝高洁,空余报国之情^[十二];阮籍猖狂,岂效穷途之哭^[十三]!

[一]时运不齐:命运不好。

[二]舛(chuǎn):不顺。

[三]冯唐:西汉人,有才能却一直不受重用。汉武帝时选求贤良,有人举荐冯唐,可是他已九十多岁,难再做官了。李广:汉武帝时的名将,多年抗击匈奴,军功大,却终没有封侯。

[四]屈贾谊于长沙,非无圣主:汉文帝本想任贾谊为公卿,但因朝中权贵反对,就疏远了贾谊,任他为长沙王太傅。

[五]窜梁鸿于海曲,岂乏明时:梁鸿,东汉人,因作诗讽刺君王,得罪了汉章帝,被迫逃到齐鲁一带躲避。海曲:海隅,指齐鲁一带临海的地方。明时:政治昌明的时代。

[六]见机:事前洞察事物的动向。达人知命:通达事理的人,知道命运。

[七]宁移白首之心:哪能在白发苍苍的老年改变心志。

[八]青云之志:比喻远大崇高的志向。

[九]酌(zhuó)贪泉而觉爽:喝下贪泉的水,仍觉得心境清爽。古代传说广州有水名贪泉,人喝了这里的水就会变得贪婪。这句是说有德行的人在污浊的环境中也能保持纯正,不被污染。处涸辙以犹欢:处在奄奄待毙的时候,仍然乐观开朗。处涸辙:原指鲋鱼处在干涸的车辙里,比喻人陷入危急之中。《庄子·外物》有鲋鱼在干涸的车辙中求活的寓言。

[十]北海虽赊(shē),扶摇可接:北海虽然遥远,乘着旋风还可以到达。

[十一]东隅已逝,桑榆非晚:早年的时光虽然已经逝去,珍惜将来的岁月,为时还不晚。东隅:指日出的地方,表示早。桑榆:指日落的地方,表示晚。古

人有"失之东隅,收之桑榆"的说法。

[十二]孟尝高洁,空余报国之情:孟尝品行高洁,却空有一腔报国热情。孟尝:东汉人,为官清正贤能,但不被重用,后来归田。

[十三]阮籍猖狂,岂效穷途之哭:怎能效法阮籍不拘礼法,在无路可走时便恸哭而还呢?阮籍:竹林七贤之一,他有时独自驾车出行,到无路处便恸哭而返,借此宣泄不满于现实的苦闷心情。猖狂:狂放、不拘礼法。

背景介绍

《滕王阁序》全称《秋日登洪府滕王阁饯别序》,骈文名篇。滕王阁在今江西省南昌市赣江滨。唐高祖之子滕王李元婴任洪州都督时(公元653年)始建,后阎伯屿为洪州牧,宴群僚于阁上,王勃省父过此,即席而作。

《新唐书·文艺传》记滕王阁诗会为:"九月九日都督大宴滕王阁,宿命其婿作序以夸客,因出纸笔遍请客,莫敢当,至勃,泛然不辞。都督怒,起更衣,遣吏伺其文辄报。一再报,语益奇,乃矍然曰:'天才也!'请遂成文,极欢罢。"可见当时王勃年轻气盛、才华横溢、挥毫泼墨、语惊四座的情景。

《滕王阁序》是一篇赠序文,借登高之会感怀时事,慨叹身世,体现了作者渴望用世的抱负和强自振作的意志。作者将叙事、写景、抒情三者相互联结,和谐统一;转接自然,跌宕有致,章法严密而又富于变化;大量使事用典,灵活多样,贴切自然,增强了文章的表现力。情调由乐而悲,由悲而壮,慷慨激昂,鼓舞人心,韩愈"壮其文词",以为读之可以"忘忧"。

朗诵提示

在朗诵过程中应注意选段的连贯性,作者用典虽多,然而气势是一气呵成的,诵读时应有顺畅之感,而非阻碍滞涩之生硬。同时还要注意"悲"与"壮"情绪的变化与表达,作者虽有怀才不遇的愤恚与无路请缨的无奈以及自伤身世的悲怀,但依然可以"别开生路,以悠扬怀抱,写出磊落事情",并且在"抚今思古,吊往追来"的过程中让自己变得更加通达。"君子见机,达人知命",这是作者的结论,也是他走出伤怀的重要一步。

"老当益壮,宁移白首之心;穷且益坚,不坠青云之志。"这二句表明了作者的决心和意志,不论面对怎样的困境,不论到了人生的何种阶段,也不会动摇信念、放弃理想。文中的感情基调是悲中有壮的,虽有怀才不遇、不得重用的慨叹,但又饱含乐观的精神。"北海虽赊"但"扶摇可接","东隅已逝"而"桑榆非晚"。朗诵时应读出身处逆境仍旧心胸开阔、立志报国的信念与豪情,要将其中抑扬升沉的情感变化传递出来,将失意与奋进的复杂情绪表现出来,从而将文中的高尚情怀更好地传递给听众。要注意把握作者的心境,跌宕之笔中蕴藏的是信念与力量,是高傲风骨,是不甘落寞的灵魂。

诵读标识

嗟乎! 时运▲不齐,命途▲多舛。//冯唐▲易老,李广▲难封。屈▲贾谊▲于长沙,非无▲圣主;窜▲梁鸿▲于海曲,岂乏明时?(怀才不遇、深陷困境的慨叹)所赖▲君子见机,达人知命。(领起下文)老当益壮,宁移▲白首之心? 穷且益坚,不坠▲青云之志。(铭志之语)酌▲贪泉▲而觉爽,处▲涸辙▲以犹欢。(读出不甘颓废的信念之感。)北海▲虽赊,扶摇可接;东隅▲已逝,桑榆非晚。(不因处境艰难和年华易逝而自弃。)孟尝▲高洁,空余▲报国之情;阮籍▲猖狂,岂效▲穷途之哭!(困顿不移清操,逆境不衰壮志。)

(刘源 注解)

阿房宫赋（节选）

[唐]杜牧

原文注释

嗟乎！一人之心，千万人之心也。秦爱纷奢，人亦念其家。奈何取之尽锱铢[一]，用之如泥沙？使负栋之柱，多于南亩之农夫；架梁之椽，多于机上之工女；瓦缝参差，多于周身之帛缕；直栏横槛，多于九土之城郭；钉头磷磷[二]，多于在庾[三]之粟粒；管弦呕哑[四]，多于市人之言语。使天下之人，不敢言而敢怒。独夫[五]之心，日益骄固[六]。戍卒叫，函谷举[七]，楚人一炬[八]，可怜焦土！

呜呼！灭六国者，六国也，非秦也。族秦[九]者，秦也，非天下也。嗟夫！使六国各爱其人，则足以拒秦；使秦复爱六国之人，则递[十]三世可至万世而为君，谁得而族灭也？秦人不暇自哀，而后人哀之；后人哀之而不鉴之，亦使后人而复哀后人也。

[一] 锱(zī)铢(zhū)：古代重量名，一锱等于六铢，一铢约等于后来的一两的二十四分之一。锱、铢连用，极言其细微。

[二] 磷(lín)磷：形容物体棱角分明而突出，也指水中石头突立的样子。这里形容突出的钉头。

[三] 庾(yǔ)：露天的谷仓。

[四] 管弦呕(ōu)哑(yā)：形容音乐声音嘈杂。管弦，管乐和弦乐，此泛指音乐。呕哑，象声词，指声音嘈杂。

[五] 独夫：失去人心而极端孤立的统治者。这里指秦始皇。

[六] 骄固：骄纵，顽固。

[七] 函谷举：函谷，关址在今河南灵宝东北。举，被攻占。刘邦于公元前206年率军先入咸阳，推翻秦朝统治，并派兵守函谷关。

[八] 楚人一炬：指项羽于公元前206年入咸阳，焚烧宫殿，大火三月不灭。

[九] 族秦：灭秦。族，灭族。

[十] 递：传递，这里指王位世代相传下去。万世：《史记·秦始皇本纪》载：秦始皇统一六国后，"下诏曰：'朕为始皇帝，后世以计数，二世、三世至于万世，传之无穷'"。然而秦朝仅传二世便亡。

背景介绍

　　杜牧是晚唐时期的著名文人,他的诗词文赋成就都很高,与李商隐并称为"小李杜"。杜牧出身于名门望族,才华横溢,且年少成名,对仕途有很多期待,可因为陷入牛李党争中,一生仕途坎坷,怀抱不得舒展,常有颓唐放浪姿态。

　　《阿房宫赋》作于唐敬宗宝历元年(825),这一年杜牧只有二十三岁。当时,腐败的政治、尖锐的阶级矛盾、飞扬跋扈的藩镇、外族的纷纷入侵,令整个大唐帝国处于崩溃的边缘。而敬宗皇帝却在"宝历大起宫室,广声色"(《上知己文章启》),针对残酷的现实,青年杜牧极力主张的内平藩镇、外御侵略的政治理想直接变成了空想,这令他极其愤慨痛心,便创作了借古讽今的《阿房宫赋》。

朗诵提示

　　《阿房宫赋》通过对阿房宫的兴建及毁灭的描写,揭示了始皇骄奢亡国的历史教训,同时也在借古讽今,对以唐敬宗为代表的唐代统治者发出了警告。文章骈散结合,语言工整富丽,气势雄健,风格豪放。此篇节选了其中部分。

　　"嗟乎! 一人之心,千万人之心也",这里在讲"人同此心",语气较为平缓,如同闲聊家常。但继之而来的"秦爱纷奢,人亦念其家。奈何取之尽锱铢,用之如泥沙?"却以愤慨的语气概括出秦始皇的骄奢给人们带来的痛苦与灾难,尖锐地批判了秦统治者的凶残暴戾。"使负栋之柱,……可怜焦土!"紧接"嗟乎"而来尤其精彩,用"使"字领起,摆出秦统治者剥削压迫老百姓的一系列罪证。一连串的排比句,每句都是比喻,既形象又增添了文章的气势,这里作者的感情借助句式的层层铺排与渐次推进,把秦统治者给人民造成的深重灾难描写到了极致。这时,文章的气势已经到了顶峰,所以才有"使天下之人,不敢言而敢怒"如火山爆发般喷薄而出。加上"独夫之心,日益骄固"的反面烘托,"戍卒叫,函谷举"的局面成为一种必然,有秦一代,二世而亡,起义的烈火直接将阿房宫化为灰烬。这里既有大快人心的快意,又有对稀世珍宝转眼便消失的怅惘与惋惜之情。

　　杜牧的创作初衷是给统治者敲响警钟,因而文章中不断强调秦不以六国为鉴,所以下场很惨,如果唐代的统治者也不以史为鉴,也会自食其果。接下去,作者行文还是非常委婉,并未正面说破,他以无限感慨之情揭示出六国与秦灭亡的原因:"呜呼! 灭六国者,六国也,……谁得而族灭也?"强调了六国与秦灭亡原因的同时,又指出如果当时他们能"各爱其人",就不会有如此惨痛的下场。这时,杜牧将视角转向了"后人",实际上主要指当时的统治者:"秦人不暇自哀,而后人哀之;后人哀之而不鉴之,亦使后人而复哀后人也。"文章写到这里,作者激情澎湃,非常郑重其事地道出了他的创作意图。如果后人只顾嘲笑前人、叹息其遭际,却不肯引以为鉴,那将一次次重蹈覆辙。所以,历史总是惊人的相似,只能陷入无尽的"后人复哀后人""后人复笑后人"的可悲的轮回中。这里也包含了作者怅惘、沉重的心情,更有言尽意不尽的特点。

诵读标识

嗟乎！一人之心,千万人▲之心也。（酝酿情绪,结合文章时代背景,发出感慨,为后文做好感情铺垫。）秦▲爱纷奢,人亦念其家。奈何▲取之尽锱铢,用之▲如泥沙？（两个问句,质问秦王朝为何罔顾民生利益,漠视百姓付出。）使负栋之柱,多于南亩之▲农夫；架梁之椽,多于机上之▲工女；钉头磷磷,多于在庾之▲粟粒；瓦缝参差,多于周身之▲帛缕；直栏横槛,多于九土之▲城郭；管弦呕哑,多于市人之▲言语。（六组排比句,环环相扣,感情层层递进,节奏陆续加快,批判了秦王朝的奢靡及统治者对百姓迫害。）使▲天下之人,不敢言▲而▲敢怒。独夫之心,日益▲骄固。（再次点明百姓对秦王朝积压已久的不满,也表明了作者面对固执己见、不思悔改的秦王朝而萌生的无力感。）戍卒叫,函谷举,楚人▲一炬,可怜∨焦▲土！（感情从大快人心的畅意转变为对宫殿被毁坏的惋惜之情。朗读节奏由快转慢。）

呜呼！灭六国者,六国也,非秦也。族秦者,秦也,非天下也。∨∨嗟夫！（感情深沉,节奏缓慢。）使六国▲各爱其人,则足以拒秦；（节奏加快,总结六国和秦朝覆灭之原因,感情层层推进。）使秦▲复爱六国之人,则∨递三世▲可至万世而为君,谁∨得而族灭也？（感情爆发点,一是对统治者"不爱其人"将自食恶果的斥责,二是因王朝更替百姓却仍生活在水深火热之中而产生悲痛之情。）秦人▲不暇自哀,而▲后人哀之；后人哀之∨而▲不鉴之,亦使后人▲而复哀▲后人也。（语重心长,声音由弱渐强,再于结尾处渐弱,呼吁后人引以为戒。）

（滕春红 注解）

前赤壁赋(节选)

[北宋]苏轼

原文注释

客曰:"'月明星稀,乌鹊南飞。'此非曹孟德之诗[一]乎? 西望夏口[二],东望武昌[三],山川相缪[四],郁乎苍苍,此非孟德之困于周郎[五]者乎? 方其破荆州[六],下江陵[七],顺流而东也,舳舻[八]千里,旌旗蔽空,酾酒[九]临江,横槊[十]赋诗,固一世之雄也,而今安在哉? 况吾与子渔樵于江渚之上,侣鱼虾而友麋鹿,驾一叶之扁舟,举匏樽[十一]以相属。寄蜉蝣[十二]于天地,渺沧海之一粟。哀吾生之须臾,羡长江之无穷。挟飞仙以遨游,抱明月而长终。知不可乎骤得[十三],托遗响[十四]于悲风。"

苏子曰:"客亦知夫水与月乎? 逝者如斯[十五],而未尝往也;盈虚[十六]者如彼,而卒[十七]莫消长也。盖将自其变者而观之,则天地曾不能以一瞬;自其不变者而观之,则物与我皆无尽也,而又何羡乎! 且夫天地之间,物各有主,苟非吾之所有,虽一毫而莫取。惟江上之清风,与山间之明月,耳得之而为声,目遇之而成色,取之无禁,用之不竭,是造物者之无尽藏[十八]也,而吾与子之所共适。"

[一]曹孟德之诗:此指曹操的《短歌行》。曹操《短歌行》中有"月明星稀,乌鹊南飞。绕树三匝,何枝可依"的诗句。

[二]夏口:地名,在今湖北武汉。

[三]武昌:地名,在今湖北鄂州。

[四]缪(liáo):通"缭",萦绕。

[五]孟德之困于周郎:指赤壁之战。汉献帝建安十三年(208),孙权、刘备联军在周瑜率领下,大败曹军于赤壁。

[六]荆州:东汉时州名,今湖南、湖北一带。

[七]江陵:地名,在今湖北江陵。

[八]舳舻(zhú lú):指船连着船。

[九]酾酒:斟酒。

［十］横槊（shuò）：横置长矛。

［十一］匏（páo）樽：用葫芦制成的酒器。匏，葫芦。

［十二］蜉蝣（fú yóu）：一种朝生暮死的昆虫。此句比喻人生之短暂。

［十三］骤得：突然得到。

［十四］遗响：余音，指箫声。

［十五］逝者如斯：流逝的时光像这江水。语出《论语·子罕》："子在川上曰：'逝者如斯夫，不舍昼夜。'"逝，往。斯，指水。

［十六］盈虚：指月亮的圆缺。

［十七］卒：最终。消长：增减。

［十八］无尽藏（zàng）：无穷的宝藏。

背景介绍

宋神宗元丰二年（1079），正在湖州任职的苏轼突然被逮捕下狱，罪名是在诗文中攻击朝廷新法，这就是有名的"乌台诗案"。后苏轼虽经营救出狱，贬为黄州（今湖北黄冈）团练副使，精神上却因这一场卑鄙的文字狱受到沉重打击。在黄州期间，他自号东坡居士，彷徨于山水，在老庄及佛禅中寻求解脱。元丰五年（1082），苏轼两次游赤壁，先后写下两篇赋文，七月十六日写的就是本文，人称《前赤壁赋》；十月所写人称《后赤壁赋》。《前赤壁赋》以泛舟夜游赤壁为线索，通过抒发赤壁之游的感怀，表达了作者超然物外的人生志趣和旷达自适的哲思体悟。全文的感情经过了由乐而悲、由悲而乐的转换，波澜起伏、层次分明地显示了作者心情由矛盾痛苦而得到升华和解脱的过程。作者使用传统辞赋中主客问答的方式，寓情于景，借景明理，诗情、画意与哲理相得益彰，巧妙地熔为一炉。苏轼在继承六朝骈体赋和隋唐以来律赋的基础上，又能突破传统格律在章法结构、语言格式上的限制，更多地融入了散文的元素，因而骈散结合，节奏明快，音律和谐，堪称散文赋之杰作。

朗读提示

苏轼在辞赋创作上继承了欧阳修的传统，但更多融入了古文的疏宕萧散之气，吸收了诗歌的抒情意味，从而青出于蓝而胜于蓝，创作了《前赤壁赋》和《后赤壁赋》这样的名篇。《前赤壁赋》沿用赋体主客问答、抑客扬主的传统格局，描写了长江月夜的幽美景色，抒写了自己的人生哲学。

节选部分为苏子与客对话段落。朗读时应注意以下几点：

第一，主与客角色的不同。此赋记叙了作者与朋友月夜泛舟游赤壁的所见所感，以作者的主观感受为线索，通过主客问答的形式，反映了作者由月夜泛舟的舒畅，到怀古伤今的悲咽，再到精神解脱的达观。朗诵时要对主与客进行区分，领会作者在结构安排中的艺术构思，理解作者所要阐明的人生理想与追求。

第二，问与答语气的转换。节选段落既有上下两段中主客之间的问答关系，也有每段中自问自答的设问关系。在朗读中应注意每一个问题的语气并把握好回答语句的态度。在问与答的转换中，既有对宇宙人生、历史现实的思考所生发出的困惑与悲苦，也有伴随着问题的圆满解答而从人生无常的怅惘中解脱出来的释然与喜悦。

第三，人生哲学的碰撞。节选第一段，客哀叹人生之短暂而"羡长江之无穷"，希望能够与神仙相交，和明月相伴，但又知道这些是无法实现的幻想，故只能"托遗响于悲风"。这是苏轼借客之口流露出的自己思想的一个方面，带有些许消极色彩。节选第二段，苏子对客或者说另外一个自己所持的这种消极观念进行开解，他从无限的时间与空间的立场看待人生的苦难与欢乐，以一种旷达的宏观心理将种种不幸视为世间万物流转变化中的短暂现象，朗诵时要表现出这种豁达、超脱、乐观和随缘自适的精神风貌，把握交织在其中的情感及其变化。

诵读标识

客曰："'月明▲星稀，乌鹊▲南飞。'此非▲曹孟德之诗乎？西望▲夏口，东望▲武昌，山川相缪，郁乎▲苍苍，此非▲孟德之困于▲周郎者乎？方其▲破荆州，下江陵，顺流▲而东也，舳舻千里，旌旗蔽空，酾酒临江，横槊赋诗（节奏加快，一气呵成。），固▲一世之雄也，而今∨安在哉？况▲吾与子▲渔樵于江渚之上，侣鱼虾▲而友麋鹿，驾一叶之扁舟，举匏樽▲以相属。寄▲蜉蝣于天地，渺▲沧海之一粟。哀▲吾生之须臾，羡▲长江之无穷。挟▲飞仙以遨游，抱▲明月而长终。知▲不可乎骤得，托遗响∨于▲悲风。"（读出情绪的消极、低沉，情感的苦闷与迷惘。）

苏子曰："客▲亦知夫▲水与月乎？逝者▲如斯，而▲未尝往也；盈虚者▲如彼，而▲卒莫消长也。盖将自其变者▲而观之，则天地▲曾不能以一瞬；自其不变者▲而观之，则物与我∨皆无尽也，而又▲何羡乎？且夫▲天地之间，物各有主，苟非▲吾之所有，虽一毫▲而莫取。//惟▲江上之清风，与山间▲之明月，耳得之▲而为声，目遇之▲而成色，取之▲无禁，用之▲不竭，是造物者∨之无尽藏也，而吾与子∨之所共适。"（随缘自适的安然，旷达乐观的情怀。）

（刘源　注解）

秋声赋

[北宋]欧阳修

原文注释

　　欧阳子方夜[一]读书，闻有声自西南来者[二]，悚然[三]而听之，曰："异哉！"初淅沥以萧飒[四]，忽奔腾而砰湃[五]，如波涛夜惊，风雨骤至。其触于物也，鏦鏦铮铮[六]，金铁皆鸣；又如赴敌之兵，衔枚疾走[七]，不闻号令，但闻人马之行声。余谓童子："此何声也？汝出视之。"童子曰："星月皎洁，明河在天，四无人声，声在树间。"

　　余曰："噫嘻，悲哉[八]！此秋声也，胡为[九]而来哉？盖夫秋之为状[十]也，其色惨淡，烟霏云敛[十一]；其容清明，天高日晶；其气栗冽[十二]，砭[十三]人肌骨；其意萧条，山川寂寥。故其为声也，凄凄切切，呼号愤发。丰草绿缛[十四]而争茂，佳木葱茏而可悦。草拂之而色变，木遭之而叶脱。其所以摧败零落者，乃其一气之余烈。夫秋，刑官[十五]也，于时为阴[十六]；又兵象[十七]也，于行用金[十八]。是谓天地之义气，常以肃杀而为心[十九]。天之于物，春生秋实，故其在乐也，商声主西方之音，夷则为七月之律[二十]。商，伤也，物既老而悲伤；夷，戮也，物过盛而当杀。"

　　"嗟乎！草木无情，有时[二十一]飘零。人为动物，惟物之灵[二十二]。百忧感[二十三]其心，万事劳其形；有动于中，必摇其精[二十四]。而况思其力之所不及，忧其智之所不能。宜其渥然丹者为槁木[二十五]，黟然黑者为星星[二十六]。奈何以非金石之质，欲与草木而争荣？念谁为之戕贼[二十七]，亦何恨乎秋声！"

　　童子莫对，垂头而睡。但闻四壁虫声唧唧[二十八]，如助予之叹息。

　　[一]欧阳子：作者自称。方：时间副词，正在，如苏轼《石钟山记》："余方心动欲还，而大声发于水上。"

　　[二]"闻有声"句：化用《诗经·小雅·鹤鸣》"鹤鸣于九皋，声闻于野"。

　　[三]悚（sǒng）然：惊惧之状。

〔四〕淅沥：象声词，形容秋声如水滴跌落之状；萧飒：秋风吹过树木发出的声响。

〔五〕砰湃：同"澎湃"义，形容秋声气势浩大。

〔六〕鏦(cōng)鏦铮铮：金属相互撞击而发出的清脆声响。

〔七〕衔枚疾走：衔枚，古代行军兵士口中衔枚，以防喧哗。枚，形状类筷子，两头有带，可系于颈脖之上。疾走：快速前行。此处形容秋声如急行军奔驰沙场之状。

〔八〕悲哉：叹词。宋玉《九辩》："悲哉！秋之为气也。"

〔九〕胡为：语气词，即何为，为什么。唐李白《蜀道难》："嗟尔远道之人，胡为乎来哉！"

〔十〕状：情形，情状，即下文所形容的秋色、秋容、秋气、秋意、秋声等秋之情状。

〔十一〕烟霏云敛：霏，烟云弥漫之状；敛，聚拢。此句意为烟雾弥漫，阴云层聚，意在突显秋色之"惨淡"。

〔十二〕栗冽：即凛冽，寒冷。

〔十三〕砭(biān)：本意为用于治病的石针，此处用作动词，意为秋气如石针那般刺人肌骨。

〔十四〕绿缛(rù)：形容草色繁盛。缛，繁茂。

〔十五〕刑官：周朝以天地四时之名命官，以司寇为秋官，掌管刑狱。

〔十六〕于时为阴：古人以阴阳观念配合四时节气，春夏属阳，秋冬属阴。

〔十七〕兵象：用兵之征兆，古代征伐多在秋天，故云。

〔十八〕于行用金：古人以金木水火土五行观念配合四时，春为木，夏为火，秋为金，冬为水。

〔十九〕义气：刚正之气，此处指天地间的正义之气。此句出自《礼记·乡饮酒义》："天地严凝之气，始于西南而盛于西北，此天地之尊严气也，此天地之义气也。"肃杀：严酷萧瑟，形容草木凋零的萧条气象。唐杜甫《北征》："昊天积霜露，正气有肃杀。"

〔二十〕商声：古时以宫商角徵羽五音分配四时，秋为商声，主西方之音。夷则：乐律之一，古代音乐分十二律，以其对应十二月，夷则对应七月。《礼记·月令》："孟秋之月，律中夷则。"夷，本为杀戮之意，夷则正表明了秋的肃杀之力。

〔二十一〕有时：有固定的时间，终究会。此处与李白《行路难》"长风破浪会有时"，白居易《长恨歌》"天长地久有时尽"同义。

〔二十二〕灵：聪明灵巧。《尚书·泰誓上》："惟天地万物父母，惟人万物之灵。"

[二十三] 感:通"撼",动摇。

[二十四] 中:心;内摇:撼动;精:精气,元气。

[二十五] 渥(wò)然:色泽鲜红光润。槁(gǎo)木:干枯的树木,形容年老如枯木。

[二十六] 黟(yī)然:黑貌;星星:鬓发斑白。西晋左思《白发赋》:"星星白发,生于鬓垂。"

[二十七] 戕(qiāng)贼:戕,残害,摧残。此处指使自身受到伤害的元凶。

[二十八] 唧唧:象声词,形容虫叫声。

背景介绍

北宋仁宗嘉祐四年(1059)秋,欧阳修时年五十三岁,虽身居高位,然有感于宦海沉浮,人事无常,秋夜读书而忽起"悲秋"之叹,一气呵成,遂写下了这篇流传千古的秋声赋。自宋真宗景德元年(1004)与契丹订立澶渊之盟后,偃武息兵,北宋朝堂君臣上下,文恬武嬉,以致国力积贫积弱,社会矛盾日趋尖锐。庆历三年(1043),宋仁宗用参知政事范仲淹等开展"庆历新政",力图遏制日益恶化的土地兼并现象,同时整顿吏治,解决冗官、冗兵、冗费等问题,然因触及保守派的核心利益,改革未及三年而被迫停止,范仲淹、欧阳修、韩琦等相继被贬。写这首《秋声赋》时,欧阳修虽已晋升为翰林学士,然"高处不胜寒",政治纷争无处不在,尤其是目睹政局日益驳荡而改革无望的现实,他百感丛生,郁愁难解。秋天种种肃杀萧瑟之状,正对应了政局的悚然和人生的烦闷,这使他不由心伤,独闻秋声而徒然叹息。

朗诵提示

这篇秋声赋骈散结合,极尽渲染铺排之能事,先从秋声入手,虚实结合,将风声、雨声、树声、人马声等实有之声虚化,抽象为作者想象中的无形秋声,结构上层层递进,状各类声响如在目前,又传达出秋日的萧瑟氛围。又通过书童之口,将想象中万马奔腾的热闹秋声拉回到现实的"四无人声",其中正暗示了两种截然不同的人生状态。童子少不更事,朴拙自然,其眼中的秋声是宁静美好的,也是现实的;而作者历经宦海磨难,人事变故,对萧飒之秋声更为紧张敏感,秋声带给他的更多是关于人生阅历的种种思考,情景虽是虚拟的,情感和心境却一样是真实的。第二段,作者自我设问,笔端由"秋声"转移到"秋状",即秋天诸种形态,如秋色惨淡、秋容清明、秋气凛冽、秋意萧条,在各个层面上回应了听闻秋声而带来的悲感。紧接着再写秋声"凄凄切切",前后呼应,然落点在"秋声"的肃杀威力,即草变叶脱,摧败零落。于是议论的焦点又转移到论证秋声为何肃杀,作者继续展示着他议论说理的天赋,从阴阳五行、四时节候、乐律月相等方面,既详细剖析了秋声缘何肃杀,为何有"摧败零落"之"余烈",又不乏作者对万物盛衰、天地四时的哲思。第三段抒发人世忧愁之感,但仍然紧扣"秋声"展开,首先将无情的草木与机敏的人类对比,从而引发对尘世辛劳烦闷、人生短暂易逝的深沉感慨。然而人非金石之质,红颜一瞬即化为槁木,又哪里比得过岁岁枯荣的草木。既如此,作者开始自我审视,那么谁才是使我们感到悲伤烦闷的元凶呢?我们又凭什么去怨恨这萧飒的秋声。末段,也是尾声,作者在茫茫愁思中抽离出来,眼看童子酣睡,不知世事,而只有墙角处的唧唧虫声,在暗夜里回应着他的叹息。"虫声"作为绝妙的点缀再度回应了"秋声"之静寂,而童子作为对照者亦再次暗示了作者的孤寂忧愁。

这篇赋的主基调虽为悲秋,然气脉偾张,机巧灵动,如水之走地,浩浩荡荡;章法上曲折变化,语言清丽而富于韵律,可谓宋代文赋之典范。诵读时的节奏要张弛有度,即要与秋声、秋状以及作者的情绪同步,时而明快晓畅,时而舒缓沉郁。比如第一段作者听闻秋声,虽是虚写,却状如目前,气势磅礴,诵读时语调应当轻快有力。第三段由悲秋转为悲叹人生的辛劳与烦忧,情蕴深婉,语调低沉,诵读时节奏自然应当纡徐和缓。

诵读标识

欧阳子∨方▲夜读书,闻▲有声∨自西南来者,悚然而听之,曰:"异哉!"初淅沥▲以萧飒,忽奔腾▲而砰湃,如▲波涛夜惊,风雨骤至。< 其触于物也,鏦鏦▲铮铮,金铁皆鸣;又如▲赴敌之兵,衔枚▲疾走,不闻号令,但闻∨人马之行声。(写秋声如在目前,气势浩荡,如万马奔腾,句式层层递进,语调轻快有力。)余谓童子:"此▲何声也?汝出▲视之。"童子曰:"星月皎洁,明河在天,四无人声,声在∨树间。"//(下起议论,论秋之为状。)余曰:"噫嘻∨悲哉!此▲秋声也,胡为∨而来哉?↗(自我设问,引出下文之议论,语调上扬。)盖夫∨秋之为状也,其色▲惨淡,烟霏云敛;其容▲清明,天高日晶;其气▲栗冽,砭人肌骨;其意▲萧条,山川寂寥。故其为声也,凄凄∨切切,呼号▲愤发。丰草绿缛∨而争茂,佳木葱茏∨而可悦。草拂之∨而色变,木遭之∨而叶脱。其所以∨摧败零落者,乃其∨一气之余烈。//<(以上咏"秋之为状",一气呵成,节奏明快,语调昂扬。)夫秋,刑官也,于时为阴;又兵象也,于行用金。是谓▲天地之义气,常以∨肃杀而为心。天之于物,春生秋

实,故其在乐也,商声▲主西方之音,夷则▲为七月之律。商,伤也,物既老
∨而悲伤;夷,戮也,物过盛▲而当杀。"＞(以上论秋之"肃杀",从阴阳四时、
五行乐律等角度展开,论证更进一层。)

　　"嗟乎! 草木无情,有时飘零。人为动物,惟物∨之灵。百忧▲感其心,
万事∨劳其形;有动于中,必摇∨其精。而况思其力∨之所不及,忧其智∨
之所不能。宜其∨渥然丹者▲为槁木,黟然黑者▲为星星。奈何∨以非金
石之质,欲与草木▲而争荣? 念∨谁为之戕贼,亦何恨乎▲秋声!"＜(此段
抒情,由悲秋转而悲叹人生,情绪存在明显的转折。)

　　童子莫对,垂头而睡。但闻∨四壁虫声唧唧,∨∨如助∨予之叹息。＞
(回到现实,与前段童子对话相呼应,节奏舒缓下来,饶有余味。)

(徐新武　注解)

柳　陌

[明]祁彪佳[一]

原文注释

　　出寓园[二]，由南堤达豳圃[三]，其北堤则丰庄所从入也[四]。介于两堤之间，有若列屏者[五]，得张灵墟书曰"柳陌"[六]。

　　堤旁间植桃柳[七]。每至春日，落英缤纷[八]，微飔偶过[九]，红雨满游人衣裾[十]。予以为不若数株垂柳，绿影依依，许渔父停桡碧阴[十一]，听黄鹂弄舌，更不失彭泽家风耳[十二]。此主人不字桃而字柳意也[十三]。

　　若夫一堤之外，荇藻交横[十四]，竟川含绿，涛云耸忽[十五]，烟雨霏微[十六]，拨棹临流[十七]，无不率尔休畅矣[十八]。

　　[一]祁彪佳：字虎子，又字幼文、弘吉，号世培，自署远山堂主人、寓山主人、寓山居士、静者轩主人，山阴（今浙江绍兴）梅墅里人，明代政治家、文学家、戏曲评论家、藏书家和造园名家。

　　[二]寓园：又称寓山园，是祁彪佳的别业，旧址在距今绍兴柯岩风景区里许处，依山面河而建，集中国古典园林建筑之大成，在古代造园史上有重要地位。

　　[三]豳（bīn）圃：寓园中种植桑树、果蔬的园圃。

　　[四]丰庄：系寓园北部的农田场圃，用于耕种桑麻谷物，养鸡牧豕。

　　[五]列屏：罗列如屏风。

　　[六]张灵墟：张凤翼，字伯起，号灵虚，别署灵墟先生、泠然居士。南直隶苏州府长洲（今江苏苏州）人。明代著名戏曲家、文学家。

　　[七]间植：指桃树与柳树交叉间隔种在一起。

　　[八]落英缤纷：语出陶渊明《桃花源记》，意在表现桃花纷纷飘落的美丽景象。

　　[九]微飔（sī）：微微的凉风。

　　[十]红雨：花瓣雨。衣裾：衣服的前后襟。

　　[十一]停桡（ráo）：停下船桨。

　　[十二]彭泽家风：指像陶渊明归隐后那样的生活风貌。

　　[十三]主人：作者自称。以上解释作者命名柳陌的原因。

　　[十四]荇（xìng）藻交横：水草纵横交错状。

［十五］耸忽：云层耸立飘忽状。

［十六］霏微：雾气、细雨弥漫状。

［十七］拨棹（zhào）：摇动船桨。

［十八］率尔：随便，无拘无束貌。休畅：畅快。

背景介绍

　　明清小品是我国文学史上一个辉煌的标志，它与汉赋、唐诗、宋词、元曲可并称为一代之文学。"小品"一词本是六朝称谓佛经略本的词语，到明代才成为散文或文章部类的称谓。明代小品创作名家辈出，祁彪佳便是其中之一。其小品代表作《寓山注》是一部清新精美的小品文集，行文娓娓道来，纡折舒缓间，跳荡出瑰丽奇诡，格调颇高，韵味独具。

　　祁彪佳性耽山水园林，造园兴趣之浓，几近于痴。因真情所寄，故其笔下数株垂柳，一线绿堤，便能声、影、光、色盎然，让人如置其境。此则《柳陌》写寓园中的柳陌佳致：近景有桃红柳绿，相对列嶂；微凉暗袭，花瓣成雨；渔父停桡，黄鹂弄舌；远景有绿水藻荇，云涛烟雨。笔调清隽爽利，而色彩缤纷明媚。"不字桃而字柳"透露出作者高远恬淡的审美情趣。"渔父停桡碧阴"一笔不仅增加了无穷情趣，更反映了作者自然从容、萧散闲适的生活状态追求。

朗诵提示

　　张岱评祁彪佳《寓山注》云："主人作注，不事铺张，不事雕绘，意随景到，笔借目传，如数家物，如写家书，如殷殷诏语家之儿女僮婢。闲中花鸟，意外烟云，真有一种人不及知，而己独知之妙"，"非其笔墨之妙，特其见闻之真也"（《琅嬛文集·跋寓山注》），是说祁彪佳散文真情流露，出以自然，绝无矫情作态。因其真，故能传情，故能动人。而文之高远淡然至味，便不绝如缕，汩汩流泻。

　　因此，《柳陌》的朗诵基调应该是真诚、明快而悠闲适意的。朗诵时宜从下面几个层次来处理感情曲线：

　　第一层次，介绍柳陌的地理位置和名称，属于总体性的客观叙述，吐字清楚，语调平和中略见明朗意即可。

　　第二层次，描绘"柳陌"美好景致与命名来由：桃花开落，各具美态；而柳树多姿，余荫憩渔栖鸟，更是清净悠闲，契合作者闲适散淡的生活情趣。朗诵时，宜把握住作者描写桃花中隐藏的对自然生命兴衰起落的平和接受和衷心赞美情绪,同时表现出对柳树质朴多情、愿为人荫的舍己精神的偏爱,感情曲线从明快赞叹进一步转向深沉礼赞。

第三段,层次笔调外延,写柳陌周边环境:藻荇交错,绿水浩渺,云涛多变,烟雨空蒙,意境十分清新悠远。朗诵时,宜把握住这种开放性、旷远感,留下袅袅情绪余味。

诵读标识

出▲寓园,由▲南堤∨达▲幽圃,其北堤∨则▲丰庄所从入也。(吐字清楚,语调平和,情感明朗。)介于▲两堤之间,有∨若▲列屏者,得∨张灵墟书曰▲"柳陌"。∨∨(平和恳切)

堤旁∨间植▲桃柳。每至春日,落英▲缤纷,微飔▲偶过,红雨∨满▲游人衣裾。<∨∨(温和而带感性赞叹。)予以为∨不若▲数株垂柳,绿影▲依依,↗许∨渔父▲停桡碧阴,听∨黄鹂▲弄舌,更不失∨彭泽▲家风耳。↘此∨主人▲不字桃▲而字柳意也。∨∨(绿影依依,缠绵之感,语调拉长。理性评价与道德偏爱,因此含深沉的礼赞情调。)

若夫∨一堤▲之外,荇藻▲交横,竟川▲含绿,↘涛云▲耸忽,烟雨▲霏微:拨棹▲临流,无不∨率尔▲休畅矣。>(读出清新旷达感,情感具开放性,余味袅袅。)

(赵素文　注解)

满井游记[一]

[明]袁宏道

原文注释

　　燕地寒[二],花朝节后[三],余寒犹厉。冻风时作,作则飞沙走砾。局促一室之内[四],欲出不得。每冒风驰行,未百步辄返。

　　廿二日天稍和,偕数友出东直[五],至满井。高柳夹堤,土膏微润[六],一望空阔,若脱笼之鹄[七]。于时冰皮始解,波色乍明,鳞浪层层,清澈见底,晶晶然如镜之新开,而冷光之乍出于匣也。山峦为晴雪所洗,娟然如拭,鲜妍明媚,如倩女之靧面[八],而髻鬟之始掠也。柳条将舒未舒,柔梢披风,麦田浅鬣寸许[九]。游人虽未盛,泉而茗者[十],罍而歌者[十一],红装而蹇者[十二],亦时时有。风力虽尚劲,然徒步则汗出浃背。凡曝沙之鸟[十三],呷浪之鳞[十四],悠然自得,毛羽鳞鬣之间[十五],皆有喜气。始知郊田之外,未始无春[十六],而城居者未之知也。

　　夫不能以游堕事[十七],而潇然于山石草木之间者,惟此官也[十八]。而此地适与余近,余之游将自此始,恶能无纪[十九]? 己亥之二月也[二十]。

　　[一]满井:井名,在今北京东北郊。

　　[二]燕地:这里指北京。

　　[三]花朝节:旧时以农历二月十五日为百花生日,叫作花朝节。

　　[四]局促:束缚。

　　[五]东直:东直门。

　　[六]土膏:肥沃的土地。

　　[七]鹄(hú):水鸟名,俗称天鹅。

　　[八]靧(huì)面:洗脸。

　　[九]鬣(liè):兽类颈上的毛。此处形容麦苗。

　　[十]泉而茗者:汲泉水而煮茶的人。

　　[十一]罍(léi)而歌者:手里拿着酒杯、嘴里唱着歌的人。

　　[十二]红装:指女子。蹇(jiǎn):此处指骑驴。

［十三］曝沙：在沙滩上晒太阳。

［十四］呷（xiā）浪之鳞：吞吸水波的鱼。

［十五］毛羽：鸟类的羽毛。鳞鬣：鱼类的鳞鳍。

［十六］未始：未尝。

［十七］堕（huī）事：毁坏事情。

［十八］此官：作者当时任顺天府儒学教授。

［十九］恶（wū）能：怎能。

［二十］己亥：万历二十七年（1599）。

背景介绍

公元 1598 年（万历二十六年），袁宏道收到在京城任职的哥哥袁宗道的信，让他进京。他来到北京，被授予顺天府儒学教授。第二年，升为国子监助教，《满井游记》写于这一年的早春二月。

满井是北京东北郊的一口古井，当时泉水喷涌，冬夏不竭。井旁有碧草青藤，渠水清流，亭台错落有致。袁宏道在早春时节，和几个朋友一起游览了京郊的满井，怀着愉悦的心情写下了这篇情意盎然的游记。

文章描写了北京郊区初春时节万物萌动的美好景色。作者写景生动传神，刻画细致入微，充满着对初春欣欣向荣景象的喜悦，并流露出作者闲适自得的心境。

朗诵提示

《满井游记》以出游探春为线索，从城居不见春起始，接着写郊外探春，逐层写出了郊外早春万物复苏的景色，最后抒发"郊田之外，未始无春"的感受。此时作者袁宏道职务清闲，且性情达观，乐于山水之中，心情闲适自得，描景笔触细腻。

因此，本文的朗诵基调应该是表现轻松而愉悦的情绪。朗诵时要注意以下几点：

第一段，作者采用欲扬先抑的写法，把那种迫切渴望出游的心情暗示给读者，为下文勾画春意盎然、生机勃勃的满井作铺垫。袁宏道生于湖北公安，对北方的严寒并不适应，因而寒冷阻挡了他的游兴。文章开头，就表现了这种欲游不能的苦恼。作者本来就有"燕地寒"的理论认知，但"花朝节后，余寒犹厉"则是他亲身的感受和体验了。"余"字与"犹"字两相映衬，对料峭春寒描述得非常深刻，具体就是："冻风时作，作则飞沙走砾。"不说"寒风""冷风"而说"冻风",意在强调其寒冷程度,也表明作者对"燕地寒"的无奈。从"每冒风驰行,未百步辄返"来看,作者做过多次外出的尝试,都无法成行。因此,本段朗诵时,要营造出画面感。

第二段,写作者待天气略微回暖,便按捺不住游兴,即刻携友出行前往京郊满井。文中"天稍和"与"余寒犹厉"相呼应,"高柳夹堤,土膏微润"与"飞沙走砾"相呼应,"一望空阔,若脱笼之鹄"与"局促一室之内,欲出不得"相呼应,因此,朗诵时要表现出随着景物变化作者心情的变化,可用轻松欢快的语调,突出作者对春色萌动的自然景物的赞美和羁鸟归林的欣喜之情。

本段末句"始知郊田之外,未始无春,而城居者未之知也"是体现全文主旨的句子,富有哲理含义。因此,朗诵时要变换情感,以舒缓和超然旷达的语气结束本段。

第三段为结尾段,交代了出游以及写作缘由,是古代游记散文的常见结尾方式。朗诵时以平缓的语调,注意节奏的抑扬顿挫即可。

诵读标识

燕地寒,花朝节后,余寒▲犹厉。冻风▲时作,作▲则飞沙走砾,局促一室之内,欲出▲不得。每∨冒风驰行,未百步∨辄返。//(朗诵时尽量表现出画面感。)

廿二日∨天▲稍和,偕▲数友∨出东直,至满井。//(情感转为欣喜。)高柳夹堤,土膏微润,一望空阔,若∨脱笼之鹄。于时∨冰皮始解,波色乍明,鳞浪层层,清澈见底,晶晶然∨如镜之▲新开,而∨冷光之▲乍出于匣也。山峦∨为▲晴雪所洗,娟然▲如拭,鲜妍▲明媚,如∨倩女之▲靧面,而髻鬟之▲始掠也。柳条∨将舒▲未舒,柔梢▲披风,麦田∨浅鬣▲寸许。游人虽未盛,泉∨而▲茗者,罍∨而▲歌者,红装∨而▲蹇者,亦▲时时有。风力∨虽▲尚劲,然∨徒步∨则汗出▲浃背。凡∨曝沙之鸟,呷浪之鳞,悠然▲自得,毛羽▲鳞鬣之间,皆有喜气。始知∨郊田之外,未始▲无春,而∨城居者∨未之知也。//(此句体现全文主旨,富有哲理含义。因此,朗诵时要变换情感,以舒缓的和超然旷达的语气结束本段。)

夫∨不能▲以游堕事,而∨潇然于山石草木之间▲者,惟∨此官也。而∨此地适▲与余近,余之游∨∨将∨自此▲始,恶能▲无纪?己亥▲之▲二月▲也。//(语调转为平缓,问号处注意语气提升,结句注意停顿。)

(蔚然　注解)

项脊轩志

［明］归有光

原文注释

　　项脊轩，旧南阁子也。室仅方丈[一]，可容一人居。百年老屋，尘泥渗漉[二]，雨泽下注；每移案顾视，无可置者。又北向，不能得日，日过午已昏。余稍为修葺[三]，使不上漏；前辟四窗，垣墙周庭，以当南日，日影反照，室始洞然[四]。又杂植兰桂竹木于庭，旧时栏楯[五]，亦遂增胜。借书满架，偃仰[六]啸歌，冥然兀坐[七]，万籁[八]有声。而庭阶寂寂，小鸟时来啄食，人至不去。三五[九]之夜，明月半墙，桂影斑驳，风移影动，珊珊[十]可爱。

　　然余居于此，多可喜，亦多可悲。先是，庭中通南北为一；迨[十一]诸父[十二]异爨[十三]，内外多置小门墙，往往而是。东犬西吠，客逾庖[十四]而宴，鸡栖于厅。庭中始为篱，已为墙，凡再变矣。

　　家有老妪[十五]，尝居于此。妪，先大母[十六]婢也，乳[十七]二世，先妣[十八]抚之甚厚。室西连于中闺[十九]，先妣尝一至。妪每谓余曰："某所而母[二十]立于兹。"妪又曰："汝姊在吾怀，呱呱而泣；娘以指叩门扉曰：'儿寒乎？欲食乎？'吾从板外相为应答。"语未毕，余泣，妪亦泣。余自束发[二十一]读书轩中，一日，大母过余[二十二]曰："吾儿，久不见若影[二十三]，何竟日默默在此，大类[二十四]女郎也？"比去，以手阖门[二十五]，自语曰："吾家读书久不效[二十六]，儿之成，则可待乎？"顷之，持一象笏[二十七]至，曰："此吾祖太常公[二十八]宣德[二十九]间执此以朝，他日汝当用之！"瞻顾[三十]遗迹，如在昨日，令人长号[三十一]不自禁。

　　轩东，故尝为厨；人往，从轩前过。余扃牖[三十二]而居，久之，能以足音辨人。轩凡四遭火，得不焚，殆[三十三]有神护者。

　　项脊生曰：蜀清守丹穴[三十四]，利甲天下，其后秦皇帝筑女怀清台[三十五]；刘玄德与曹操争天下，诸葛孔明起陇中。方二人之昧昧[三十六]于一隅也，世何足以知之，余区区处败屋中，方扬眉瞬目^[三十七],谓有奇景;人知之者,其谓与坎井之蛙^[三十八]何异?

余既为此志,后五年,吾妻来归^[三十九],时至轩中,从余问古事,或凭几学书。吾妻归宁^[四十],述诸小妹语曰:"闻姊家有阁子,且何谓阁子也?"其后六年,吾妻死,室坏不修。其后二年,余久卧病无聊,乃使人复葺南阁子,其制稍异于前。然自后余多在外,不常居。

庭有枇杷树,吾妻死之年所手植也,今已亭亭如盖^[四十一]矣。

〔一〕方丈:一尺见方的面积。

〔二〕渗漉:慢慢由小孔渗漏。

〔三〕修葺(qì):修补。

〔四〕洞然:明亮的样子。

〔五〕栏楯(shǔn):栏杆。

〔六〕偃仰:俯仰。

〔七〕冥然兀坐:沉默端坐。

〔八〕万籁:自然界的一切响声。

〔九〕三五:农历十五。

〔十〕珊珊:轻盈舒缓的样子。

〔十一〕迨:等到。

〔十二〕诸父:伯父或叔父。

〔十三〕异爨(cuàn):分家。

〔十四〕庖:厨房。

〔十五〕老妪(yù):老年妇女。

〔十六〕先大母:死去的祖母。

〔十七〕乳:哺养。

〔十八〕先妣(bǐ):死去的母亲。

〔十九〕中闺:妇女居住的内室。

〔二十〕而母:你的母亲。

〔二十一〕束发:指古代男子束发成童,年纪在十五岁左右。

〔二十二〕过余:到我这儿来。

〔二十三〕若影:你的人影。

〔二十四〕大类:很像。

〔二十五〕阖门:关门。

〔二十六〕不效:没有成果。

［二十七］象笏：象牙做的笏板；笏板就是古代大臣上朝时拿的手板，也是一种礼仪与品级的象征。

［二十八］太常公：即明宣宗时太常寺卿夏昶，字仲昭，为作者祖母的祖父。

［二十九］宣德：明宣宗年号，即公元 1426—1435 年。

［三十］瞻顾：前后观看。

［三十一］长号（háo）：放声大哭。

［三十二］扃牖（jiōng yǒu）：关窗。

［三十三］殆：或许。

［三十四］蜀清守丹穴：蜀地曾经有一位名叫清的寡妇，一直守护并保有着一个出产朱砂的矿穴。

［三十五］女怀清台：在今重庆长寿南，相传为秦始皇为褒扬寡妇清保守朱砂矿产，使他人不敢进犯而建。

［三十六］昧昧：没有名望。

［三十七］扬眉瞬目：高兴的样子。

［三十八］坎井之蛙：浅井里的青蛙，比喻目光见识短浅又高傲自大的人。

［三十九］归：出嫁。

［四十］归宁：回娘家。

［四十一］亭亭如盖：高高挺立像一把大伞。

背景简介

归有光（1506—1571），字熙甫，号震川，今江苏昆山人。明世宗嘉靖十九年（1540）考中举人后，连续八次会试都未中，直到嘉靖四十四年（1565）才中进士，官至南京太仆寺丞。归有光是明代著名文学家，唐宋派散文的代表作家，清初著名学者黄宗羲甚至认为"议者以震川为明文第一，似矣"。几乎默认了归有光明代散文数一数二的地位。震川之文服膺唐宋诸家，尤其受北宋欧阳修的影响为大，他善于用疏淡的笔墨，通过对日常生活中点滴琐碎事务的描写，寓真情于其中，言近旨远，感人至深，这篇《项脊轩志》就是他这种文风的代表作。

这篇文章是归有光晚年回忆自己早年读书生活的作品。全文充满着浓浓的亲情，以及时光荏苒、故人不再的淡淡忧伤，追时怀人，正是归氏散文真情流露的最佳方式。文章写景叙事皆备，但一切都围绕着家中那所承载着自己记忆与情感的小阁"项脊轩"而展开，因此许多不同时间、空间中发生的事件或人物，都被这条核心线索贯穿了起来，也让倾注在文中的脉脉深情得以从笔端一泻而下，浸润读者的心田。虽然写的内容无非家庭琐事，但情真意切,特别是通过怀念亡妻,在文章最后以"枇杷树"结尾,言有尽而意无穷,似乎让读者追随着震川情感的足迹,掩卷后也纷纷沉浸在自己对过往点滴的回忆与怀想之中。

朗诵提示

本文是一篇追忆性的抒情散文。回忆往往需要人们慢慢从记忆中找寻散落的遗珠,一点一滴将它们拾起并串联起来,情感也随之缓缓升起。因此,在朗诵本文时,注意语调要平和舒缓,《项脊轩志》中几乎所有内容都来自日常生活的细微处,日常生活是平淡的,在平淡中蕴含着真情,所以这份真情,也需要以生活原本应有的节奏流露出来。语速注意不要太快,甚至要把握好停顿,因为许多生活的过往,需要作者从记忆深处找寻,找寻的过程不可能一蹴而就,同时还需要思考,让模糊变得清晰,让凌乱依归条理,读者需要跟着作者的思绪,通过一段又一段的沉思回想,一步步走进记忆深处。

全文共分为六段,第一段介绍项脊轩的具体情况,主要描写小阁修葺后的清幽雅致、珊珊可爱的环境,这一段可以读得轻松舒缓一些,以表现归有光对项脊轩的喜爱之情;同时,这也是他情感寄托的载体,以及全文记忆与怀想的起点。第二段叙述伯父和叔父们分家后项脊轩外庭中的种种混乱不堪,虽然归有光对这种景况是不满的,但这依然是他记忆的一部分,当回忆这段过往的时候,依然可以从文中读出生活最本真的滋味。归有光擅长从日常生活琐事中选取富有特征意义的细节,并加以巧妙组织安排,虽然分家让故宅在建筑格局上产生了杂乱,但他的叙述却一点也没有乱,依然脉络清晰,条理分明,所以在朗诵这段时,以平淡叙述为主,语气和缓一些即可。

第三段回忆祖母、母亲和祖母年迈侍女的相关遗事,这一段可以说是全文的高潮,承载着作者对过往最真切的情感,叙述感人至深。这段中作者大量运用人物对话口语,简练生动,使人物内心表露无余,真情跃然纸上。所以,在这段的朗诵中,一定要注意情感的充分表现,更为重要的是,要拿捏好口语对话的表述,在平淡自然中蕴含真情。第四段通过一些日常琐事的描写,让项脊轩这一方天地更令人感到亲切,值得回忆。第五段是作者的议论和感慨,不无自我解嘲之意,令人真切体会到生活中的百般况味。朗诵时,情感从高潮回落,但语气依然保持和缓。最后一段,作者以与亡妻在项脊轩中的点滴往事,寄托对亡妻的怀念,从而结束全文。特别是结尾处通过对一棵枇杷树的睹物思人,旨永情遥,为读者留下了无限回味与神思的空间。此处朗诵,更要注意语气的舒缓低沉,因为文章的开头从记忆深处走来,结尾时则带着对往事与亡人的深深眷恋,再次走向记忆与思绪的深处。

诵读标识

项脊轩,旧▲南阁子也。室仅方丈,可容一人居。百年老屋,尘泥渗漉,雨泽下注;每▲移案顾视,无可置者。又▲北向,不能得日,日过午已昏。//(此处是对屋舍的介绍,娓娓道来,语气要舒缓。)余▲稍为修葺,使不上漏;前辟四窗,垣墙周庭,以当南日,日影反照,室始▲洞然。//又杂植兰桂竹木于庭,旧时栏楯,亦遂增胜。借书满架,偃仰啸歌,冥然兀坐,万籁有声。(此处语调要舒缓沉静。)而∨庭阶寂寂,小鸟▲时来啄食,人至不去。三五之夜,明月半墙,桂影斑驳,风移影动,珊珊可爱。(语调轻松一些,表明环境怡然美好。)

然余居于此,多可喜,亦▲多可悲。↘先是,庭中通南北为一;迨▲诸父异爨,内外多置小门墙,往往而是。东犬西吠,客逾庖而宴,鸡栖于厅。庭中始为篱,⌒已为墙,凡再变矣。(此处注意情绪要更低落一些。)

家有老妪,尝居于此。妪,先大母婢也,乳二世,先妣▲抚之甚厚。//室西连于中闺,先妣尝一至。妪每谓余曰:"某所∨而母立于兹。"妪▲又曰:"汝姊在吾怀,呱呱而泣;娘以指▲叩门扉曰:'儿寒乎? 欲食乎?'∨(读出母亲关怀焦灼之感。)吾从板外▲相为应答。"语未毕,余泣,妪▲亦泣。＞//(此处要读出一丝淡淡的忧伤,对话要亲切自然,语调要缓慢低沉。)余▲自束发读书轩中,一日,大母过余曰:"吾儿,久不见若影,何▲竟日默默在此,大类女郎也?"比去,以手阖门,自语曰:"吾家读书久不效,儿之成,则▲可待乎?"顷之,持一象笏至,曰:"此吾祖▲太常公宣德间执此以朝,他日▲汝当用之!"∨∨//(情绪转换,要读出停顿时间。另外,通过语言与行为刻画祖母形象,此处要读出画面感。)瞻顾遗迹,如在昨日,令人长号∨不自禁。＞(要读出追怀之悲。)

轩东,故尝为厨;人往,从轩前过。余扃牖而居,久之,能以足音辨人。轩▲凡四遭火,得不焚,殆有神护者。

项脊生曰:蜀清守丹穴,利甲天下,其后秦皇帝筑▲女怀清台;刘玄德与曹操争天下,诸葛孔明起陇中。方二人之昧昧于一隅也,世何足以知之,↗余区区处败屋中,方扬眉瞬目,谓有奇景;人知之者,其谓与坎井之蛙▲何异?(此处要读出作者一丝自我解嘲的语气。)

余▲既为此志,后五年,吾妻来归,时至轩中,从余问古事,或凭几学书。吾妻归宁,述诸小妹语曰:"闻姊家有阁子,且何谓阁子也?"其后六年,吾妻死,室坏▲不修。＞其后二年,余久卧病无聊,乃使人▲复葺南阁子,其制▲稍异于前。然▲自后余多在外,不常居。＞(此处情绪应当寂寥落寞,充满对过往的怀思。)

　　庭有枇杷树,吾妻死之年▲所手植也,今已∨亭亭如盖矣。＞(语调渐远渐弱,略带忧伤,然思绪绵延。)

(黄成蔚　注解)

五人墓碑记

[明]张溥

原文注释

五人者,盖当蓼洲周公[一]之被逮,激于义而死焉者也。至于今,郡之贤士大夫请于当道,即除逆阉废祠[二]之址以葬之;且立石于其墓之门,以旌[三]其所为。呜呼,亦盛矣哉!夫五人之死,去今之墓而葬焉,其为时止十有一月尔。夫十有一月之中,凡富贵之子,慷慨得志之徒,其疾病而死,死而埋没[四]不足道者,亦已众矣,况草野之无闻者欤!独五人之皦皦[五],何也?

予犹记周公之被逮,在丁卯[六]三月之望[七]。吾社[八]之行为士先者,为之声义[九],敛赀财[十]以送其行,哭声震动天地。缇骑[十一]按剑而前,问:"谁为哀者?"众不能堪[十二],抶[十三]而仆[十四]之。是时以大中丞[十五]抚吴者为魏之私人毛一鹭,公之逮所由使[十六]也;吴之民方痛心焉,于是乘其厉声以呵,则噪而相逐。中丞匿于溷藩[十七]以免。既而以吴民之乱请于朝,按诛五人,曰颜佩韦、杨念如、马杰、沈扬、周文元,即今之傫然[十八]在墓者也。然五人之当刑也,意气扬扬[十九],呼中丞之名而詈[二十]之,谈笑以死,断头置城上,颜色不少变。有贤士大夫发五十金,买五人之脰[二十一]而函之,卒与尸合。故予之墓中全乎为五人也。

嗟乎!大阉之乱,缙绅[二十二]而能不易其志者,四海之大,有几人欤?而五人生于编伍[二十三]之间,素不闻诗书之训,激昂大义,蹈死[二十四]不顾,亦曷故哉?且矫诏[二十五]纷出,钩党[二十六]之捕遍于天下,卒以吾郡之发愤一击,不敢复有株治[二十七]。大阉亦逡巡[二十八]畏义,非常之谋难于猝发,待圣人[二十九]之出而投缳道路[三十],不可谓非五人之力也。

由是观之,则今之高爵显位,一旦抵罪,或脱身以逃,不能容于远近,而又有剪发杜门,佯狂[三十一]不知所之者,其辱人贱行[三十二],视五人之死,轻重固何如哉?是以蓼洲周公,忠义暴于朝廷,赠谥美显,荣于身后;而五人亦得以加其土封[三十三],列其姓名于大堤之上,凡四方之士,无不有过而拜且泣者,斯固百世之遇也。不然,令五人者保其首领,以老于户牖[三十四]之下,则尽其天年,人皆得以隶使[三十五]之,安能屈豪杰之流,扼腕[三十六]墓道,发其志士之悲哉?故予与同社[三十七]诸君子,哀斯墓之徒有其石也,而为之记。亦以明死生之大,匹夫之有重于社稷也。

贤士大夫者,冏卿[三十八]因之吴公[三十九],太史[四十]文起文公[四十一]、孟长姚公[四十二]也。

[一]蓼洲周公:周顺昌,字景文,号蓼洲。万历进士,官至吏部员外郎,为东林党重要成员,天启年间因弹劾魏忠贤遭迫害,被捕入狱,受酷刑而死。

[二]逆阉废祠:魏忠贤得势时谄媚官员为他修建的生祠,魏倒台后即被废弃。

[三]旌:表彰。

[四]堙没:埋没。

[五]皦皦:洁净明亮。

[六]丁卯:即天启七年(1627),此处实有误,周顺昌被逮是发生在天启六年(1626),当为丙寅,而非丁卯。

[七]望:农历每月十五。

[八]吾社:即指东林党。

[九]声义:声明道义。

[十]敛赀财:募集财物。

[十一]缇骑:逮捕罪犯的差役。

[十二]堪:忍受。

[十三]抶(chì):鞭打。

[十四]仆:跌倒。

[十五]中丞:明朝都察院副都御史职位相当于御史中丞,故称。

[十六]所由使:由他主使。

[十七]匿于溷(hùn)藩:躲在厕所里。

[十八]儽(lěi)然:并合在一起的样子。

[十九]扬扬:激昂的样子。

[二十]詈(lì):骂。

[二十一]脰(dòu):脖子,这里指头颅。

[二十二] 缙绅：士大夫阶层。

[二十三] 编伍：平民阶层。

[二十四] 蹈死：面临死亡。

[二十五] 矫诏：伪造皇帝的诏书。

[二十六] 钩党：互相牵连为同党。

[二十七] 株治：株连惩办。

[二十八] 逡巡：徘徊不敢前进的样子。

[二十九] 圣人：这里指崇祯帝。

[三十] 投缳道路：在路上自缢而死，崇祯帝即位就贬斥了魏忠贤，魏忠贤深知不久将大祸临头，于是在贬往凤阳的途中畏罪上吊自杀。

[三十一] 佯狂：装疯。

[三十二] 辱人贱行：可耻之人与卑鄙的行为。

[三十三] 加其土封：封为坟墓之意，即在坟墓上添土，以表对墓主人的爱敬之意。

[三十四] 户牖：门窗，这里指家中。

[三十五] 隶使：当仆役使唤。

[三十六] 扼腕：痛惜。

[三十七] 同社：这里指复社，即东林党的后继组织。

[三十八] 凮卿：太仆寺卿的别称。

[三十九] 因之吴公：吴默，字因之。

[四十] 太史：明清时称翰林院基层官员为太史，尤指翰林院庶吉士、编修、修撰等。

[四十一] 文起文公：文震孟，字文起。

[四十二] 孟长姚公：姚希孟，字孟长。

背景简介

张溥(1602—1641)，字乾度，后改字天如，号西铭，江苏太仓人。博闻勤学，与同邑张采并称"娄东二张"。崇祯四年(1631)进士，官至翰林院编修，次年便告假还乡。张溥是明末著名散文家，文风质朴爽朗，同时也是著名政治活动家，早年同情东林党，后于崇祯二年(1629)组织复社，在学术上主张"复兴古学"，在政治上则与阉党及其残余势力坚持斗争，人虽在野而名震朝廷。著有《七录斋集》，编有《汉魏六朝百三名家集》。这篇文章是张溥为悼念抗争魏忠贤阉党，维护忠臣道义的周顺昌及其五位忠烈殉道的追随者而作。明熹宗天启年间，权阉魏忠贤把持朝政，组织阉党，迫害以东林党为首的清流士大夫集团,朝政黑暗,腐败横行。当时以杨涟、左光斗、周顺昌为代表的东林党人,不畏魏忠贤淫威,坚持上疏弹劾,展开了激烈的党争。魏忠贤最终联合阉党成员屡兴大狱,许多正直的东林党人遭到打击报复,甚至被捕杀害,周顺昌就是其中受迫害最为惨烈者之一。天启六年(1626),魏忠贤派爪牙到苏州逮捕周顺昌,但遭到了苏州市民的一致抵抗,大家群情激愤,保护周顺昌,乃至最后酿成群体性事件,他们聚集城内,拥入官衙,打死骑尉一名,阉党巡抚毛一鹭因躲入厕所而侥幸得免;受魏忠贤操控的官府则调动军队镇压,并连夜将周顺昌押解回京。事后,魏忠贤为了打击报复苏州的抵抗者,严加追究。周顺昌的追随者,五名市民领袖颜佩韦、杨念如、马杰、沈扬、周文元为了保护更多群众,挺身投案,英勇不屈就义。本文就是追述了这段可歌可泣的故事,颂扬了周顺昌以及这五名忠义之士的浩然正气,并借以充分表达自己支持东林党的坚定政治立场。

朗诵提示

　　这篇文章,是张溥为追怀和悼念因抗击阉党而牺牲的忠臣义士,同时表明自己的节操志向和政治立场而创作的。总体而言,情绪饱含着战斗力,充满着对阉党集团的蔑视和对东林党人及其慕义追随者们的赞美,基调应该是激昂坚定的。文章运用了夹叙夹议的表现手法,在记述惊心动魄历史事件的同时,也倾注了作者强烈的感情,使全文充满着感染力。同时,文章注重以对比手法来增强艺术表现力,如第一段中就用默默无闻以死的富贵之人与慷慨就义的五人作了对比;又如第四段中那些苟全性命的高官显爵与五人壮烈牺牲作了对比。处处体现出此五人的不凡哀荣与道义上的光辉崇高。文章的第一段,主要是引出创作此文的缘起,说明创作目的在于记述并褒扬五人的忠义壮举,要将情绪引入高潮,所以语调与情感应该逐渐加强,特别是通过不足道的富贵之子的死与五人慷慨赴义的鲜明对比,将朗诵情感顺利与后文高潮对接。第二段顺承第一段的情感发展与叙事脉络,通过紧张激烈的斗争场景之复现,将情绪进一步引向一个更高的平台,在这段中,随着周顺昌的蒙冤被捕、苏州市民对阉党的痛恨与打击、阉党的卑劣报复,以及五人的凛然赴死,作者胸中的怒火被越烧越旺,情绪也愈发激越,有无情的鞭笞与嘲讽,有无奈的哀痛,有沉郁的感叹,也有激昂的论述,虽是叙事,实是情感的迸发与浩气的抒写。第三段通过叙事,转回到作者的思考与议论上来,通过对这五人,以及苏州市民义举效果的分析,来说明阉党的凶恶,其实只是"纸老虎",正是因为忠臣义士的"蹈死不顾",使得魏阉不敢再有非常之谋。这里虽然是对历史的怀想与分析,却依然充满着对正义必定战胜邪恶的信念,语气上依然要慷慨而坚定。第四段在第三段的分析基础上,进一步通过高官显爵的懦弱无能,与这看似社会地位低下,却大义凛然的五人作了鲜明对比,以嘲讽那些随波逐流,只知保全一己富贵,却于社稷无用之辈;相反,如坚持与魏忠贤作斗争、至死不渝的周顺昌,以及追随周顺昌斗争的五人和苏州市民,他们明死生之大,对社稷人心起到了挽狂澜的正面作用,值得歌颂与敬仰。在这段议论的结尾,通过"亦以明死生之大,匹夫之有重于社稷也"这句话点明全文主旨,将鲜明的政治与道德立场展露无遗,也将全文的情感拉向了最高峰。看似一篇悼念记叙之文,实则有着更重要的现实作用,就是复社领袖张溥,对当时依然存在的阉党残余势力发出了一篇有力檄文,慷慨激昂,直射人心。

诵读标识

五人者,盖▲当蓼洲周公之被逮,激于义▲而死焉者也。至于今,郡之贤▲士大夫请于当道,即除逆阉废祠之址▲以葬之;且立石于其墓之门,以旌其所为。//呜呼↗,亦盛矣哉!<夫▲五人之死,去今之墓而葬焉,其为时止十有一月尔。>//(此处语气渐弱,要有一种历史怀想深思之感。)夫十有一月之中,凡富贵之子,慷慨得志之徒,其▲疾病而死,死而湮没不足道者,亦已▲众矣,况▲草野之无闻者欤!独五人之皦皦,↗何也?

予▲犹记周公之被逮,在丁卯三月之望。(舒缓语调表回忆,语气要体现出一丝哀痛。)吾社之行为士先者,为之声义,敛赀财▲以送其行,哭声∨震动天地。缇骑按剑而前,问:"谁为哀者?"↗(此处要体现出阉党爪牙的蛮横凶悍。)众不能堪,抶而仆之。是时▲以大中丞抚吴者▲为魏之私人毛一鹭,公之逮▲所由使也;吴之民▲方痛心焉,于是▲乘其厉声以呵,则噪而相逐。中丞匿于溷藩以免。//(此处要读出一些嘲讽的语气。)既而以吴民之乱请于朝,按诛五人,曰▲颜佩韦、杨念如、马杰、沈扬、周文元,即▲今之傫然在墓者也。//(语调庄严沉痛。)然▲五人之当刑也,意气扬扬,↗呼中丞之名而詈之,谈笑以死,断头置城上,颜色不少变。(慷慨就义,语调昂扬,最后一句读出就义者面对死亡的坚强和对强权者的不屑。)有贤士大夫▲发五十金,买五人之脰而函之,卒与尸合。故▲今之墓中▲全乎为五人也。(此处语气要哀痛而坚定。)

嗟乎!↗大阉之乱,缙绅而能不易其志者,四海之大,有几人欤?↗(此处要用反问语气,以表达对五人不屈的大力赞扬。)而▲五人生于编伍之间,素不闻诗书之训,激昂大义,蹈死不顾,亦曷故哉?(此处语速渐快,语气渐强,语调渐高。)且矫诏纷出,钩党之捕遍于天下,(此处语速要快,表现阉党迫害形势下的紧张氛围。)卒以吾郡之发愤一击,不敢复有株治。大阉▲亦逡巡畏义,非常之谋难于猝发,//待圣人之出▲而投缳道路,不可谓非五人之力也。<

　　由是观之,则▲今之高爵显位,一旦抵罪,或脱身以逃,不能容于远近,而又有剪发杜门,佯狂不知所之者,其辱人贱行,视五人之死,轻重▲固何如哉?↗//(这里语气渐强,要读得连贯且快,一气呵成,以见作者强烈的轻蔑之情。)是以蓼洲周公,忠义暴于朝廷,赠谥美显,荣于身后;而五人▲亦得以加其土封,列其姓名▲于大堤之上,凡▲四方之士,无不有▲过而拜且泣者,斯▲固▲百世之遇也。不然,令五人者▲保其首领,以老于户牖之下,则尽其天年,人皆得以隶使之,安能屈豪杰之流,扼腕墓道,发其志士之悲哉?<故▲予与同社诸君子,哀▲斯墓之徒有其石也,而为之记。亦以明死生之大,匹夫之有重于社稷也。(这句点名主旨,到达高潮,语气一定要强烈高昂。)

　　贤▲士大夫者,冏卿▲因之吴公,太史▲文起文公、孟长▲姚公也。>

　　　　　　　　　　　　　　　　　　　　(黄成蔚　注解)

湖心亭看雪

[明] 张岱

原文注释

崇祯五年[一]十二月,余住西湖。大雪三日,湖中人鸟声俱绝。是日,更定[二]矣,余拏[三]一小舟,拥毳衣[四]炉火,独往湖心亭看雪。雾凇沆砀[五],天与云与山与水,上下一白。湖上影子,惟长堤一痕、湖心亭一点与余舟一芥[六]、舟中人两三粒而已。到亭上,有两人铺毡对坐,一童子烧酒,炉正沸。见余大喜,曰:"湖中焉得更有此人?"拉余同饮。余强饮三大白[七]而别。问其姓氏,是金陵人,客此。及下船,舟子[八]喃喃曰:"莫说相公痴,更有痴似相公者。"

[一] 崇祯五年:公元 1632 年。

[二] 更定:古代计时,将夜晚分为五更,每更大约现在的两小时。更定即此时打鼓报时,初更开始。

[三] 拏(ná):这里是划船的意思。

[四] 毳(cuì)衣:用鸟兽细毛编织起来的珍贵衣服。

[五] 雾凇沆砀(hàng dàng):冬夜寒气在林间如同一片白雾的样子,这里形容冬夜雪景。

[六] 芥:小草。

[七] 大白:酒杯。

[八] 舟子:船夫。

背景简介

张岱(1597—约 1689),字宗子,一字石公,号陶庵,又号蝶庵居士,山阴(今浙江绍兴)人,明末清初著名文学家、史学家。出生于官宦世家,明亡前为纨绔贵公子,自称:"少为纨绔子弟,极爱繁华,好精舍、好美婢、好鲜衣、好美食、好骏马、好华灯、好烟火、好梨园、好鼓吹、好古董、好花鸟,兼以茶淫橘虐、书蠹诗魔",有着良好的教育背景与审美情趣,他蕴含着士大夫闲情逸致的小品文,曾一度引领了明末清初文人世界的风尚。明亡后家道衰落,晚年隐居剡溪,终身不仕。他是晚明小品文的代表作家,作品往往追忆畴昔,寄托家国之思,同时充满着士大夫审美情致,能于寻常细微处见真情真趣,清丽而富有诗意。著有《琅嬛文集》《陶庵梦忆》《西湖梦寻》《夜航船》《四书遇》《石匮书》等诸多作品。这篇小品文,是张岱的名作,虽然篇幅短小,但语言精练,往往用笔触轻轻点出旨趣,却留给读者大片遐想的空间,如"雾凇沆砀,天与云与山与水,上下一白。湖上影子,惟长堤一痕、湖心亭一点,与余舟一芥、舟中人两三粒而已"一句,虽三伏酷暑时节读之,亦不禁令人体会到一股清远幽旷之感,恰似文章中为我们营造的天水之间白茫茫一片之雪景,富有诗情画意,情感隽永真切,充分表现出了作者写情写景、融情融景的深厚功力。

朗诵提示

《湖心亭看雪》这篇小品文,选自张岱《陶庵梦忆》一书,是作者在明朝灭亡后,对自己青年时代生活的追忆和怀想,充满着无限的家国眷恋之情。虽然我们在这篇文章里并没有读到直接有关家国兴衰的字句,但通过作者营造出来的那片寒冬景致,依稀可感作者在创作时内心的凄冷。细品文章,可以读出作者的苦心运思之力,在文章中,表面上是一派类似《世说新语》中的名士风范和士大夫情致,但实际上,严冬的大环境使全文笼罩在一片挥之不去的凄清氛围之中,名士风范和士大夫情致代表着明亡前作者潇洒自在的生活状态,而严冬凄冷的氛围则代表着作者在明亡后的实际境遇和心情,这一昔一今,充满着无限张力,也赋予文章深邃的时空感触,引人怀思。最后一句言"痴",这份"痴心",分明在张岱百年之后的曹雪芹《红楼梦》中再次复现,因为往昔美好的逝去,所以痴情于所珍所爱,这份情,不仅是对华服美婢的追忆,更是对故国家园的眷恋,无奈痴情之人,只能将这份"痴"付于两行清泪了。所以,在朗诵之前,要充分把握作者表层与深层的双重情感,拿捏并渲染好气氛。

在具体诵读的时候,因为作者内心是凄清的,同时营造的景致也是隆冬,四维静谧,所以语气要注意轻缓。文章的创作,是作者从记忆深处一点一滴追摹而来,思绪渐渐从模糊到清晰,仿佛一位旧友,从时空深处慢慢向我们走来,因而要读出追忆性文章的那种幽思深远之感。情绪不宜有太多波动,这里的不波动,并非情感平淡,恰恰相反,只有将这份幽思平淡舒缓地表达出来,才符合作者本意,营造好这幅"深雪怀旧图",同时将对于家国的沉痛怀思形影不离地穿插在字里行间,借表面平静以示家国今昔之别的潜在张力。最后，虽然看似舟子所言，实则作者点明主旨，将自己无奈的痴心，借一派"名士风度"，洒泻于苍茫湖山之间。当然，也要注意作者深入骨髓的士大夫情趣，借舒缓沉吟将陶庵的雅趣融浸其中。

诵读标识

崇祯▲（崇祯二字要格外注意，这是对故国怀想的承载。）五年十二月，余住▲西湖。大雪三日，湖中∨人鸟声▲俱绝。//∨∨是日，更定矣，余拏一小舟，拥毳衣炉火，独往湖心亭看雪。雾凇沆砀，（要读得舒缓，以展现冬夜雪景的苍茫旷远。）天与云∨与山与水，⌒上下一白。湖上影子，惟▲长堤一痕、湖心亭一点，与余舟一芥、舟中人两三粒而已。//∨∨到亭上，有两人铺毡对坐，一童子烧酒，炉▲正沸。见余▲大喜，曰："湖中焉得更有此人?"拉余同饮。余▲强饮三大白而别。问其姓氏，是▲金陵人，客此。//及下船，舟子喃喃曰："莫说▲相公痴，（此处可略带一丝谐谑。）更有▲痴似相公者。"＞（这里要读出言有尽而意无穷之感，引人无限幽思，又能表现情致。）

（黄成蔚　注解）

第四章　现代诗歌

教我如何不想她

刘半农

背景介绍

　　刘半农(1891—1934),江苏江阴人,原名寿彭,后名复,字半农。中国新文化运动先驱,文学家、语言学家、教育家。1911 年参加辛亥革命,参与《新青年》杂志编辑工作,积极投身文学革命。1920 年赴英国伦敦大学攻读语音学,后转入法国巴黎大学,1925 年获法国国家文学博士学位,同年秋,归国在北大任教。主要作品有《扬鞭集》《瓦釜集》《半农杂文》等。

　　1920 年 9 月 4 日,去国日久,思乡情切的诗人在伦敦写下这首感情深沉的《教我如何不想她》,诗作发表时标题为"情歌",1926 年收入诗集《扬鞭集》,改题为"教我如何不想她"。刘半农在此诗中首创了"她"指代女性,并得到社会的广泛认可。享有"中国现代语言学之父"之誉的赵元任先生后为此诗谱曲,在当时广为流传。赵元任先生还指出,诗中的"她",也可指代当年在国外时日夜思念的祖国。因此这首诗不仅是寻常意义上思念情人的情诗,还是诗人爱国之情的真切流露。

　　刘半农是最早(1918 年初)呼吁对中国丰富的民歌资源进行搜集、整理和保存的人。民歌对刘本人的诗歌创作的影响可以从这首诗里看出。《叫我如何不想她》采用传统民歌的复沓手法,以歌词的形式展开,同时又是一首白话诗,可谓三种风格、三种审美要素的完美融合。

　　需要注意的是,在这首诗中,诗人采用了"天上"和"地上"、"月光"和"海洋"、"水面"和"水底"、"枯树"和"野火"四个鲜明的空间意象,为此诗奠定了舒阔、明朗的意境,并以歌谣咏叹"啊"串联,使诗节与诗句中注入灵动的意象与深沉的情感。四次"教我如何不想她"的反问,层层叠叠排闼开来,增强了诗人感情与思念的深度。本诗语言晓白明畅,节奏流畅,情感深沉隽永,作者思乡之情缠绵,爱国之心深挚。

朗诵提示

朗诵的基调是深沉柔和的,语速偏缓慢。全诗的情感变化有起伏,要注意这首诗既表现了对爱情的歌咏,语调柔和疏朗,又意蕴爱国的深情,语调深沉低缓。朗诵这首诗时,还应注意以下几点。

第一,全诗四节,每节五句,前两句都是七个字,大体上是三个音步,并用韵,同时每个诗节第三和第四句短长的变化,带动诗歌节奏的起伏,每个诗节的第五句相同,是"教我如何不想她"的反复吟咏,因此,诵读时要注意诗歌韵律和语势的变化,展现出诗人思念之情的两个层次。

第二,诗歌第一节视野从"天上微云"降至"地上微风",转而"吹动头发",唤起诗人淡淡的思乡之情,应用柔和的语调来渲染思念的苦涩哀伤。第二节"月光"和"银夜"的意象营造出诗歌色彩的变化,转为暗淡宁静,诵读时采用虚声。第三节"水中落花""水底游鱼"则转为灵动的意象,然而它们皆"慢慢",流露出诗人的急切与无可奈何之情的反衬意义,终于连报喜的燕子的言语都无法听清,此处情感的变化由焦灼转为无奈,诵读时要注意语调的变化。第四节笔锋一转,"枯树""冷风""野火""残霞"描绘了一幅凄凉孤独的画面,语调低沉。

第三,每个诗节末句"教我怎么不想她"的诵读方式应有差异。第一句轻声咏叹,风吹情动;第二句缠绵感伤,诗情苦涩疏淡,第三句情思急切又无奈;最后一句结合"枯树"的冷与"野火"的热,突出诗人思念家乡和爱人的心情,情感节奏由轻而重,从而使内容主旨由浅入深,语调逐渐上升,达到了整首诗的高潮。

诵读标识

天上∨飘着些▲微云,

地上∨吹着些▲微风。

柔和、恬静的声音徐徐展开,"微云"、"微风"明丽,透着淡淡的愁绪,朗读时注意气息均匀流畅,朴实地表达含蓄、蕴藉的感情。

啊!＜

音调由平静柔美略有上扬,声音渐强,延长。

微风▲吹动了我的头发,＞

此句至"发"字到达高潮,"发"字后半段降调,声音减弱。

教我如何∨不想她? ＞//
^{jiāo}

"教"读去声,进入美妙的想象,要读出一种闭上眼睛想起心爱的人儿的美

好感觉。

　　月光∨恋爱着海洋，
　　海洋∨恋爱着月光。

　　承接前文冥想的感觉，如同仍然沉浸在与爱人共度美好时光的感觉中，气息均匀，声调迟缓。

　　啊！

　　"啊"字音调渐强，绵延。

　　这般蜜也似的银夜。

　　"蜜"字重读，感情渐渐趋向热烈。

　　　　jiào
　　教我如何▲不想她？↗

　　与第一诗节不同，此句采用了一个上行七度，欲扬先抑，将炽烈的感情推向一个新的高潮。诵读时，注意与第一段形成对比，表现出层次感。

　　水面落花∨慢慢流，
　　水底鱼儿∨慢慢游。

　　感情渐渐趋向平复，音调柔和、集中、均衡。再度回到回忆的梦想中，心有所想，声音要如同流水一般，从嗓子流出来，如同哼唱，用音乐的美延长语言的美。

　　啊！

　　　　　zi
　　燕子(轻读、气声)▲你说些什么话？

　　声调突转，戏剧性表现，表达出从"燕子"的呢喃中惊醒的诧异感，为下句做情感铺垫。升调。

　　　　jiào
　　教我如何∨不想她？↘

　　情感从迫切、忧郁转向无奈与惆怅，音调的节奏与第一段相同，但感情不同，为后文情感受阻预伏暗示，采用降调。

　　枯树▲在冷风里摇，
　　野火▲在暮色中烧。

　　小调性质开头。悲凄、荒冷，营造出一幅冷酷的景象，感情色彩与前文截然不同。第三诗节末的暗示逐渐明朗，思恋受到阻碍，遇到危机。音调紧迫、沉郁，感情强烈。

　　啊！

西天▲还有些儿残霞，

突转为大调，似对阻碍宣战，坚持意念，情绪高涨，突出远离祖国的失落与对祖国的热切思念之间的反衬。句尾升调突出坚决。

教我如何∨∨不想她？＞

全诗高潮。爱之坚，表达出在逆境中展望美好未来的情感。音调迟缓、沉重、绵延。

（艾则孜　注解）

别了，哥哥

殷　夫

背景介绍

　　这是一封红色家书，革命烈士殷夫写给哥哥的回信；这亦是一份遗言，是数次入狱、脖颈在屠刀边上游走的年轻革命者对这个世界的告别书。这是一首决裂诗，虽然诗人和哥哥手足情深、袍泽难舍；这是一首充满血性呐喊的宣言诗，虽然革命之路布满荆棘前途未卜。如果结合这首诗发表的年份 1929 年以及诗人 1931 年喋血龙华，就更能体会到这首诗所镌刻的时代烙印及其闪烁的理想之光。这首诗写于大革命之后，"四·一二政变"两周年之际。1927 年蒋介石"清党"致使无数共产党员倒在血泊中，革命事业遭受前所未有的巨大损失。已经加入中国共产党的诗人多被捕入狱。第二次出狱后，殷夫放弃学业，专门从事共青团和青年工人运动的工作，继而第三次被捕。出狱后再次担任团中央宣传部工作，革命不止。为了革命，殷夫过着职业革命家的极端穷困的生活，并断绝了与家庭的联系。诗人选择的这条屡次入狱、置个人生命于不顾的人生道路，让身为国民党高级将领的大哥徐培根难以释怀。哥哥担心弟弟从事革命誓不回头，必将遭遇杀身之祸，给弟弟写了一封语重心长的劝告信，劝他放弃危险的工作。诗人用铿锵的声音断然回答，不要"纸糊的高帽"，要做为人类带来火种的普罗米修斯，"不怕天帝的咆哮"，不怕"黑的死，和白的骨"，与旧世界彻底决裂，只为劳苦群众的解放——"向真理的王国进礼"。1931 年 2 月 7 日，年轻的诗人以生命和鲜血履行了两年前时写下的战斗誓言。

朗诵提示

　　这首诗是一个阶级向另一个阶级诀别的宣言，不是兄弟间因家庭纠纷而写的决裂书。"二十年来手足的爱和怜"表明诗人感恩于这份浓厚的手足之情，大哥对他的抚养与培植并不被遗忘。这就让这首诗产生了巨大的情感张力：弟弟和哥哥的决裂，不是因为私人恩怨，而是兄弟彼此选择的阶级对立撕裂了袍泽之纽带。革命者亦是血肉之躯，革命家亦有儿女情长，有情有义的革命家不但不会损害其完美形象，反而让革命者形象更为立体丰满和高大，让后人更为感佩。作为弟弟，殷夫对哥哥的情感是矛盾的：感恩培育又不能为伍；手足情深又必须决裂。

　　所以，这首诗的情感基调并不是铁板一块的决绝、宣誓、仇恨、蔑视，而是兼具感恩、温暖和情谊。本诗前三节字里行间中的兄弟之谊亦是坦诚真挚的，"我最亲爱的哥哥"，"恨的是不能握一握最后的手"，"手足的爱和怜"，"保护和抚养"，这些叙述不是反语，也不是嘲讽，而是发自肺腑。这一点朗诵者要引起注意。

　　当然，朗诵者也不能用兄弟之情淹没了革命之志，后者才是全诗的主调。虽然诗人内心挣扎矛盾，但每次矛盾和挣扎之后都作出了明确而清晰的回答，这正说明诗人的革命选择不是头脑发热之举，而是经过深思熟虑之后认定的真理之路。只有这样，才能让"哥哥们"打消规劝的努力。这种决心，从前几节"握最后的手""独立地向前途踏出""最后的一滴泪水""恶梦一场"等决绝表述中显露无遗。诗人之所以向哥哥决裂，并不是无情无义，而是不得不、"不能不向别方转变"，因为早已洞穿"薄纸糊成的高帽"、"安逸，功业和名号"背后"机械的悲鸣"、"劳苦群众的呼号"。哥哥所在的统治阶级导致了"黑的死，和白的骨"、"砭人肌筋的冰霜风雪"，是亿万万劳苦大众的对立面，也是弟弟的对立阶级。前路虽然漫长黑暗，似乎看不到光明，但诗人认定"真理的伟光在地平线下闪照"，纵然粉身碎骨，纵然与自己的同胞兄弟直面战场，也无怨无悔。摄人心魄的勇气可能不需大声喊叫，朗诵者在表达诗人决绝勇气和视死如归之豪迈时，要适度把控音调，力避干瘪的高音和喊叫，气沉丹田，使用沉稳而厚重的语调配合坚毅的眼神和简单有力的肢体语言。

诵读标识

别了，我最亲爱的哥哥，
你的来函▲促成了我的决心，
恨的是不能握一握最后的手，
　　　　　建议作轻读处理。
再独立地向▲前途踏进。

二十年来▲手足的爱▲和怜，
二十年来▲的保护▲和抚养，
请在这最后的一滴泪水里，
收回吧，作为▲恶梦一场。
　　　　缓慢叹息

你诚意的教导▲使我感激，
你牺牲的培植▲使我钦佩，
但这不能留住我▲不向你告别，
我不能不向别方转变。
　　　　缓慢坚毅

在你的一方，哟，哥哥，
有的是，安逸，功业和名号，
是治者们荣赏的爵禄，
或是▲薄纸糊成的高帽。

只要我，⌒答应一声说⌒，
　　　　　读得短而轻。
"我进去听指示的圈套"，
我很容易能够获得一切，
从名号▲直至纸帽。
　　　　缓慢轻蔑

但你的弟弟现在饥渴⌒，
饥渴着的是永久的真理，
不要荣誉，不要功建，
只望向真理的王国进礼。

因此▲机械的悲鸣扰了他的美梦，
因此▲劳苦群众的呼号↗震动心灵，
因此▲他尽日尽夜地忧愁，
　　　　　　沉痛状
想做个 Prometheus▲偷给人间以光明。↗

真理和愤怒使他强硬，
　　　　　坚毅状，手臂配合。
他再不怕天帝的咆哮，

他要牺牲去他的生命，⌒
更不要那纸糊的高帽。
缓慢轻蔑

这，就是你弟弟的前途⌒，
这前途满站着危崖荆棘⌒，
又有的是黑的死，和白的骨，
又有的是砭人肌筋的冰雹风雪。

但∨他决心▲要踏上前去，
真理的伟光在地平线下闪照，
死的恐怖都辟易远退，
热的心火∨会把冰雪溶消。
缓慢坚毅

别了，哥哥，别了，↘
第二个别了建议语调低沉，坚定中带着些微的痛惜。
此后▲各走前途，
再见的机会▲是在⌒，
当我们和你隶属着的阶级▲交了战火。

（蒋进国　注解）

寻梦者

戴望舒

背景介绍

　　1932 年赴法留学前夕,戴望舒写下了他的名诗《寻梦者》,当时即广受青年喜欢,在文学界引起较大反响。《寻梦者》充分体现了这位象征主义诗人以诗境的朦胧美、语言的音乐美和诗体的散文美为特色的创作风格。

　　诗歌怎么描写抽象的梦？俄国象征主义诗人波洛克有首诗,名字就叫《梦不可理解》,可见写梦之难。梦是抽象的,却需要用具象来象征,幸运的是,《寻梦者》找到了准确的具象。作为一首象征主义诗歌,《寻梦者》的象征主体是诗人所属的"寻梦者"群体,开出娇艳的花的"梦"是中介,而象征喻体,则是金色的贝吐出的"桃色的珠",诗人在这个喻体上寄寓了一切美好的东西。诗歌的中心篇幅,展示了这一寻求"无价的珍宝"的精神旅程。

　　需要留意的是,戴望舒在《寻梦者》中借用了西方象征主义的创作手法,而其意象的选择却偏向古典中国传统,核心意象"桃色的珠"很容易使人想到"沧海月明珠有泪",而且执着的追求过程也唤起读者心中"路漫漫其修远兮,吾将上下而求索"的精神传统。美国马克思主义理论家杰姆逊曾有过一个著名的论断,认为第三世界国家文学带有"民族寓言"特征。《寻梦者》没有突出抒情主人公,反而用"你"带出更丰富、更客观普遍的内涵,诗歌以诗意的语言概括了中华民族奋斗者的心路历程,允称"民族寓言"诗歌之一首。

朗诵提示

　　朗诵的基调是乐观而深沉。《寻梦者》既表现了追求的执着与"桃色的珠"的美好,有调子明朗的一面,又不讳言其中代价——"在你已衰老了的时候",即带感伤情绪。明朗与感伤并存,带动诗歌情绪的起伏,但全诗主基调是坚韧不拔的寻梦历程。朗诵时要注意以下几点。

　　第一,真正寄托了诗人一切美好事物象征的情感对应物,是"桃色的珠",这个核心词汇要重读。整体来看,全诗开头段呼应结尾段,是一个圆环结构,从期许"梦会开出花"到"梦开出花"的实现,是一个期望和追求的完成,也实现了情感的跃升。

　　第二,就每节诗歌而言,诗句的节奏感鲜明,每节三句,以一种民歌的复沓手法,使用 aab 韵形式带出节奏感。一般前两句或重复或排比,但第二句不是对第一句的简单重复,而仅仅通过多出或改动三两个字,即升华了诗歌的语义和意境。

第三,虽然每节诗内部有节奏有韵律,但我们同样不可忽略情绪的节奏,戴望舒曾说过,"诗的韵律不在字的抑扬顿挫上,而在诗的情绪的抑扬顿挫上,即在诗情的程度上"。《寻梦者》既表现了追求的执着又展示了寻梦的代价,寻梦的精神之旅本身带有节奏感,从追寻金色的贝的辛劳,到陶醉于贝的美,再引向桃色的珠的艰苦生成,最后是获得至宝的欣悦,诗情一气呵成又波澜起伏。

第四,寻梦带出诗情的起伏之外,诗人笔触细腻,所以每节诗里自带起伏,前述 aab 韵形式的节奏感是其一,诗歌内容和意象的处理上,也需要留意语势的变化,比如"冰山"与"瀚海"、"天上"与"海上"的语势差异,宜区以升降调,必要时可用手势配合表现。

诵读标识

梦∨会开出花来的,

梦∨∨会开出▲娇妍的花来的:

去求▲无价的▲珍宝吧。↘//

祈使句用降调,朗读时语气要坚定有力。

在青色的大海里,

在青色的大海的底里,↘

陈述句用降调,同时降调带出探向海底的语势。

深藏着▲金色的▲贝一枚。↗//

升调以体现金色的贝带给人的惊奇与兴奋的情感。

你去攀↗九年的▲冰山吧,

以下四句"九年"句,用舒缓的语调朗读,以契合上下求索的寻梦图景。

你去航▲九年的瀚海吧,

第一句升调第二句平调,以语调语势突出节奏感。

然后∨∨你逢到∨那金色的贝。//

"然后"后停顿稍长,采用判断性停连:突出"然后"发生的事情。

它有↗天^{shang}上的云雨声，

　　轻读，下同。

它有海上的风涛声，

语调语势之外，可以配合手势对天上和海上予以区别。

它▲会使你的心∨沉醉。↘//

把它在海水里▲养九年，↘

注意多个上声字连续发音时的音变。

把它在天水里养九年，↗

注意多个上声字连续发音时的音变。第二句语调上扬，不仅表现出从海到天的转换，而且在重复中体现出强调。

然后，∨它在一个暗夜里▲开绽了。↗//

当你▲鬓发斑斑了的时候，

当你▲眼睛朦胧了的时候，

金色的贝▲吐出桃色的珠。//

"桃色的珠"是诗人寄托了一切美好事物的情感对应物，要重读。

把桃色的珠▲放在你怀^{li}里（轻读），

把桃色的珠▲放在你枕边，

轻柔地放，生怕伤着娇美的梦，轻音，与下句"静静地"呼应。

于是▲一个梦∨静静地升上来↗了。//

你的梦∨开出花来了，

你的梦∨开出娇妍的花来了，↗

在你▲已衰老了的∨时候。＞

（李丰源　注解）

雪花的快乐

徐志摩

背景介绍

徐志摩(1897—1931),浙江海宁人,1915年中学毕业后,先后在上海沪江大学、天津北洋大学及北京大学学习。1918年赴美留学,1920年转赴英国剑桥大学就读政治经济学,对近代英国唯美诗派兴趣尤甚,开始诗歌创作。1923年在北京发起新月社,早期新月社是带有文化倾向的社交团体,不是纯文艺的。1926年4月,闻一多、徐志摩在北京《晨报》副刊上创办《诗镌》,明确提出现代新格律诗的理论主张,积极尝试新格律诗的创作,新月诗派正式形成。徐志摩先后在北大、清华,南京中央大学任教,著有诗集《志摩的诗》《翡冷翠的一夜》《猛虎集》等。

1924年,徐志摩爱恋上富有才情的陆小曼,同年底的12月30日他写下这首轻灵飘逸、温柔缠绵的诗文,借以雪花自喻,歌咏爱、自由和美。此诗发表于1925年1月17日《现代评论》第一卷第6期。《雪花的快乐》突出了新月派诗歌的创作核心理念:意境美、音韵美和结构美。

徐志摩的抒情诗既有浪漫主义的纯净与激情,也有古典主义的明朗和简洁。除了一贯对"美"的执着追求之外,还有一种风格上的澄明。此篇以率真活泼的感情、丰富飘逸的想象,在"大自然的音籁,灵魂的交响"中将诗人的个性和纯真的诗情传达给了读者。

需要注意的是,诗采用了寓意高雅洁净的雪和梅两个传统意象。以雪自喻,抒写潇洒、畅快的性灵状态,往深处去,便是不恋幽谷、山麓、荒街,"翩翩""娟娟""盈盈"地"沾上""贴近""溶入"梅。诗歌初诵读以为是爱情诗,反复体味便意会到诗人是借情诗的琼浆酿出一种诗化生活的理想。

朗诵提示

朗诵的基调是坚定欢快、轻松自由,语调热情,节奏舒缓。轻松欢快的基调,因为全诗笼罩着雪花回旋翻飞的意象,意境空灵飘逸,语气充满了动感,张弛有致,动与静,阔大与细微,弥漫着昂扬的气息;节奏舒缓与本诗的语言有关,例如"翩翩的""娟娟的""盈盈的"使用aab韵带出民歌复沓的节奏感。朗诵诗还应注意以下几点。

第一,寄托了诗人对爱与美的追求的情感对应物,是"雪花",这个核心词汇要重读。纵观全诗,诗节之间有节奏有韵律,是一个层层叠叠递进的结构,从雪花在"半空里潇洒"、"半空里娟娟的飞舞"引入末节"沾住衣襟"、"溶入心胸",是一个最终完成希望、情感跃升的过程。因此,在诵读时,要带出诗歌情绪的节奏,情感随着诗节一层层推波助澜,到最高潮时,又随着雪花"消溶"归于舒缓、宁静。

第二,每个诗节的三、四行退后一格,句后加破折号,从视觉上赋予诗节以错落有致的动感,因此在诵读时,要注意诗节之间的顿挫,力求在语调中展现出雪花上下翻飞的意境。此外,每节内部有三句排叠,在诗文结构上营造出意象的动感,从听觉上赋予诗文回环往复的韵味,诵读时要注意语气不可重复,随着情绪的起伏琢磨此处排叠的语势。

第三,诗行与诗节均齐,带出诗情的起伏,诗人笔触灵动,整首诗的韵律和谐灵动。前三节出现的"飞扬,飞扬,飞扬"给人以轻快潇洒的感受和昂扬向上的激情;"消溶,消溶,消溶"则给人以舒缓宁静,雪花随音调而飘动。"娟娟的飞舞""清幽的住处""朱砂梅的清香""柔波似的心胸",这隔行短语的运用,使诗句节奏鲜明,如同乐曲中的回环复沓,音乐韵律鲜明,一唱三咏,因此在诵读时,要注重押韵,留意上述短语间语势的差异、语调的升降变化,必要时可用手势配合表现。

诵读标识

假如▲我是一朵雪花,
翩翩的▲在半空里▲潇洒,

"翩翩的"轻读,语气中营造出雪花轻盈的感受,情感舒畅明快。"潇洒"虚读,语气较轻。

我一定▲认清▲我的方向——
飞扬,飞扬,飞扬,——

气息足,三个"飞扬"语调逐渐增强,语音明亮,读出雪花翻飞腾挪的灵动气息。

这地面上有∨我的方向。

不去那▲冷寞的幽谷,
不去那▲凄清的山麓,
也不上荒街▲去惆怅——

情感较第一诗节清冷暗淡,"冷漠"、"凄清"读出忧伤情绪,至"惆怅"情绪高潮。

飞飏,飞飏,飞飏,——

你看,↗我有∨我的方向!

前三个诗节忧伤的情感由三个"飞飏"转为深怀希望,先抑后扬,读出情绪的变化。"你看"用升调,引领下句。"我的"重读,流露出坚定的力量。

在半空里▲娟娟的飞舞,

认明了▲那清幽的住处,

等着她▲来花园里▲探望——

飞飏,飞飏,⌒飞飏,——

语调美好快乐,加一连读,突显愉悦的情感。

啊,她身上有朱砂梅的清香!

"啊"字轻读,为赞美梅花高尚纯洁的精神品质所发出的赞叹作铺垫。

那时我凭借我的身轻,

盈盈的,沾住了她的衣襟,

贴近▲她柔波似的心胸——

消溶,消溶,消溶——>

语气轻柔,语势渐缓,声音渐弱。展现雪花缓缓消融的状貌。为结尾情绪收敛归于宁静温柔作铺垫。

溶入了▲她柔波似的∨心胸!

语调温柔,轻声,舒缓。

（艾则孜　注解）

雨　巷

戴望舒

背景介绍

《雨巷》是戴望舒 1927 年写下的一首优秀的象征派抒情诗,次年经叶圣陶之手发表在著名的《小说月报》上,叶圣陶去信称此诗为新诗开了一个新纪元。自此,戴望舒一举成名天下知。这首诗为他带来了"雨巷诗人"的雅号,并一直深受不同时代读者的喜欢。2007 年央视春晚还取意于本诗编成舞蹈献于全国观众,可见《雨巷》一诗影响深远。

虽是这样一首名诗,《雨巷》的主题类型几十年来依然众说纷纭,诸如情诗、波德莱尔类都市偶遇诗、政治寓意诗、"窈窕淑女君子好逑"类追求理想的诗篇等等论说不一而足。可以说,诗歌主题之所以如此歧异,是戴望舒以象征主义抒情方法有意营造的。联系 1927 年、1928 年那个政治转折年代,以及当时参与左翼活动的诗人本人,有些话是不宜直白在诗中表达出来的。所以,我们在诗中看到的是,"我"心事重重,似乎在期待和追求什么,却并不清楚,诗中那位"姑娘"是实有还是作者的分身,也可存疑,而且姑娘的"愁怨"很可能是"我"的心绪的投射。借助于象征主义注重挖掘诗歌暗示、隐喻能力的特征,在象征性形象和意境中抒情,《雨巷》成功地表达出了多层意义。

《雨巷》使用的意象以至诗歌美感类型,都带有浓郁的古典美特征,但正如诗中"我"偶遇的这位"结着愁怨的姑娘"与法国象征主义诗人波德莱尔《给一位交臂而过的妇女》中那位"严峻的哀愁"且"我曾经对你钟情"的女子间共通的现代性因素一样,在此种意义上,《雨巷》是现代的。戴望舒的好友杜衡 1933 年有一个评价:"做人的苦恼,特别是在这个时代做中国人的苦恼",在《雨巷》里也有充分体现。但是戴望舒对这首给他带来巨大声望的诗歌并没有特别怜惜,因为在写成《雨巷》时,戴望舒对诗歌音律节奏的探索已经进入新阶段,从注重诗歌字句的抑扬顿挫,转向在诗歌情绪的起伏上下功夫,此后《我底记忆》《寻梦者》等诗作充分展现出这位勇于自我突破的优秀诗人的探索成果。

朗诵提示

全诗的朗诵基调偏舒缓、低沉,毋庸讳言,《雨巷》营造出的整体氛围是

"彷徨""惆怅""迷茫"。本诗的成就是全方位的,全诗像一幅染着淡淡哀愁的水墨画,配以寂寥的雨巷、颓圮的篱墙、蒙蒙细雨等环境渲染,画面意境之美,配合诗歌音乐节奏感之强,加上两者与诗情的有机结合,成就了《雨巷》。朗诵时要注意以下几点。

第一,朗诵时要打破标点和诗行的限制,该连读时需要连读,而又要注意在没有标点的诗行中安排停顿,以整体服务于诗歌情绪为旨归。

第二,正如叶圣陶早已指出的,《雨巷》本身在诗歌韵律和节奏上有显著的成就。全诗每节大体在第3行和第6行上押韵,在选择韵词上尤为讲究。大量使用带浓厚情绪色彩的双音词,如寂寥、愁怨、太息、凄婉、颓圮等,表达朦胧而感伤的诗情,彷徨、芬芳、惆怅等双声叠韵的形容词组,又有力地给全诗定了调,使读者在每节结尾读到这几个定性的形容词时,反复品味诗作那份迷惘感伤的情绪。而(悠长的)雨巷、姑娘、芬芳、眼光、女郎、篱墙等押韵的名词词组,本身又是偏古典的意象。此外,上述很多词汇带来了回荡于全诗的"ang"韵且一韵到底的气势,读来给人留下深刻的印象。

第三,音律节奏之外,要注意诗歌情绪的节奏。诗歌首节和末节形成了一个闭环,只是"逢着"改为了"飘过",中间段落的诗歌叙事,讲的是"我"期待—邂逅—错失"姑娘"的过程,期待时的梦幻、邂逅时的雀跃、错失时的忧伤,带来诗歌语调上的差异,邂逅时的欣喜心情要以升调表现出来。

第四,朗诵本诗可以适度使用体态语,如短暂闭眼以分别体现出陶醉于芬芳感和梦境般的迷惘感。

诵读标识

撑着油纸伞,独自⌒
注意上声字连读时的音变,下同。
彷徨在悠长,悠长⌒
又寂寥的∨雨巷
我希望▲逢着⌒
一个丁香一样地^(de)
轻读,下同。
结着愁怨的∨姑娘//

她是有
丁香一样的▲颜色

丁香一样的芬芳

朗诵时可以动用肢体语言，如以暂闭眼带出陶醉于芬芳的神情。

丁香一样的∨忧愁

在雨中▲哀怨

哀怨∨又彷徨∥

她彷徨∨在这寂寥的雨巷

撑着油纸伞

像我一样

像我一样地

默然彳^{chì chù}亍着

　注意读音。

冷漠，凄清，∨又惆怅∥

她∨静默地走近↗

用升调朗诵，带出看到姑娘走近时的欣喜心情。

走近，又投出⌒

太息一般的眼光

她▲飘过

像梦一般地

像梦一般地▲凄婉迷茫↘∥

可以再动用体态语，如以暂闭眼带出梦一般的迷茫感。

像梦中飘过⌒

一枝丁香地

我身旁▲飘过这女郎

她静默地远了，∨远了

到了颓圮的篱墙

走尽这^{zhè}雨巷∥

读书面语发音。

在雨的哀曲里

消了她的颜色

散了她的芬芳

消散了，甚至∨她的

太息般的眼光

丁香般的∨惆怅↘//

"惆怅"前作稍长的强调性停顿，以突出中心词"惆怅"。

撑着油纸伞，独自

彷徨在悠长，悠长

又寂寥的∨雨巷

强调性停顿，以突出中心词"雨巷"。

我希望飘过⌒

一个∨丁香一样地∨

结着愁怨的∨∨姑娘

语气渐弱，缓收淡出感。

（李丰源　注解）

红烛（序诗）
闻一多

背景介绍

　　背负深重家国情怀的闻一多是中国现代新诗的开创者之一,他在新诗格律化理论和实践上都卓有建树。他善于将爱国、反帝、反封建、反专制的主题和唯美亮丽的形式结合在一起,诗行气势恢宏、语言豪放。《红烛》就体现出这些特征。这首《红烛》写于1923年,是同名诗集《红烛》的序诗。《红烛》是诗人的第一部诗集,回顾自己数年来的艺术探索和理想追求,诗人的内心矛盾、感慨而豪迈。这部诗集题材广泛,描摹自然风物、同情底层民众,爱国、反帝、反封建等不一而足。这首序诗构思精巧,想象新奇,语言形象生动。如果结合闻一多后来创作的《七子之歌》以及喋血蒋介石屠刀的人生经历,本诗就可愈发清晰地看出诗人的理想之光。

朗诵提示

　　本诗开篇诗思矛盾纠结,不宜高起,应沉郁思索。作者似乎对李商隐的这句诗有很多困惑,红烛发光需要付出生命的代价,燃烧成灰才能实现自己的价值。难道人的生命就像红烛一样,毁灭自己才能实现人生价值么?诗人追问,是谁制造了红烛的躯干,是谁点燃了红烛的蜡芯?人的生命和肉体不能由自己掌控,还要牺牲自己才能发光,显然有很多矛盾、困惑和不甘。开篇到"一误再误;矛盾!冲突!",诗人一直在自我追问、怀疑和困惑。这就是这首诗第一部分的情感基调。

　　紧接着,诗人的情感有了翻转,开始自我安慰和排解。"不误,不误""既制了,便烧着",不要追问谁给了你生命,也不要追问谁点燃了你的生命,只要燃烧、接受自己的宿命便可。如果能"烧破世人的梦""烧沸世人的血""救出他们的灵魂""捣破他们的监狱",烧成灰烬也值得,不必伤心流泪,这一部分朗诵的基调是决绝和激情。

　　第三部分从"流罢!你怎能不流呢"开始,诗人深化红烛流泪的意义和价值。红烛的脂膏"培出慰藉的花儿,结成快乐的果子",用自己的灰心和泪水创造光明,这正是自我牺牲换来的价值。这里诗歌意象开始变得积极欢快,一扫前两节的沉重和纠结,显示出率真和洒脱。

　　这首诗托物言志,红烛寄托着现代知识分子自我牺牲的身份设定。诗人感时忧国的赤子之心率真、热烈、纯洁、透亮,灼灼发热,熠熠闪光。虽然探索人生真谛的过程中有过重重矛盾、困惑、游移和煎熬,但为理想和信念勇敢牺牲的信念毫不犹疑。这首诗时而徘徊游移,时而自问自答自我安慰,时而激情四射、光芒万丈,朗诵者要将这种情感变化恰当地展示出来。

诵读标识

"蜡炬成灰泪始干"——李商隐

红烛^{wa}啊!

注意"啊"的音变,受前字语音影响,音变为"wa",下同。

这样红的烛^{zhè}!

建议读书面语读音,下同。

诗人^{na}啊!

注意"啊"的音变,受前字语音影响,音变为"na",下同。

吐出你的心来比比,

可是▲一般颜色?

红烛啊!

是谁制的蜡——给你躯体?

是谁▲点的火——点着^{zháo}灵魂?

　　　注意下文中多个"着"的读音变化。

为何更须烧蜡成灰,

然后才放光出?

一误再误;

矛盾! Ⅴ冲突! //

红烛啊!

不误⌒,不误! <

原是要"烧"出你的光来——⌒

这正是自然的方法。

红烛啊! >

既制了,便烧着!
烧罢︵! 烧罢! ＜
烧破世人的梦︵,
烧沸世人的血———︵

建议用口语化读音。

也救出他们的灵魂︵,
也捣破他们的监狱! //

　　　　激愤地

红烛啊!
你心火发光之期,
正是泪流开始之日。

红烛啊!
匠人造了你,
原是为烧的。
既已烧着,
又何苦伤心流泪?
哦! ↘我知道了!
是残风来侵你的光芒,
你烧得不稳时,
才着急得流泪!

红烛啊!
流罢! ↗你怎能不流呢?
请将你的脂膏,︵
不息地流向人间,
培出▲慰藉的花儿,
结成快乐的果子!

红烛啊! ↘

低沉语调,表达对于红烛奉献精神的感喟。

你流▲一滴泪，灰一分心。

灰心流泪你的果，

创造光明你的因。

红烛啊！↗

激昂语调

"莫问收获，但问∨耕耘。"

　　　缓慢、释然且坚定。

　　　　　　　　　　　　　　（蒋进国　注解）

赞 美

穆 旦

背景介绍

《赞美》写于抗战相持阶段的 1941 年,是一首对"一个民族已经起来"的赞歌。"七七事变"后,就读于清华大学的诗人穆旦随学校南迁长沙,后徒步远行至昆明,就读于西南联大外文系,成为 20 世纪 40 年代西南联大校园诗人的杰出代表。

穆旦诗歌最受关注的有两类,一类以《诗八首》等为代表,对现代诗的技巧有深入的探讨,更为专业读者推重,另一类以《赞美》为代表,诗风相对平易,读者面相应更广。《赞美》的成功在于将现代主义诗风与中国抗战的本土经验有机结合,为表达时代主题,诗人精心选取了充满泥土气息的意象。诗歌开篇"走不尽的山峦的起伏,河流和草原,/数不尽的密密的村庄,鸡鸣和狗吠",既可以实指为诗人对自己迁徙路上见闻的提炼,举凡土地、河流与村庄等,又象征着民族、国家。接下来"在忧郁的森林里有无数埋藏的年代"又以鲜明的意象,凝练地带出历史感。《赞美》的魅力,就在于使用现实日常生活具象,却提炼成为一种民族精神的定格,其意象使用之精准,以至于当我们想到为抗战时期民族精神赋形时,脑海里不由浮现出的诗篇,是《赞美》。诗歌以巨大的热情为民族唱赞歌,但诗中的形象绝非一味明朗乐观,诗人在兴奋之外也有沉思,因为他清楚这场战争的重担将置于农民的肩上,而千百年来农民的生活是"耻辱""伛偻""受难"的,这种复杂的情感,是我们朗诵《赞美》时必须留意的。

《赞美》里刻画了一位深情的抒情主人公"我",而诗人本人此后也以参加缅甸远征军和美国学成毅然归国的抉择,践行了《赞美》一诗中抒情主人公对民族与国家的承诺。

朗诵提示

《赞美》在情感基调和诗句结构上有鲜明的特点,二者又紧密结合,全诗的朗诵基调是沉郁而充满力量的。朗诵时要注意以下几点:

第一,要留意宏大的历史叙事与抒情主人公"我"之间的张力与辩证关系。"我"是一位抒情主人公,但不是一位高高在上的启蒙者,也不是一位学究,而是一位体验并感怀一个悠久民族不尽灾难的普通个体,同时是所有救亡图存的华夏儿女的代表。举凡诗中"说不尽的故事是说不尽的灾难"等抒怀与感慨,要留意其中历史与个人的纠缠。"我"面对人民的化身——农民的"他"时痛惜、负疚与欣喜的复杂心情,赋予了《赞美》以深度和厚度,朗诵时要充满感情。

第二,《赞美》在句式上的显著特征是绵长,借自英语的繁复的修饰语的加入,增加了诗句的弹性和容量,有助于营造出凝重雄厚的诗风,绵长的诗句与雄浑的感情相得益彰。因此,节奏的张弛与诗情的低沉与高昂间的呼应关系尤须留意,全诗跌宕起伏的节奏感由此而来。此外,诗人也有意在统一的节奏中有变换,如"我要以荒凉的沙漠,坎坷的小路,骡子车,/我要以槽子船,漫山的野花,阴雨的天气,/我要以一切拥抱你",整饬中有变换。

第三,全诗的诗眼无疑是每节结尾反复出现的"一个民族已经起来",而从前三节末尾"因为一个民族已经起来"到最后一节末尾"然而一个民族已经起来",朗诵时要带出层次感。

诵读标识

走不尽的山峦的起伏,河流和草原,

数不尽的密密的村庄,鸡鸣和狗吠,

接连在▲原是荒凉的亚洲的土地上^{shang},

　　　　　　　　　　　轻读,下同。

在野草的茫茫中▲呼啸着干燥的风,

在低压的暗云下∨唱着单调的东流的水,

　　　　　　　　　　　上声发完整。

在忧郁的森林里有∨无数埋藏的年代。∨∨

回味性停连:森林不再仅仅是实指,而带有历史内涵。

它们静静地和我拥抱:

说不尽的故事是说不尽的灾难,沉默的∨∨

回味性停连:说不尽的故事是说不尽的灾难,言有尽意无穷。

是爱情,是在天空飞翔的鹰群,⌒

是干枯的眼睛▲期待着泉涌的热泪,

当不移的灰色的行列∨在遥远的天际爬行;

我有太多的话语,太悠久的感情,∨

我要以▲荒凉的沙漠,坎坷的小路,骡子车,

> 注意声调应为上声。

我要以▲槽子船,漫山的野花,阴雨的天气,

我要以一切拥抱你,你⌒

我到处看见的人民呵,

在耻辱里生活的人民,佝偻的人民,↘

> 轻读

我要以带血的手▲和你们——拥抱,

> 读口语发音。

因为一个民族▲已经▲起来。//

一个农夫,他粗糙的身躯▲移动在田野中,

他是一个女人的孩子,许多孩子的父亲,

多少朝代∨在他的身边∨升起又降落了

而把希望和失望▲压在他身上,

而他永远无言地▲跟在犁后▲旋转,

翻起同样的泥土∨溶解过他祖先的,

是同样的受难的形象∨凝固在路旁。

> 定语后置的英文句式,突出"同样的泥土"和"同样的受难的形象"。

在大路上▲多少次愉快的歌声▲流过去了,

多少次跟来的▲是临到他的忧患;

在大路上人们演说,叫嚣,欢快,

然而他没有,他只放下了古代的锄头,

再一次相信名辞,溶进了大众的爱,

坚定地,他看着自己▲溶进死亡里,

而这样的路▲是无限的悠长的

> 读书面语发音。

而他∨是不能够流泪的,

他没有流泪,因为一个民族∨已经起来。//

> 相较第一节结尾要更坚定。

在群山的包围里,在蔚蓝的天空下,

在春天和秋天经过他家园的时候，∨ ∨

回味性停连：比上一句更抽象更耐于揣摩。

在幽深的谷里∨隐着最含蓄的悲哀：

一个老妇期待着孩子，许多孩子期待着∨ ∨

判断性停连：体现出思索孩子期待者为何。

饥饿，而又在饥饿里忍耐，↘

使用拖腔表达出忍耐的时间感，降调体现情感。

在路旁▲仍是那聚集着黑暗的茅屋，

一样的▲是▲不可知的恐惧，一样的▲是⌒

大自然中∨那侵蚀着生活的▲泥土，

而他走去了▲从不回头诅咒。

为了他▲我要拥抱每一个人，↗

抒情主人公"我"带出了与前面低沉叙述不同的昂扬基调，本诗抑扬顿挫的节奏感由此而来。

为了他▲我失去了拥抱的安慰，

因为他，我们是不能给以幸福的，

痛哭吧，让我们在他的身上痛哭吧，

痛惜、悲痛的情感色彩，但语调无需低沉，而要体现出力量感。

因为一个民族↗已经起来。//

经由对农夫和老妇的细节刻画，"因为"获得了更具体的肯定，主题句愈趋坚定。

一样的▲是这悠久的▲年代的风，

一样的▲是从这倾圮的屋檐下散开的⌒

无尽的呻吟和寒冷，

它歌唱在▲一片枯槁的树顶上，

"歌唱"实读，"枯槁"虚读，虚实结合而基调向上。

它吹过了▲荒芜的沼泽，芦苇和虫鸣，

一样的▲是这飞过的▲乌鸦的声音，

当我走过，站在路上踟蹰，

我踟蹰着▲为了多年耻辱的历史∨

仍在这广大的山河中等待，↗

等待着，我们无言的痛苦▲是太多了，

然而▲一个民族已经起来，

然而一个民族∨已经↗起来。＞

最后一句"已经"后用全篇最强的升调，突出民族觉醒的完成感与昂扬的基调。

（李丰源　注解）

我爱这土地

艾 青

背景介绍

　　《我爱这土地》写于 1938 年 11 月 17 日，发表于同年 12 月桂林出版的《十日文萃》。1938 年 10 月，武汉失守，日寇刺刀深深刺入中国腹地，诗人和当时文艺界许多人士一同撤出武汉，一路向南进发，一直到达桂林。日本侵略者的铁蹄猖狂地践踏中国大地时，作者满怀对祖国的挚爱和对侵略者的仇恨写下这首诗。

朗诵提示

　　这首诗自始至终交织着两种情感：痛彻心扉的恨和痛彻心扉的爱，让这首诗获得了超越时代的生命力，但这两种交织的情感也给朗诵带来一定的挑战。朗诵者一方面要呐喊出对山河破碎的哀鸣，一方面也要展现诗人对国家和民族深沉的爱。

　　第一部分是林间歌唱的鸟，开始音调需高开，然后逐渐走低，抵达黎明的美景时表露出舒缓和安宁。"嘶哑的喉咙""暴风雨所打击""悲愤的河流""激怒的风"，对受到创伤的灵魂和遍体鳞伤的故土，年轻诗人的心被日夜烧灼，诗行中倾注了无比悲愤的力量。"林间的无比温柔的黎明"画面感开始转换，从悲愤转为眷恋和宁静。这一幅美丽的晨曦图正是诗人心中壮美山河的总体印象。

　　第二部分从"然后我死了"开始，鸟儿死在宁静温柔的黎明的山野，生命寂静无声地消逝。艾青是把生命交付给人民的人，把灵魂深植这片土地的人。由生前的歌唱，转写鸟儿死后魂归大地，最后转由鸟的形象代之以诗人的自身形象，真挚、炽热的爱国之心怦然跳动。

诵读标识

　　假如▲我是一只鸟，

　　我也应该用嘶哑的喉咙▲歌唱：

　　这被暴风雨▲所打击着的土地，

　　这永远汹涌着我们的▲悲愤的河流，

　　这无止息地▲吹刮着的∨激怒的风，

和那来自林间的无比温柔的黎明……//

　　　　　　画面改变，舒缓轻柔。

——然后∨∨我死了，

较为长久地停顿，体现与土地融为一体的深情。

连羽毛也腐烂在土地里面。

　　　　　　建议作轻读处理。

为什么▲我的眼里常含泪水？＞

因为我对这土地爱得∨∨深沉……

建议以虚实相合的方法朗读最后四个字，"爱"字虚读，深沉则缓而有力。

　　　　　　　　　　　　　　　（蒋进国　注解）

我用残损的手掌

戴望舒

背景介绍

　　这首诗之所以被视为抗战题材的代表作、爱国主义抒情诗经典,不仅由于其形象的比喻、鲜活的意象和广袤穿行的诗思,更由于字里行间啼血的苦痛和悲鸣。抗战全面爆发后,戴望舒于 1938 年 5 月抵达香港。1941 年 12 月 8 日凌晨,日军主力在炮兵、空军、海军的配合下,进攻香港。不久香港陷落。该作诞生于 1942 年 7 月 3 日的香港,作于诗人被日寇拘押获释之后。早前,身为中华全国文艺界抗敌协会香港分会干事的戴望舒,因为从事抗日救亡运动被日本人逮捕入狱,受尽折磨。死里逃生的诗人,摸着自己遍体鳞伤的身体,联想到祖国的河山何尝又不是如此。"残损的手掌"与残损的树叶,可视为残损的中国版图。比诗人肉体遭受痛苦更甚的,是中国的疆土,犹如一张树叶,业已残缺不全。诗人希望有一天能看到一张完整的树叶。作者亲尝日寇的铁鞭,肉体的痛楚比不过内心的怒火。他怀着对外族侵略的痛恨愤慨,对祖国和人民的同情爱怜,饱蘸感慨,写下了这如泣如诉的诗篇。

朗诵提示

　　这首诗的核心内容大致可分为两个部分。第一部分是俯瞰祖国大江南北的山水风物,从"一片湖"到"南海没有渔船的苦水",由近及远,从中部到北部,再到南部。第二部分是抒情明志,表达对山河破碎之痛和收复河山之坚定信念。鉴于此,本诗的朗诵基调需要从第一部分的画面感逐步转移到第二部分的悲怆和呐喊。其中,第一部分的画面具有双重维度,首先是近距离抚摸,就像用手指轻抚一页中国地图,山水风物历历在目,如在眼前,意象具有鲜明的视觉、听觉、触觉、嗅觉特征。第一部分意象的色彩、声音、温度和气味就在朗诵者的眼前、耳边、指尖和鼻尖,朗诵者要通过适当的眼神、侧身、手势和神态表达出对这些诗歌意象的亲身体验,即身临其境的代入感。其次,第一部分的视角又是极远距离的逡巡,就像是从数万米高空快速俯瞰,画面转换极快,从家乡的湖水到最北部的长白山,从黄河急转到江南,进而迅速滑动到岭南和南海。这部分诗人欲抑先扬,从"繁花如锦幛"和"奇异的芬芳"之甜美,转换到蓬蒿满地、蘸满苦水的"寂寞地憔悴",朗读者要在极短的时间内快速拿捏和转换画面，情感从温婉的梦境转换到残酷的现实。

第二部分欲扬先抑，画面感减弱，议论和抒情增加。诗人使用了"无限的江山""血和灰""阴暗"等沉痛的词语表达山河破碎的心痛。转而看到中国的一角依然"温暖，明朗，坚固而蓬勃生春"，于是从悲痛转为希望，情感开始积极昂扬，画面感再次增强。"恋人""婴儿""太阳""春""苏生"等极具生命活力的意象密集出现，为结尾的呐喊奠基。至此，"牲口一样活"、"蝼蚁一样死"的中国必将变为充满新生和活力的"永恒的中国"。全诗在充满号召力和感染力的呐喊中达到高潮，并在高潮中戛然而止，余音不绝。

本诗的音调和抒情高潮在结尾，朗诵者对本诗的音调处理要慎重。第一部分要适当控制音高，低开低走，在关键的核心意象处要留有适当的停顿，以便给听众再现画面感的机会。第二部分开始保持中调，勿提前到达声线高峰，以便为最后的呐喊和召唤留足余地。

诵读标识

我用残损的手掌

　　　　低起

摸索这∨广大的土地：

这一角∨已变成灰烬，

那一角∨只是血^{xuè}∨和泥；

　　　建议读书面语读音，下同。

这一片湖∨该是↗我的家乡，

（春天∨，堤上繁花如锦幛，

嫩柳枝折断∨有奇异的芬芳，）

　　　　温情欢快地

我触到∨荇藻▲和水的微凉；

这长白山的雪峰▲冷到彻骨，

这黄河的水▲夹泥沙∨在指间滑出；

　　　　慢速，手指配合。

江南的水田∨，你当年新生的禾草⌒

是那么细∨，那么软……//↘现在▲只有蓬蒿；

　　　　　缓而慢

岭南的荔枝花∨寂寞地憔悴，

尽那边∨,我蘸着南海▲没有渔船的苦水……

悲痛地

无形的手掌∨掠过↗无限的江山,

手指▲沾了血和灰,手掌∨沾了↘阴暗,

只有那辽远的一角∨依然完整,

温暖,↗明朗,↗坚固而蓬勃生春。

充满希望地

在那上面,⌒我用残损的手掌▲轻抚,

缓慢深情,轻抚动作。

像恋人的柔发,婴孩▲手中乳。

轻缓

我把全部的力量∨运在手掌

贴在上面,寄与爱▲和一切希望,

重而缓

因为只有那里是↗太阳⌒,是春,

将驱逐阴暗,↗带来苏生,

因为只有那里▲我们▲不像牲口一样活⌒,

高扬且拉长

蝼蚁一样死……

悲壮且拉长

∨∨那里,↗永恒的▲中国!

高扬且拖音,扬手。

(蒋进国　注解)

雪落在中国的土地上

艾　青

背景介绍

1937年12月，艾青以悲哀的心情在武昌一间阴冷的屋子里写下这首感情真挚、意境沉郁而广漠的长诗。因为抗日战争到了最危险的时候，诗人抱着急切投入战斗的决心，从家乡浙江来到了武汉。但在这座当时被称作抗战中心的大城市里，诗人并没有看到民族存亡关头所应有的昂奋和紧迫的气氛，权贵们仍在作威作福，处处是穷困和饥饿，"国民党那投降派又主张和谈了"。他感到异常的失望，一颗火热的心仿佛被冰封雪埋了一般。他深切地感悟到了古老的民族在解救自身的战争中所承受的深重灾难，而广袤的土地和亿万生灵的命运也将要度着极为艰辛的日子。诗人意识到这场民族解放战争通向胜利的道路是寒冷的，泥泞而曲折的。这无边无涯的感觉世界，既是历史的痛苦的延续，也是现实的严酷的存在，它强烈地震撼着诗人本来已经够动荡的心灵，于是他整个身心里里外外感到一种弥天的透骨的寒战。这首比雪还要寒冷的诗在当年的中国文艺界（不仅诗歌界）引起了强烈的反响。当时发表在报刊上的诗，虽然歌颂抗战，但多半显得高亢而空洞，缺乏真情和感染人的艺术力量。这首诗有力地打破了抗日战争初期诗歌创作领域的平庸状况。

朗诵提示

艾青的诗歌书写的不是一己的悲欢，而是民族的心声，传递着与时代同步的焦灼与苦痛，有饱满的激情、强烈的忧患意识和深厚的历史使命感。"我们，是悲苦的种族之最悲苦的一代，多少年月积压下来的耻辱与愤恨，将都在我们这一代来清算。我们是担负着历史的多重使命的。我们写诗，是作为一个悲苦的种族争取解放、摆脱枷锁的歌手而写作。"朗诵的基调是沉郁悲壮。朗诵这首诗歌要注意以下几点。

第一，诗歌的诗眼是反复出现的"雪落在中国的土地上，寒冷在封锁着中国呀……"这两行诗句。不论是当年，还是现在，读者无不被这两行诗带来的寒冷所震慑，它饱含着时代悲凉雄壮的浑然气韵，虚实相生，蕴意丰富，既是寒冷冬天的真实写照，也是当时民族困境的象征。同时这两句诗的复沓造成整首诗歌变化中的统一，参差中的和谐，体现诗人在自由体诗歌创作中独特的审美追求。它的反复回荡的气韵宛如深隽的钟声一阵比一阵洪亮地响着。雪在中国的土地上落着,诗人警世的钟声也带着寒战,随着落雪,回响在整个中国的土地上。因此对于这两句诗行的处理决定了诗歌朗诵的成败。

第二,作为深受法国象征派影响的诗人以及其画家的背景,其诗歌创作充满了意象,诗人尤其善于通过光、色、线条描绘立体生动的画面,每一帧画面都充满着故事性和情感,在朗诵中不仅要注意叙述性,而且要把不同画面背后的艺术情感展现出来。

第三,"中国的路/是如此的崎岖/是如此的泥泞呀"这三行诗的容量巨大!它蕴含着深深的历史和现实的思考,使诗的意象和内涵增添了极大的重量,要充满深情、力量和沧桑地呼喊出来。

第四,诗人最后在"没有灯光的晚上"痛苦而悲伤地诉说:"所写的无力的诗句/能给你些许的温暖么?"他是对危难中的祖国说的。这是因为他看到了战争的现实的严峻性,看到了那些过去迫害过诗人自己和无数民主斗士、欺压过广大人民的权贵们,仍在过着纸醉金迷的日子,诗人能不感到忧虑吗?结尾的这几行诗不是无告的呻吟,它是声音战栗的呼喊,是泣血的为祖国急切献身的心声。

诵读标识

雪▲落在中国的土地上
"中国"要用舒缓沉重语调读出来。

寒冷▲在封锁着中国呀……
雪和寒冷要虚读,和后面的两个重音形成虚实结合。

风,
像一个太悲哀了的老妇
紧紧地跟随着
伸出寒冷的指爪⌒
拉扯着行人的衣襟,
用着像土地一样古老的声音⌒
一刻也不停地絮聒着……
象征性画面表达古老的哀伤的声息,历史的沉重,语调沉郁。

那从▲林间出现的，
赶着马车的⌒
你中国的农夫，
戴着皮帽，⌒冒着大雪
你要到哪儿去呢？ ∨ ∨

以平和叙述性语调读出画面感，这一部分为客观性描述，为下一节主人公的情感抒发作铺垫，应该作时间较久停顿。

告诉你
我 ∨ 也是农人的后裔——

诗人用这样的语句拉进他与人民之间的血肉联系，朗读语调亲切深情。

由于你们的
刻满了痛苦的▲皱纹的脸
我能如此深深地
知道了⌒
生活在草原上的▲人们的⌒
岁月的艰辛。

对人民的悲欢感同身受。

而我 ∨
也并不比你们快乐啊
——躺在时间的河流上
苦难的浪涛
曾经几次把我吞没而又卷起
——流浪与监禁
已失去了我的青春的最可贵的日子，
我的生命⌒
也像你们的生命
一样的憔悴呀。

诗人袒露最为真诚的声音，饱含深情，自身的苦难与祖国、人民的苦难血肉相连、融为一体。

雪∨落在中国的土地上，
寒冷在封锁着中国呀……↘

作为核心意象在诗中多次出现，注意朗读时语调的变化，此处相较第一节
要低沉。

沿着雪夜的河流，
一盏小油灯在徐缓地移行，
那破烂的乌篷船里
映着灯光，垂着头
坐着的是谁呀？

此一部分用舒缓的语调。

——啊，你⌒
蓬发垢面的少妇，
是不是⌒
你的家
——那幸福与温暖的巢穴
已被暴戾的敌人
烧毁了么？

是不是
也像这样的夜间，
失去了男人的保护，
在死亡的恐怖里
你已经受尽敌人刺刀的戏弄

这一部分是对被蹂躏的祖国与人民的象征化书写，朗读时注意高度凝练的
画面背后蕴含的愤怒、悲痛和怜惜等多重情感。

咳，就在如此寒冷的今夜
无数的
我们的年老的母亲，
都蜷伏在不是自己的家里
就像异邦人
不知明天的车轮⌒

要滚上怎样的路程
——而且
中国的路
是如此的崎岖，
是如此的泥泞呀↘

这一段高度象征的语句融合着对于中国历史和现实的感触，朗读时注意将
情感与知识分子理性融合。

雪Ｖ落在中国的土地上，
寒冷Ｖ在封锁着中国呀……
舒缓的语调朗读出寒冷感。

透过雪夜的草原
那些被烽火所啮啃着的地域，
无数的，土地的垦植者
失去了他们所饲养的家畜
失去了他们肥沃的田地
拥挤在⌒
生活的绝望的污巷里；
饥馑的大地
伸向阴暗的天
伸出乞援的
颤抖着的两臂

中国的苦痛与灾难
像这雪夜一样广阔而又漫长呀！　Ｖ Ｖ
　　　　　　缓慢、凝滞

雪落在▲中国的土地上，
寒冷在封锁着中国呀……↗Ｖ Ｖ
这两句建议用高亢凄怆的语调号呼出对受尽磨难的祖国的伤痛感。

中国，

我的▲在没有灯光的晚上⌒

所写的▲无力的诗句

能给你∨∨些许的温暖么？＞

　　充满温情的舒缓的语调，与上一节形成对比，将诗人渴望用微薄之力奉献祖国的赤子情怀表达出来。

（刘骋　注解）

北　方

艾　青

背景介绍

　　全面抗战初期,当很多诗人还沉浸在可以很快胜利的乐观情绪中,艾青凭着对生活和现实的观察敏锐地看到了祖国的穷困,多灾多难,危机和阴影,也看到了民族的坚韧。艾青怀着对祖国和人民的热爱,被称为"吹芦笛的诗人"用"嘶哑的喉咙"唱出带血的歌。这首诗歌是继《雪落在中国的土地上》之后的另一首名篇,写于 1938 年 2 月,抗日战火迅雷般逼近黄河之时,艾青在古老的潼关写下了这首《北方》,同年 4 月发表于《七月》杂志。

朗读提示

　　抗战期间是艾青创作生涯的高峰期之一,此间艾青形成了富于个人特色的意象群落和稳定的主题。"土地"、"太阳"便是在其作品中反复出现的核心意象,土地意象中凝结着诗人对祖国的爱,并延伸到对生于斯、长于斯的被侮辱被损害的劳动者命运的深切关注和爱,在艾青的"土地诗学"中,"农民""土地"与"民族"是相互叠加重合的意象群落。本首诗就是他关于"土地"核心意象的名篇之一。在朗诵中要深切体会忧国忧民的作者对于脚下这块以"北方"来指称的苍茫、寒冷与古老的土地的深切热爱。

　　朗读中要注意的事项之一,是"北方是悲哀的"这句诗的处理。作为在诗歌中反复出现的诗句,它不仅仅起到复沓诗歌节奏的作用,亦起到情感起伏和意义转换的作用,所以要注意其节奏和音调高低的变化。

　　注意事项之二,是要把握好忧郁而深沉的朗诵基调。艾青的诗歌有着朴素、凝重与博大的总体风格,深切的忧郁是贯注艾青几乎所有作品的"诗魂"。艾青认为,伟大的诗人是时代的代言人,最高的艺术品是生活真实的记录。而"叫一个生活在这年代的忠实的灵魂不忧郁,这有如叫一个辗转在泥色的梦里的农夫不忧郁,是一样属于天真的一种奢望",艾青将之称为"土色的忧郁"。这是一种忠实于生活的清醒的现实主义态度,对苦难大地的感同身受,在理想追求道路上的坎坷曲折,关于人的命运的深广忧愤,提炼、拓展和深化了忧郁诗绪的质地、内涵。因此要注意艾青诗歌中的忧郁不是消沉悲观,更不是拘泥于一己之悲欢的个人情绪,而是与时代和祖国融为一体的深厚的意蕴。本诗语言沉郁顿挫,情感真挚感人,意境悠远辽阔，气度博大沉雄。

之三，要注意诗人高度象征意味的意象画面的朗读，处理好描述性的语调与情感之间的融合与转换。

诵读标识

一天 ∨

那个科尔沁草原上的诗人⌒
[nà]

建议读书面语发音。

对我说：

"北方▲是悲哀的。"
　　　·　·

不错

北方▲是悲哀的。
　　　·

注意两句同样诗句的情感处理，重音标注的不同。

从塞外吹来的⌒

沙漠风，

已卷去北方的生命的绿色

与时日的光辉

——一片暗淡的灰黄
　　　　·　·
　　　　　沉重悲凉

蒙上一层揭不开的沙雾；∨

那天边疾奔而至的呼啸，

带来了恐怖，

疯狂地⌒
·　·

扫荡过大地；∨

荒漠的原野

冻结在十二月的寒风里，

村庄呀，山坡呀，河岸呀，

颓垣与荒冢呀

都披上了土色的忧郁……//∨∨

体味蒙上土色忧郁的北方荒凉冬天的景物蕴含的情感，用沉郁的音调读出空间感和历史感，读完建议较久停顿，既是回味诗人要表达的情思，也是下一个层次的开始。

孤单的行人，

上身俯前▲

用手遮住了脸颊，

在风沙里⌒

困苦地呼吸

一步一步地

语调缓慢、凝重。

挣扎着前进……∨

几只驴子

——那有悲哀的眼⌒

和疲乏的耳朵的畜生，

载负了土地的

痛苦的重压，

它们厌倦的脚步

徐缓地∨踏过⌒

北国的▲

修长而又寂寞的道路……↘

用苍凉的语调将灰黄苍穹下的故道、负载着重压的牲畜的画面徐徐展现。

那些小河早已枯干了

河底也已画满了车辙，

北方的土地和人民

在渴求着

那滋润生命的流泉啊！

和前字连读，音变为"na"。

枯死的林木

与低矮的住房

稀疏地，阴郁地

散布在灰暗的天幕下；

天上，

看不见太阳，

只有那结成大队的雁群▲

惶乱的雁群⌒
击着黑色的翅膀
叫出它们的不安与悲苦，
从这荒凉的地域逃亡
逃亡到⌒
绿荫蔽天的南方去了……↘//∨ ∨

北方是悲哀的；
而万里的黄河
汹涌着混浊的波涛，
给广大的北方
倾泻着灾难与不幸；
而年代的风霜
刻划着⌒
广大的北方的
贫穷与饥饿啊^{ya}∨ ∨。
    音变处理，读为"ya"。

而我
——这来自南方的旅客，
却爱这悲哀的北国啊
此处饱含情感，表达出诗人对于祖国的赤诚之爱，即使它是如此的荒凉和
贫瘠，"爱"字要读得恳切坚定，"啊"字建议保留原读音不作音变处理。
扑面的风沙
与入骨的冷气
决不曾使我咒诅；
我爱▲这悲哀的国土，
        语调激扬
一片无垠的荒漠
也引起了我的崇敬∨
——我看见
我们的祖先
带领了羊群

吹着箛笛▲

沉浸在这大漠的黄昏里；V

注意读出浸透着历史的画面感，语调深厚、悠长。

我们踏着的⌒

古老的▲松软的黄土层里

埋有我们祖先的骸骨啊，↗

音变读为"wɑ"。

——这土地是他们所开垦

几千年了

悠长、缓慢的语调，凸出历史感以及对于祖先的敬仰。

他们曾在这里

和带给他们以打击的自然相搏斗，

他们为保卫土地

从不曾屈辱过一次，

语调坚定与豪迈

他们死了

把土地遗留给我们——V V

此处建议情感性停顿，凸出下一句的意涵。

我▲爱这悲哀的国土，

充满深情，语调温柔。

它的广大而瘦瘠的土地

带给我们以淳朴的言语⌒

与宽阔的姿态，

我相信：这言语与姿态

"相信"两个字要读得充满力量。

坚强地生活在土地上

永远不会灭亡；

一个字一个字地、坚定地读出来，充满着民族自信感。

我爱这悲哀的国土，

古老的国土

——这国土

养育了

为我所爱的

世界上最艰苦⌒
与最古老的种族。↗
收尾气势磅礴，扬停。

（刘骋　注解）

乡　愁

余光中

背景介绍

　　余光中(1928—2017)，当代著名作家、诗人、学者、翻译家，生于南京，祖籍福建，一生从事诗歌、散文、评论、翻译，著述颇多，自称写作的"四度空间"，被誉为文坛"璀璨五彩笔"。代表作有《白玉苦瓜》(诗集)、《记忆像铁轨一样长》(散文集)等，其诗作《乡愁》、《乡愁四韵》广泛收录于各种语文课本。

　　余光中被称为"以乡愁之诗撼动亿万华裔"的诗人，当归因于这首《乡愁》。1949年，余光中离开大陆赴台湾，由于两岸长期隔绝，余光中多年未能归乡。1974年，怀着强烈的思乡之情，他在台北厦门街的旧居内写下这首诗。诗人书写乡愁者众，而余光中这首诗缘何流传甚广？其一，此诗富于结构和韵律的艺术之美。诗形上，四段文字在字数、句式上基本一致："……(时间状语)，乡愁是……(作为意象的具象化的'乡愁'的载体)，我在这头，……(具体的'乡愁'的对象)在那头"，一气呵成，回环往复，是情感的一唱三叹。其二，诗文中呈现了乡愁的时间和空间序列，情感的多种层次以及乡愁具体对象，使得乡愁这一主题，层层深入、扩展，使得全诗情思高、意境广。

　　需要注意的是，在这首诗中，诗人采用了"邮票""船票""坟墓""海峡"四个具体的物象，巧妙地以"乡愁"串联，并在诗节之间架构起空间的深度与广度，融合了乡愁主题包含的亲情、爱情、乡情和爱国情怀，表达了诗人深沉的情感。诗歌语言浅白真率，情怀深挚动人，作为抒情主体，深怀对中华民族早日统一的深挚期待。本诗堪称当代华文诗歌中的经典。

朗诵提示

　　本诗朗诵的基调是忧伤沉郁、深沉悲怆的。《乡愁》一诗读来情真意切，表达了对母亲、妻子和故土的思念，此一基调是赤子之心的忧伤沉郁；更寄予了诗人渴望祖国统一的深切愿望，此一基调是厚重与悲怆。朗诵时要注意语速缓慢，在平稳中找到跌宕，在规整中找到参差，在重音中读出变化。

　　此诗主题是"乡愁"，寄寓诗人此一主题具体化的载体是"邮票""船票""坟墓""海峡"四个物象，这四个核心词汇要重读。整体来看，全诗结构上寓变化于统一，诗节与诗节、诗句与诗句之间，均衡对称，以时空的隔离与变化来层层推进诗情的抒发。

就每节诗歌而言,诗句的节奏感鲜明,每节四句,把"乡愁"的意象又以"这"、"那"两个简单的指示代词勾连,将主题与意象的两端,彼此分割的人、物、时间和空间融合在一起,升华了诗歌的语义和意境。

另外,诗节与诗节之间也有节奏和韵律,同一位置上的词的重复和叠词的运用,比如每节诗文第二句皆以"乡愁"起,其次是"这头"、"那头"在句尾的重复,"小小的""窄窄的""矮矮的""浅浅的"等叠词有序变化,以及意象与语词音韵的融合,使得诗文节奏上造成一种回环往复、一唱三叹的旋律,给全诗营造了一种低回怅惘的氛围。

本诗以时间为经、距离为纬,营造出诗情的起伏。诗人笔触细腻,每节诗里1、3、4句字数均为3、4、5,自带起伏。在诗歌内容和意象的处理上,也需要留意语势的变化,比如"邮票"与"船票"、"坟墓"与"海峡"的语势差异,宜区以升降调,必要时可用手势配合表现。

诵读标识

小时候

"小"上声,音调低沉,接"时",阳平,轻柔舒展,"候"去声,轻声结尾。

乡愁∨是一枚▲小小的邮票

"乡愁"首次出现,语调轻柔舒缓,对应少年时代的轻盈,"邮票"突出意象,重读。

我∨在这头

母亲∨∨在那头↘//

"这头"音调稍高,为扬;"那头"顺势而下,低沉持重,为抑,似结句而下行,中道而至,此时乡愁是距离之隔,延长停顿读出乡愁中饱含凝望。

长大后

"长"上声高起,连"大"字,着重而稍放,句尾应有一顿,引起注意,凸显"乡愁"从少年到青年的变化。

乡愁∨是一张▲窄窄的船票

"船票"是具象,要比"窄窄的"读重一些。

我∨在这头

新娘∨∨在那头

承接下节即将转入中年阶段,"在那头"停顿稍长。

后来啊＞

悠长深切,似一历经沧桑的耄耋缓缓站起,慢慢回忆,娓娓道来,情感中带有感慨和深情。"啊"字缓慢延长,并带有叹息的意味。

乡愁∨是一方∨∨矮矮的坟墓

"乡愁"高起、拉长,"一方"停顿稍长,转接"矮矮的坟墓",沉重缓收,给人凄凉荒芜之感。

我▲在外头

"我"已至中年,要诵读出人到中年的成熟情怀。"我"字停顿,语速缓慢。

母亲∨∨在里头

此时"母亲"已经离去,流露出悲伤思念的深沉,"在里头"拖长音,似有哭声,读出愧疚与悔恨,"头"字作轻声,微收,似有颤音。此处诵读,还应注意表情变化,凸显在回忆中悲伤的情绪。

而▲现在∨∨↗

感情高扬,声音悬置,留下悬念。

乡愁∨是一湾∨浅浅的海峡

亲情、爱情升华为家国情怀,诗人由小我转入大我,字字着力。"是一湾"后顿挫一下,强调"浅浅的海峡"。

我▲在这头

"我"字提起,近全上声。

大陆∨在∨∨那头＞

突出距离带来的时空感,表现沉郁的惆怅和深挚的期盼。"那"字重读,"头"字舒缓绵长,缓缓地收。结尾是情感的升华之处,将思乡之情、怀亲之情升华为崇高的爱国情怀,读得要深要沉,意味深长,余音袅袅。

(艾则孜　注解)

春天,遂想起
余光中

背景介绍

《春天,遂想起》作于 1962 年,是一位自称"江南人"的台湾诗人余光中表达对江南的痴心向往的诗。短短一首诗里竟出现 20 多次"江南"一词,故乡情结是这首诗的灵魂,此诗也是余光中乡愁系列诗代表作之一。

乡愁是一种抽象的情愫,如何具体化、形象化?诗歌题目给出了答案:春天,遂想起。由春天想开去,首先想到了江南。标题用"遂"而不用"便""就"等字,第一印象即给人以古典的感觉。本诗诗境非常开阔,江南是多层次的,诗歌描绘了地理上的江南、历史上的江南、情感上的江南、文化上的江南,有实有虚,多方面淋漓尽致地抒发了思乡之情。

诗歌由写景开始,而过渡到写人,由古文人墨客唐诗里的江南,掺入吴越小战场,增加了浪漫色彩,再写到亲情,其中写到的人物虚虚实实。"那么多的表妹"而"我只能娶其中的一朵"是真实的,诗人后来的妻子即其姨表妹范我存。在台湾的"圆通寺喊我"的母亲也有真人,诗人的母亲孙秀君 1958 年去世。她们不单是美丽的女性形象,也是作者在江南美好时光的见证者,是诗人与祖国大陆的牵连所在,当全诗最后一节写到"母亲在喊我,在圆通寺喊我,在海峡这边喊我,在海峡那边喊"时,祖国、母亲具有了同构性。

本诗带有余光中诗歌的一贯特点:情通古今,意贯中西,充分体现出传统与现代的交汇。将多时空画面穿插重叠并拼接在一起,尤似现代电影的蒙太奇手法,是诗人跨越时空的联想作用于诗歌技巧的体现。在本诗写作的 1962 年,受制于政治因素,重返江南困难重重,30 多年后诗人才开始频繁来往于海峡两岸。

朗诵提示

全诗的朗诵基调是柔绵,反反复复出现的"江南"二字为全诗定下韵致轻柔绵长的基调。

整体而言,本诗善于将各种典故熔铸为鲜活的现代汉语,诗人有意控制每行字数,讲究字句韵律的工整规范,用韵主要以中心词"江南"的反复使用达成,与诗歌婉转不尽的乡愁主题相得益彰。需要留意的是,诗人往往利用分行把完整的句子断成上下行,其中多处在朗诵时应打破标点和诗行的限制加以连读,但统一中又有变化,如"母亲在喊我,在圆通寺/喊我,在海峡这边/喊我,在海峡那边/喊",最后一处以停顿代替连读为宜,以突出思母情切。

本诗朗诵的一大特点和难点,是很多语句带有补充说明或语意递进关系,其中一个重要修辞手法是使用括号,因此朗诵时要在语言的轻重对比、高低抑扬、语流速度等方面根据语意作出相应的变化。括号里的句子往往表达诗人的内心想法和眼下的无奈处境,与美好的想象并置形成反差,在朗诵时要留意其中的区别。

诵读标识

春天,遂想起⌒

江南,唐诗里的江南,九岁时⌒

        轻读

采桑叶于其中,捉蜻蜓于其中

(可以从基隆港回去的)⌒

与上面欢快的回忆相比,括号里的句子带有无奈,语调稍低沉。

江南

小杜的江南

苏小小的江南//

遂想起多莲的湖,多菱的湖

多螃蟹的湖,多湖的江南

吴王和越王的小战场

(那场战争是够美的)↗

直接评价的句子,写的战争,但以乐调来写,语调上行。

逃了西施

失踪了范蠡

失踪在▲酒旗招展的

(从松山飞三个小时就到的)

乾隆皇帝的江南//

春天,遂想起遍地垂柳⌒

的江南,想起

太湖滨一渔港,想起

那么多的表妹,走在柳堤↗

甜蜜的画面,基调欢快。

(我只能娶其中的一朵!)//

走过柳堤,那许多的表妹

就那么任伊老了,

任伊老了,↘在江南

甜蜜转为淡淡的哀愁。

(喷射云三小时的江南)//

即^{jí}使见面,她们也不会陪我

注意声调应为阳平,下同。

陪我去采莲,陪我去采菱

即使见面,见面在江南

在杏花春雨的江南

在江南的杏花村

(借问酒家何处)∨ ∨

作稍长的强调性停顿,以强调突出下一句的转折。

何处▲有我的母亲//

复活节,不复活的▲是我的母亲

一个江南小女孩^{háir}▲变成的母亲

读时带儿化音

清明节,母亲在喊我,在圆通寺⌒

喊我,在海峡这^{zhè}边⌒

读书面语发音

喊我,在海峡那^{nà}边∨

读书面语发音

喊,在江南,在江南

多寺的江南,多亭的⌒

江南,多风筝^{zheng}的⌒

轻声词

江南啊,钟声里⌒

的江南

（站在基隆港，想——想

想回也回不去的）

多燕子的∨江南＞

最后的"江南"二字用拖音缓收。

（李丰源 注解）

冬（节选）

穆　旦

背景介绍

　　穆旦本应该是"九叶派"诗人中走得"最远"的一位，但由于1958年起在政治烟尘中蒙难近20年，其间虽翻译了大量诗歌，诗歌创作却终止。1975年恢复创作，诗人开启了第二次创作高峰。郑敏认为穆旦晚年创作的诗歌更有价值。《冬》作于1976年12月，是绝笔之作。1977年2月26日穆旦逝世于天津，1980年2月此诗以"穆旦遗作选"刊于《诗刊》。相对于20世纪40年代，诗人的创作在70年代有较大的改变。诗人生命态度已经不再是对《春》中青春气息与肉感的春天的咏叹，"那蓬勃的春夏两季使人昏头转向，像喝醉了的人，我很不喜欢"，相比之下诗人最爱的两个季节是秋天和冬天，因为它们体现着收获、衰亡、沉静，"适于在此时给春夏的蓬勃生命做总结"。《冬》是诗人晚年对人生的思考，也是诗人的一个"悲观的终结"，反映了"一个身处黑暗的命运隧道人"在生命临近终点前的心态。

朗读提示

　　穆旦于20世纪40年代创作的诗歌充满现代意味和先锋性，表现出生活在中西方文化碰撞之下的现代知识分子的清醒而严酷的自审，和基于强烈的民族责任感之上的对个体生命以及民族命运的生存困境的探求。此间诗歌往往呈现出丰富的痛苦和在绝望、质疑与希望间奋争的张力。70年代，诗人在经历了政治磨难，承受着肉体与精神的痛苦，对"现实有了更真实的理解"之后，写作的悲观意味加强，这一点在《冬》中体现很明显，如宋炳辉在《新中国的穆旦》中所说："字里行间到底透露着一种逼人的凄凉。"本诗通过对冬的描写，凝聚和概括了诗人晚年的人生感受和思考。诗歌一共四章，本书选取其中第一章。需要注意的是，诗人并不是在歌颂冬天，在诗歌的其他章节中描绘了北方寒冷的冬季如何停止分赠爱情，束缚手脚，封住潺潺的小河口舌，闭塞欲望，枯瘦心灵，甚至扼杀好梦。但是我们必须面对冬天的严酷，诗人反复吟诵"人生本来就是一个严酷的冬天"，这是诗人的一份清醒。因此本诗朗读的基调是沧桑沉郁。

　　同时需要注意的是，尽管面对严酷的冬天，诗人仍然看到了跳跃在冰河下的生命，他用工作、友谊和亲情来慰藉心灵、抵御残酷和瘦瘠，诗人没有放弃生存和抗争。在朗读中要用舒缓平和表达出这份生命的坚韧。

诵读标识

我爱在淡淡的▲太阳短命的日子，

临窗把喜爱的工作静静做完；

才到下午四点，便又冷▲又昏黄，

我将用一杯酒▲灌溉我的心田。

多么快，人生已到严酷的冬天。

一个身处黑暗的命运隧道人的感喟。

我爱在枯草的山坡，死寂的原野，

独自凭吊∨已埋葬的火热一年，

看着冰冻的小河▲还在冰下面流，

不知低语着什么，只是听不见。

呵，生命▲也跳动在严酷的冬天。

严冬下生命的律动，语调深沉，体现出历经磨难依然有着生命的温度。

我爱在冬晚▲围着温暖的炉火，

和两三昔日的好友▲会心闲谈，

听着北风▲吹得门窗沙沙地响，

而我们回忆着快乐无忧的往年。

呵，人生的乐趣▲也在严酷的冬天。

友谊是残酷冬天中生命的乐趣，这一部分的语调温和舒缓。

我▲爱在雪花飘飞的不眠之夜，

把已死去或尚存的亲人珍念，

当茫茫白雪▲铺下遗忘的世界，

我愿意感情的热流溢于心间，

来温暖人生的▲这严酷的∨冬天。

以亲情来慰藉生命的枯瘦，抵挡冬天的侵袭。

（刘骋　注解）

致橡树

舒 婷

背景介绍

  《致橡树》被视为 20 世纪 80 年代朦胧诗的代表作。不过,朦胧诗的定义本身就很朦胧。与其说这是一首朦胧诗、一首爱情诗,不如说是一次宣誓女性意识自我觉醒的宣言。换言之,这首诗一点也不朦胧,它表达的诗思非常明确:女性不是男性的陪衬和附庸,女性和男性并肩站立,彼此成为自己的风景。这或许是这首朦胧诗倍受赞誉的重要原因。这首诗的产生既简单又普通,源自诗人在与友人散步时被对方言谈所刺激。1975 年,福建有位曾经在写作上给予舒婷很大帮助的归侨老诗人蔡其矫到鼓浪屿做客,一天晚上,舒婷陪他散步,蔡其矫向她说起这辈子碰到过的女孩。在 20 世纪 70 年代,公开谈论喜欢的女孩子是件大胆的事。蔡其矫说:"有漂亮的女孩子却没有才气;有才气的女孩子又不漂亮;又漂亮又有才气的女孩子,又很凶悍。他觉得找一个十全十美的女孩子很难。"舒婷谈到当时她听了后很生气,觉得那是大男子主义思想,男性与女性应当是平等的,于是,当天晚上,她就写了首诗《橡树》交给蔡其矫,后来发表时,才改作《致橡树》。橡树是永不可能在南国跟木棉树生长在一起的,在这首诗中,是将它俩作为男性与女性的指代物。

朗诵提示

  朗诵最高的境界是自然,让受众不觉得在听朗诵。朗诵的核心感染力量不是来自吼叫,也不是来自表演。这首朦胧诗的诗思并不跌宕,情感也没有激烈的波荡起伏,朗诵者不必将其处理为大开大合或过分宣泄。如果一位女性在向所有人宣告性别的独立价值时,激情澎湃或眉飞色舞,自怨自艾或顾影自怜,大吵大闹或据理力争,这些过于激烈的非理性姿态可能会干扰或减弱女性的独立意识。温文尔雅、理性端庄是本诗朗读者应有的情绪基点。

  这首诗通过象征手法,热情而坦诚地歌唱女性的人格理想以及要求比肩而立、各自独立又互相扶持的两性关系。诗人设定了两种植物:极具男性荷尔蒙特质的橡树,高大、粗壮、宽广、伟岸;极具女性温婉特征的木棉,柔软、细腻、鲜艳、坚韧。诗人并不鄙薄橡树的高大雄壮,但橡树是一个隐性的描述对象，用"你"指代。诗人更多想要凸显看似柔弱的木棉也能与橡树比肩而立，毫不逊色。当然，为了木棉的出场，诗人开篇为其设定了众多陪衬物，凌霄花、痴情鸟、泉源、险峰、日光、春雨等被冠之以"炫耀""重复单调"等负面词汇，这些意象对于橡树来说都是附属物，没有"独立不倚、周行不殆"的独立价值和意义。朗诵者应处理好这些意象的情感色彩，为第二部分的木棉做好铺垫。

　　从"不，这些都还不够"开始，诗歌进入第二部分，木棉出场，与橡树并肩而立。当然，在赞颂木棉时，不必厚此薄彼，矫枉过正，将橡树矮化。诗人并不是要用木棉压制橡树，或要女人战胜男人，而是要男性和女性比肩，橡树和木棉并立，互相独立又互相扶持。朗诵者要处理好诗行情绪的微妙平衡。

诵读标识

我如果爱你——

　　　　平缓低起

绝不像▲攀援的凌霄花，

借你的高枝▲炫耀自己；

我如果爱你——

绝不学▲痴情的鸟儿，⌒

为绿荫▲重复单调的歌曲；

也不止像泉源，⌒

常年送来清凉的慰藉；

也不止像险峰，⌒

增加▲你的高度，衬托▲你的威仪。

甚至日光。

甚至春雨。//

不，↗这些^{zhè}都还不够！＜

建议读书面语发音。

我必须∨是你近旁的一株木棉⌒，

作为树的形象▲和你站在一起。

根，紧握在地下，

　　　　深情地

叶，相触在云里。

每一阵风过⌒，

我们都互相致意，

但没有人⌒，

听懂▲我们的言语。//

你有你的铜枝铁干，

像刀，像剑⌒，

也像戟；

我有我▲红硕的花朵，

像沉重的叹息，

又像▲英勇的火炬。

我们分担寒潮、风雷、霹雳；

我们共享雾霭、流岚、虹霓。

仿佛永远分离，

却又终身相依。∨ ∨

这▲才是伟大的爱情，

坚贞∨就在这里：

爱——

不仅爱你伟岸的身躯，

也爱你▲坚持的位置，

足下的∨土地。

　　　铿锵有力，减弱

1977.3.27

（蒋进国　注解）

祖国啊,我亲爱的祖国

舒 婷

创作背景

　　《祖国啊,我亲爱的祖国》是当代诗人舒婷创作于 1977 年的一首抒情现代诗。当时舒婷在灯泡厂做工人,焊灯泡。正值"四人帮"被打倒,人民的心中对祖国的复兴充满期待。诗人自述当时他们那一代经历过"文革"的年轻人"感受到黎明的曙光,感受到一种希望",她一边焊灯泡一边写诗,并将诗歌附着在一封信的后面寄给北京的一位老师,老师将作品寄给广东《作品》杂志,但是被认为低沉、晦涩、难懂。诗人又将作品寄给《诗刊》编辑邵燕祥,诗歌最后发表于 1977 年的《诗刊》上,并在第四次文代会上由孙道临进行了朗诵。这首诗歌获得 1979—1980 年度中青年诗人优秀诗歌奖,诗歌无论是思想内容还是艺术形式都较为符合传统艺术规范,诗人也成为朦胧诗人中最早被大家认可的一位。

朗读提示

　　这是一首充满爱国主义精神的诗篇。诗歌将浪漫主义与现代主义结合,运用象征手法,将中国过去的贫穷,和人民千百年来的梦想与苦难,以及让人振奋的崛起和新生等情感与思想,通过一组组意象来折射。因此在朗读时要注意老水车、熏黑的矿灯、驳船、飞天、古莲等意象所蕴含的感情色彩。

　　作为女性诗人,舒婷诗歌中的抒情主人公,既不是英雄,也不是遁世者,而是现实生活中的普通年轻人,并隐含着女性的气质与风格,因此她的诗歌容易引起共鸣。这首诗歌中的"我"有着时代的印痕,困惑与思索并存,但是"我"能够正视祖国苦难、贫穷与悲哀的过去以及伤痕累累的现在,同时有着强烈的历史责任感,自己与祖国患难与共,用自己的血肉之躯换取祖国的富饶、光荣与自由,表达出强烈的爱国主义情感。在朗读中仔细体味贯穿全篇中的"我是……"句式,注意诗歌前半部分的沉郁、凝重到后面清新、明快和昂扬的情感转换。

诵读标识

　　我▲是你河边上破旧的老水车,

数百年来纺着疲惫的歌；

我是你额上▲熏黑的矿灯，

照你在历史的隧洞里▲蜗行摸索。

我是▲干瘪的稻穗，是失修的路基；

是淤滩上的驳船

把纤绳▲深深⌒

勒进你的肩膊，

这几个意象都具有沉重的历史意味，朗读时语调沉重缓慢，表达出对过去
祖国贫穷落后的沉痛。

——祖国啊！

此处表达强烈情感，建议慢读，"啊"保留原读音，不作音变处理。下同。

我是贫困，

我是悲哀。

我是你祖祖辈辈⌒

痛苦的希望啊，
（nga）

受前字影响，此处音变为"nga"。

是"飞天"袖间⌒

千百年▲未落到地面的花朵，

——祖国啊！

简短、急促的语气表达深深的悲怆。

我是你簇新的理想，

刚从神话的蛛网里挣脱；

我是你雪被下古莲的胚芽；

我是你挂着眼泪的笑窝；

我是新刷出的雪白的起跑线；

是绯红的黎明

正在喷薄；＜

—— 祖国啊！↗

一系列具有新生的意象展示古老国家的新气象，读出蓬勃的气息。

我是你的十亿分之一，

是你九百六十万平方的总和；

你以伤痕累累的乳房

喂养了⌒

迷惘的我、深思的我、沸腾的我；
· · · · · · · · · ·
　　　　　　　　层层递进，节奏逐渐加快。

那就从▲我的血肉之躯上⌒

去取得

你的富饶、你的荣光、你的自由；＜∨∨

音调逐渐升高，并在此处进行技术性停顿，为下一句的呼号蓄力。

—— 祖国啊，

我亲爱的祖国！↗

语气昂扬豪迈，表达超越自我的诗人与祖国融为一体。

　　　　　　　　　　　　　　　（刘骋　注解）

一片槐树叶

纪　弦

背景介绍

　　纪弦(1913—2013)，诗人，原名路逾，抗战胜利后始用纪弦笔名写稿。作者原籍陕西周至，生于河北清苑，1948 年由上海赴台湾，曾创办《现代诗》季刊，发起成立现代诗社，台湾现代主义文学发轫于其提倡的现代诗运动。这首诗写于 1954 年，当时诗人已经远离大陆故土六年了。一次翻检旧书，夹在书中的一片槐树叶触动了诗人的心弦，对故国之思奔涌而出，写下了这首《一片槐树叶》。

朗读提示

　　台湾现代派诗人多主张意象的繁复性和多义性，即象征诗派所指称为"象征的森林"。这首诗的中心意象——槐树叶，貌似单纯，实则繁复。李旦初在《中国新诗鉴赏大辞典》中指出槐树叶在诗人笔下"得到了多角度、多侧面、多层次的刻画，既有现实感，又有历史感，既有静态美，又有动态美，既有色彩美，又有神韵美"，并以"古老的诗集"和"故国的泥土"两个意象的融合，因此"槐树叶"成为游子眼中的故土、故国与寄托着乡愁的整体意象，在诗歌结尾处"槐花飘香的季节"将漂泊无依的游子的痛楚和对于记忆中的美好家园的想象与思念倾泻而出。朗诵的基调是亲切、深情。当代诗人、朗诵家陆澄在《中国朗诵诗经典》指出在朗诵中要对诗中的主体意象——槐树叶，如同手捧目睹一般，甚至闻到了淡淡的清香……

诵读标识

　　这是全世界▲最美的一片，
　　最珍奇、最可宝贵的一片，
　　以虚实相间的音调处理三个"最"组成的形容词。
　　而又是∨最使人伤心、最使人流泪的一片，
　　　　　缓慢轻柔，蕴含着思乡的酸楚。
　　薄薄的、干的、浅灰黄色的槐树叶。//∨∨
　　以饱含深情的舒缓语调描绘出一片动人心魄的槐树叶。

忘了是在江南、江北，

是在哪一个城市，哪一个园子里捡来的了，

被夹在一册▲古老的诗集里，

多年来，竟没有些微的损坏。// ∨ ∨

蝉翼般轻轻滑落的槐树叶，

细看时，还沾着些故国的泥土啊。

故国哟，要等到何年 ∨ 何月▲何日，

"故国"两个字要读出阔别祖国的痛楚感，何年何月何日这几个字要注意节奏的变化，表达回归故国的焦灼和渴望。

才能让我再回到你的怀抱里▲，

去享受一个世界上最愉快的，

飘着淡淡的槐花香的季节？……>

深情，逐渐轻柔的语气，希冀中含着挥之不去的感伤。

（刘骋　注解）

面朝大海,春暖花开

海 子

背景介绍

海子的这首诗被选进部分省市的中学语文课本,很多学生把诗名作为自己的 QQ 签名。有些不知道海子的人也熟悉这首诗,因为房地产商也拿它打广告。大家都爱这首诗的温暖、明亮和诗意远方,却少有人追问,为何写下如此美好诗句的人会很快离开人世。这首诗写于 1989 年 1 月 13 日,距诗人卧轨自杀只有两个多月的时间。爱情的失意、生活的杂乱、经济的窘迫以及创作不被认可,让单纯善良的诗人身处物质和精神的多重危机中。

朗诵提示

朗诵这首诗遇到的最大挑战是如何判定这首诗的情感基调,是欢快明朗,还是绝望虚无。或许可以从更广阔的视角解决这个问题:这首诗既可以看作诗人对尘世众生的美好祝愿,也可以看作对自己精神和物质生活危机的解脱。划分这首诗的版块也许意义不大,因为除了最后一句"我只愿"是真正属于自己的选择,前面的所有都是幻境、许愿和祝福。如果仅将这首诗看作欢快明亮的祝福,就无法解释为什么所有的许诺都是"从明天起",而不是现在就开始?为什么诗人要在最后一行特别强调"我只愿"?诗人所有美好的生活愿景、祝福和承诺,都立足明天,而不是现在。一个不难发现的细节是,这些温暖的祝福都送给别人,不是自己。换言之,此刻诗人的心境与诗行中的"幸福""温暖""灿烂前程""终成眷属"等恰恰相反。或许,还可以进一步追问:当一个人面朝大海的时候,能看见春暖花开么?春暖花开的美景在诗人身后,而不是在眼前。春暖花开的美景属于尘世之人,不属于诗人自己。如此,就不难理解,在这些美好温暖意象的背后是诗人深深的叹息、无奈和悲伤。

但这并不意味着要把这首诗朗诵为悲怆之音,反而要如实流露出诗人对"喂马、劈柴,周游世界""关心粮食和蔬菜""和每一个亲人通信"这些美好生活方式的憧憬和向往。海子当然有理想主义和虚无的一面,但他无疑是一个善良、纯粹的诗人,他对未来的憧憬是真挚的,他对陌生人的祝福也是发自内心的,不是反讽和调侃。朗诵者用真挚和真诚处理这些温暖的意象,并不是对这首诗的误读,反而,正是这样真诚善良的憧憬和祝福,才能反衬

出诗人内心的悲怆和绝望。最后一句"我只愿",是那样孤独、无助和决绝,
这种"含泪的微笑"打湿了我们的眼眶。

诵读标识

从▲明天起,做一个幸福的人

喂马、劈柴,周游世界

　　　　缓慢、憧憬地

从▲明天起,关心粮食和蔬菜
　　　　　　　^{shi}

　　　　　轻声词

我有一所房子,面朝大海,春暖花开

　　　　　　　满怀希望地

从∨明天起,和每一个亲人通信

告诉他们我的幸福
^{su}

轻声词

那幸福的闪电告诉我的

我将告诉每一个人↗

给每一条河▲每一座山▲取一个温暖的名字

陌生人,我也为你祝福

愿你有一个灿烂的前程

愿你有情人▲终成眷属

愿你在▲尘世获得幸福

我只愿↘▲面朝大海,春暖∨∨花开

决绝、悲壮

（蒋进国　注解）

从前慢

木 心

背景介绍

　　木心(1926—2011),本名孙璞,字仰中,号牧心,笔名木心,中国当代作家、画家,1927年生于浙江桐乡乌镇东栅,毕业于上海美术专科学校。1982年旅居美国,2006年回国在故乡乌镇定居。《从前慢》这首诗的写作年代不详,收在《云雀叫了一整天》的诗集里。《从前慢》深受广大读者喜爱,谱曲吟唱者众,成为传媒时代一大文化事件。

　　木心的诗歌所受的影响驳杂,古老的东方哲学与西方的现代意识彼此融合在一起。意象、隐喻、典故等组合,传达的不是约定俗成的主题,而追求的语言表达具有独特的联想和张力。这首《从前慢》求助于东方传统的片段嫁接,对古典时代不可复得进行回应,以现代人的境遇,诠释古典精神的魅力,呈现出与这个世界捉摸不定的、恬美的、空灵的接触。

　　《从前慢》有一种深挚执着的怀旧情结,流露出一种整体性的对人类文化的全息关照。"卖豆浆的小店冒着热气,清早上火车站,长街黑暗无行人"继承了"莫道君早行,更有早行人"的东方古典诗歌传统,又融合了西方后期象征主义代表作家庞德的意象诗歌"湿漉漉的黑树枝上花瓣数点",意境纯净广漠,笔调轻灵怡人。有学者评述木心的诗歌"打破了文化伤感的怀旧和臆想,超越了文学的自我沉沦和哀叹"。

朗诵提示

　　朗诵的基调是深沉宁静,节奏舒缓。开篇"记得"一词为全诗奠定了深沉的回忆色彩,"早先年少时"开幽静恬淡的怀乡诉求。全诗四节整体上萦绕着深厚的情感底色,带有返璞归真的意涵。深沉与宁静并存,带动诗歌的起伏情绪,因此朗诵时,声音虚和,节奏偏舒缓。朗诵时还要注意以下几点。

　　第一,诗歌第一节"记得""早先""年少时"将时空打开,读者的视线与想象回溯到久远的童年时光,起调应平缓、深沉,气息舒展;"大家诚诚恳恳"则诉说情状,是回忆的蔓延,延伸至"说一句是一句"民歌复沓的吟咏,不疾不徐。要注意朗诵的节奏,每个词可以拖长一些,力求表现出诗歌怀旧的绵长悠远情绪。

　　第二,诗歌第二节"火车站""长街""小店"三处客观场景镀上了富有主观情感色彩的三组词汇"清早""黑暗""热气",视觉、听觉、触觉甚至嗅觉牵连回旋,由冰冷孤独的意象转入温暖深婉的意境,从"无行人"铺垫的宁静氛围突转到"冒着热气"的动态画面,一静一动都在烘托从前的慢。因此,在诵读时,注意情感与气息的起伏,吐字要清晰,颗粒感要强,语势舒展、邈远。

第三,接着木心在当下飞速运转的世界,找到了怀旧情感的"客观对应物","日色""车""马""邮件"四个意象可谓"诗中有画",四组画面"都慢"。马车载着邮件在日色中慢悠悠走动,勾勒出一幅田园诗的景象。日常生活宛如空中的咏叹调那悒郁飘落的回音,降落到"一生只够爱一个人"的此岸,其间隔与起始的韵律富有韧性,不同物像与情绪联结,起落承接,漫游沉思,自然而然。因此,在诵读时,要注意此诗节的意象与动词"慢"之间的关系,语势上句首高起,句腹走势下行,句尾趋向平缓。

第四,"从前"与"记得"首尾呼应,回忆的漫游有始有终,"锁"与"钥匙"意象独特,前三节回望追思,感伤留恋至此被锁住,因为"你锁了,人家就懂了"。此为全诗思想和原则的精髓。读者被木心带领着走了一段返璞归真之旅,一个"锁"字将全诗营造的"慢"彻底归于宁静,"懂了"则似与读者达成信诺,言有尽而意无穷。因而在诵读时,末尾一句咬字要迟滞,气息要沉缓,伴有句中顿挫和语句间歇的状态。

诵读标识

记得∨∨早先∨少年时

领起句开此诗幽静恬淡的怀乡情绪,语气起调应平缓、深沉,气息舒展,"记得"后停顿较长,营造遥想的时间感。

大家诚诚恳恳
说一句∨是一句

此句复沓式吟咏,语气宜舒缓绵延,中间停顿稍长,力求表现出诗歌怀旧情绪的绵长悠远。

清早∨上火车站
长街黑暗∨无行人
卖豆浆的小店∨冒着热气＞

词语色彩由冰冷孤独的"黑暗"转入温暖深婉的"冒着热气",从"无行人"铺垫的宁静氛围突转到"冒着热气"的动态画面,一冷一暖、一静一动都在烘托从前的慢。因此,在诵读时,注意情感与气息的起伏,颗粒感要强,语势跟随情感色彩变化。

　　从前的日色∨变得慢

"得"字轻声，"慢"字虚声、送气。

　　车，马，邮件▲都慢

"都"字重读，"慢"字虚声、送气。

　　一生∨只够爱一个人

日常生活宛如空中的咏叹调那悒郁飘落的回音，降落到"一生只够爱一个人"的此岸，其间隔与起始的韵律富有韧性，语势上句首高起，句腹走势下行，句尾趋向平缓。

　　从前的锁∨也好看

　　钥匙精美∨有样子

　　你锁了，∨人家∨∨就懂了

句尾为全诗思想和原则的精髓。返璞归真，一个"锁"字将全诗营造的"慢"归于宁静，"懂了"则似与读者达成信诺，言有尽而意无穷。因而在诵读时，末尾一句咬字要迟滞，气息要沉缓，伴有句中顿挫和语句间歇的状态。

（艾则孜　注解）

第五章　现代散文

野草·题辞

鲁　迅

背景介绍

　　《野草·题辞》写于 1927 年 4 月 26 日广州白云楼上，最初发表于同年 7 月的《语丝》，当时政治形势突变，而我们不难从这篇散文里读出作者鲁迅的政治选择。《野草·题辞》在写作时间上后于散文诗集《野草》其他篇目，是为《野草》准备出版时写作的一篇序言，但延续了《野草》以奇崛的意象和语言来象征性表达作者思想和情感的写作风格。无疑，这种风格为明确理解作品的思想主旨设置了不小的障碍。

　　《野草·题辞》带有《野草》序的性质，一般书前的序需要交代写作缘由和经过，书的内容和旨趣等，但《野草》思想复杂而深刻，恐非几百字所能概括，所以鲁迅这篇散文侧重于对创作《野草》时的生命历程作回顾总结，表明自己的看法和心态。全文以"野草"意象来概括这一组散文诗：根本不深，花叶不美，还将遭践踏，然而"我"坦然、欣然，显示出一种坦荡的胸襟。之所以仍然能对《野草》里 23 篇短文保有自信，主要因为这些文章"吸取露，吸取水，吸取陈死人的血与肉"，即并非无病呻吟的文字游戏，而是得自于生活的真实感受，而对于这样有生命力的作品，野蛮践踏与粗鲁删刈是剿灭不了的。但同时，"我"又"希望这野草的死亡与朽腐，火速到来"，因为野草所关联的是旧的社会体制，惟其死亡才能证明社会在进化、发展。

　　鲁迅曾自白，他的哲学都包括在《野草》里，本文作为《野草》的"总纲"，如果我们能深入理解文中的关键词如"沉默""充实""空虚""明与暗""生与死""过去与未来"等，对于鲁迅的心灵也会有更精准的把握。

朗诵提示

　　本文通过大量的象征和隐喻，用诗化的语言演绎出作者深邃的思想，全文的朗诵基调是深沉而有力，因为文中虽有对过去的生命的痛惜，却更寄望于未来社会的积极的大变动，最终以振奋的力量感结尾。朗诵时要注意以下几点。

第一，全文 11 小段，主要为三大部分：前两段交代《野草》写作时的心态感受及对写作这些散文诗时期的生命历程的总结；第三、四段写总体上对《野草》自身的特点及际遇的预测；此后几段表达对《野草》面世后命运所抱的看法与心态。朗诵时要留意作者情绪的起伏，比如前面刚说"但我坦然，欣然。我将大笑，我将歌唱"。后面随即话锋一转，"天地有如此静穆，我不能大笑而且歌唱。天地即不如此静穆，我或者也将不能"。这样的悖反与消解在本文中比比皆是，要注意如此行文带来的情绪的起伏，在以有声语言二度创作时体现出来。

第二，前已涉及，本文里充满着悖反、不合寻常思维的句子，再如"过去的生命已经死亡。我对于这死亡有大欢喜，因为我借此知道它曾经存活"，这是鲁迅思维的辩证性在文字上的体现——相生相克，并派生出句式、节奏上的回环往复，以及主旨上的言外之意。朗诵时除注意文章情绪的起伏外，还要注意节奏与思维间的关系，以更深入地演绎文本。

第三，《野草·题辞》提炼出"野草"这一意象来概括整本散文诗集的特点和命运，同时其语言是诗化的。鲁迅有意锤炼本篇的语言文字，达到了高度简洁、凝练。在语言形式上，有时整齐，如"不生乔木，只生野草""根本不深，花叶不美"等像古文一样工整；有时句式上长短结合，如"在明与暗，生与死，过去与未来之际，献于友与仇，人与兽，爱者与不爱者之前作证"；又有时则有意重复同样的句子，像是诗歌的复沓手法，如"但我坦然，欣然。我将大笑，我将歌唱"。

第四，因为文章行文偏晦涩，在以有声语言演绎时一定要留意鲁迅用词的反讽，比如"静穆"，本意偏褒义，可本文表达的却是贬义的意思。在文艺观上，鲁迅也批评过朱光潜以陶潜为榜样标举的"静穆"说。朗诵时，千万要吃准作者用词的情感倾向，以免贻笑大方。

诵读标识

当我▲沉默着的时候，我觉得充实；我将开口，同时感到空虚。

过去的生命已经死亡。我对于这死亡有大欢喜，⌒因为我借此知道∨它曾经存活。死亡的生命已经朽腐。我对于这朽腐有大欢喜，因为▲我借此知道它还非空虚。

生命的泥▲委弃在地面上^{shang}（轻读），不生乔木，⌒只生野草，这^{zhè}（读书面语发音，下同。）是我的罪过。

野草，根∨本不深，花叶▲不美，然而∨吸取露，吸取水，吸取陈死人（区分性停顿，以与"根本"相区别。）的血^{xuè}（读书面语发音。）和肉，⌒各各夺取它的生存。当生存时，还是▲将遭践踏，将遭删刈，直至于死亡∨而朽腐。

但我坦然，欣然。我将大笑，我将歌唱。

我自爱我的野草，但我∨憎恶这以野草作装饰的地面。

地火在地下^{xia}（轻读）运行，奔突；熔岩一旦喷出，将烧尽一切野草，⌒以及乔木，于是并且无可朽腐。

但我坦然，欣然。我将大笑，我将歌唱。↗

天地∨有如此静穆，我不能▲大笑而且歌唱。天地∨即不如此静穆，我或者∨∨也将不能。↘我以这一丛野草，在明与暗，生与死，过去与未来之（判断性停顿，表示思考的过程与结果。）际，献于友与仇，人与兽，爱者与不爱者之前作证。

为我自己，为友与仇，人与兽，爱者与不爱者，我希望这野草的死亡与朽腐，⌒火速到来。↗要不然，我先就未曾生存，这实在比死亡与朽腐更其不幸。

去罢，野草，连着我的题辞！＞（平稳缓收。）

（李丰源　注解）

故都的秋（节选）

郁达夫

背景介绍

据郁达夫的日记记载，《故都的秋》是作家 1934 年 8 月 17 日早上一挥而就的作品，当年 8 月 14 日至 9 月 7 日间，郁达夫携家人在北京避暑。郁达夫写作这篇写景美文的直接起因是提携后进王余杞，一位 1925 年加入中国共产党的左翼文学青年，《故都的秋》于 1934 年正发表在王余杞主编的杂志《当代文学》上。

郁达夫是写景的高手，本文以精到细腻的笔触、清新质朴的语言，在清淡、流畅的描写中，将故都北京的秋"色彩浓，回味永"的韵致传递给一代代读者。全文短短约 2000 字，却用了 40 多个"秋"字反复渲染北国之秋深入骨髓的清、静、悲凉的美感。值得注意的是，作者没有侧重描写北京的风景名胜，反而用力于屋前瓦后、街头巷尾的平民风物。经由这篇名文，郁达夫在千万读者心中几乎成了秋的最佳代言人，郁达夫无疑是懂秋的，懂秋的背后是懂生活，文章中反复称道的"秋味"，其实也是他所体会到的独一份人生况味之一种。

朗诵提示

《故都的秋》的朗诵基调是深沉舒缓，节奏偏慢。采用深沉的基调，是因为郁达夫笔下北京的秋天不仅仅清朗，而且带有清净落寞感，这落寞感是主观的——不论是作者本人多愁善感的性情或坎坷的遭际，还是他对于 1934 年"故都"面临日寇侵逼的隐忧心情，表现于文中，都带一种偏深沉而非清扬的基调。节奏偏慢也与本文语言有关，文章大量使用"来得清""凋得慢""来得润""显得淡"类短语，需要仔细体味，容不得速读。朗诵时要注意以下几点。

第一，开篇即为全文定下基调的"北国的秋，却特别地来得清，来得静，来得悲凉"一句，需要仔细揣摩，慎重处理。"来得"这类不那么实的词，加上"清""静""悲凉"等形容词汇，都偏于抽象而耐人寻味，给文章带来一种特别的气韵和味道，需要读者也带动自身经验深入体会文章细节。"悲凉"与"静"的感情色彩间的区别，需要使用不同声调处理，此外，领起并列句牵涉到的停顿等节奏问题，都需要留意。这一关键句子处理恰当，则后面类似句子的处理就轻松很多。

第二，更细致地阅读可以发现，本文节奏偏慢，而且慢得非常有规律，这个规律为全文带来了很强的节奏感：郁达夫在使用排比时有意用慢三拍的节奏，不多也不少。"来得清，来得静，来得悲凉"是一组，"草木凋得慢，空气来得润，天的颜色显得淡"是一组，"秋的味，秋的色，秋的意境与姿态"是一组，"看不饱，尝不透，赏玩不到十足"又是一组。这类慢三拍的小排比、短排比处理好了，全文的节奏感也就随之而出，文章是靠小排比带出诗词一样的韵律来抒情，情升文，文生情，本文是个典范。

第三，节选的文章前三段，每段之间均有转换，朗读时要留意南北方秋的描写的不同。此外，作者笔下故都的秋有声有色有感，独特细腻，第三段且用了一系列富有诗情画意的词汇：芦花、柳影、虫唱、夜月、钟声、碧绿的天色、驯鸽的飞声、漏下来的日光、牵牛花的蓝朵。这些偏于古典的意象，提示了我们本文是一篇传统文人悲凉审美的现代表达，文章在询唤一个中国文人相互认同、相互激赏的审美共同体。朗诵到这些词汇时，要体味其背后作者的情感内涵。

诵读标识

秋天，无论在什么地方（读成轻声）的秋天，⌒总是好的；可是啊，（注意受前字影响发生音变。）北国的秋，却特别地 ∨ 来得（建议轻读，下同。）清，来得静，来（领起并列短句，稍长停顿。）得悲凉。↘我的不远千里，要从杭州赶上青岛，⌒更要从青岛赶上北平来的理由，（悲凉与静、清的感情色彩不同，差异化处理。"静"可用虚声，"悲凉"则宜用实声、降调。）也不过想饱尝一尝这"秋"，∨ 这故都的秋味。（"秋"字慢读，在全句中以快中显慢突出其中心词地位。）

江南，秋当然也是有的；但▲草木凋得慢，空气来得润，天的颜色显得淡，（转换语气体现段落感，本段转向写江南的秋。）并且又时常多雨而少风；一个人夹在▲苏州上海杭州，或厦门香港广州的市民中间，混混沌沌地过去，只能感到▲一点点清凉，∨ ∨ 秋的味，秋的色，秋的意境与姿态，总∨看不饱，尝不透，赏玩不到十足。秋∨并不是名花，也并不是美酒，（连续排比句，注意层次的不同，以停顿长短作出区分。）那一种半开、⌒半醉的状态，在领略秋的过程上，是不合适的。

不逢北国之秋，⌒已将近十余年了。在南方▲每年到了秋天，总要想起

∨∨（转换语气体现段落感，本段从南国之秋转向写北国之秋，"起"字后是较长的并列短句，更长停顿，预作生理调试。）陶然亭的芦花，钓鱼台的柳影，西山的虫唱，玉泉的夜月，潭柘寺的钟声。在北平即（注意声调应为阳平。）^{jí}使不出门去吧，就是在皇城人海之中，租人家一椽破屋来住着，早晨（轻读）^{chen}起来，泡一碗浓茶，⌒向院子一坐，你也能∨∨看得到▲很高很高的碧绿的天色，听得到▲青天下驯鸽的飞声。从槐树叶底，朝东▲细数着▲一丝一丝漏下来的日光，或在破壁腰中，静对着▲像喇叭（轻声词）^{ba}似的牵牛花（朝荣）的蓝朵，自然而然地▲也能够感觉到十分的秋意。说到了牵牛花，我以为∨以蓝色或白色者为佳，紫黑色次之，淡红色最下。最好，还要在牵牛花底，⌒教长着几根▲疏疏落落的尖细且长的秋草，使作陪衬。

（李丰源　注解）

匆匆（节选）
朱自清

背景介绍

　　和作者其他以写景抒情见长的散文名篇不同，朱自清的这篇散文直面每个人都无法逃脱的微妙境遇，即时间都去哪了，充满细腻的人生思考。《匆匆》写于五四运动落潮期 1922 年 3 月，知识领袖分道扬镳，青年学生亦苦闷彷徨。同时需要指出的是，朱自清许多脍炙人口的名篇并非一定要将文本和时代背景紧密咬合，这也是朱自清散文的特点之一。可将这篇美文视为作者精巧细腻的人生哲思，但强行用 20 年代的时代语境去阐释文本，有可能会给朗诵者带来困惑。就像《背影》以真挚的父子情打动读者，《荷塘月色》以纯美的夜景取胜，《匆匆》胜在细腻的人生哲思。朱自清在思考和追问时间的流逝，实则是在思考人生的价值和意义。这种追问和思考当然与 20 年代的时代密切相关的，但从更广泛的意义而言，朱自清的追问和思考可能对所有时代的所有人都具有宝贵价值。

朗诵提示

　　选文分三部分，第一段流露出对时间"逃走"的怀疑，第二段罗列日常生活中的各种琐屑细节无形中消磨时光，对现实生活日复一日流逝而看不到成果感到一丝叹息和悔恨，第三段反思作者业已度过的人生时光，寻找个体价值存在的痕迹。作者得出的结论是，所有人都赤裸裸来到这个世界，最后赤裸裸离开这个世界。表面上看，字里行间显示出消极和虚无，但实际上作者另有一种隐形设定自始至终萦绕着："生活中的各种过程都有它独立的意义和价值——每一刹那有它的意义与价值！每一刹那在持续的时间里，有它相当的位置。"（朱自清《给俞平伯的信》）作者开篇用燕子、杨柳、桃花等春天的美景作为衬托，美景亦逝，但依然会回转。这就是全文的情感基调：困惑但不消极，思虑但不绝望。第二段写道去的尽管去，来的尽管来，显示出一种达观和洒脱，不必执迷。

　　《匆匆》大量使用短句，停顿比较明显，绝少生僻字，且非常接近口语，很适宜朗诵。本文文字清秀隽永，情景交融，比喻巧妙，纯朴简练，娓娓道来，起承转合，天衣无缝。文章使用连贯的排比，让听众在接连不断的铺排中，引起语言的愉快，产生节奏的美感。一连串的追问和自我呢喃，形成一种文字的律动,这种节奏感表现出强烈、深厚、激动的情绪,连接成连绵不断、起伏不停的音律,进而产生强大的感染力量。朗诵者成功表现出这种节奏感,是至关重要的。

诵读标识

燕子去了,有再来的时候(建议作轻读处理,下同。);杨柳枯了,有再青的时候;桃花(建议读成儿化音。)谢了,有再开的时候。但是,聪明(轻声词,下同。)的,你告诉我,我们的日子▲为什么▲一去▲不复返呢? ——是有人偷了他们罢:那是谁? 又藏在何处呢? 是他们自己逃走了罢:如今↗▲又到了哪里呢?

去的▲尽管去了,来的▲尽管来着;去来的中间,又怎样地▲匆匆呢? 早上(建议作轻读处理。)▲我起来的时候,小屋里▲射进两三方斜斜的太阳。太阳他有脚啊,轻轻悄悄地挪移了;我也▲茫茫然跟着旋转。于是——洗手的时候,日子▲从水盆里过去;吃饭的时候,日子▲从饭碗里过去;默默时,便从凝然的双眼前过去。我觉察他去的匆匆了,伸出手遮挽时,他又从▲遮挽着的手边过去,天黑时,我躺在床上,他便伶伶俐俐地从我身上跨过,从我脚边飞去了。等我睁开眼和太阳再见,这算又溜走了一日。我掩着面叹息。但是▲新来的日子的影儿(注意儿化音的读法。)▲又开始在叹息里闪过了。

在逃去如飞的日子里,在千门万户的世界里的我▲能做些什么呢? 只有徘徊罢了,只有匆匆罢了;在八千多日的匆匆里,除徘徊外,又剩些什么呢? 过去的日子如轻烟,被微风吹散了,如薄雾,被初阳蒸融了;我留着些什么痕迹呢? 我何曾留着▲像游丝样的痕迹呢? 我赤裸裸来到这世界,转眼间也将▲赤裸裸的回去罢? 但▲不能平的,↗为什么▲偏要白白走这一遭啊?

你聪明的,告诉我,↗我们的日子▲为什么▲一去不复返呢? >

(蒋进国 注解)

春（节选）

朱自清

背景介绍

朱自清（1898—1948），祖籍浙江绍兴，出生于江苏东海，著名散文家、诗人、学者、民主战士。1919 年开始发表诗歌。1922 年，与叶圣陶等创办了我国新文学史上第一个诗刊《诗》月刊。1925 年任教于清华大学，创作由诗歌转向散文。著名的散文作品有写父子之情的《背影》，刻画细腻的《荷塘月色》，感叹光阴易逝的《匆匆》等，长期被中国中小学语文教材选用。

朱自清的散文细腻质朴，清丽温厚，词采得宜，文气流畅。《春》是散文名篇，最初发表于 1933 年 7 月。1932 年 8 月，朱自清漫游欧洲回国，与陈竹隐女士结为夫妻，并于同年 9 月出任清华大学中国文学系主任，次年 4 月，又喜得贵子。朱自清生活中的顺境与幸事，不能不对《春》的抒情格调产生影响。在这篇仅仅 30 个句子的简短散文中，朱自清运用了 20 多处修辞手法，而这些修辞的使用营造出春意中的诗意盎然，清新、欢快，充满了对"春"的热望与期盼。值得注意的是，此篇以"春"贯穿始终，由盼春、绘春、颂春三个部分组成，逐层深入、环环相扣，诗化的语言勾勒出"春"诗化的意境。

朗诵提示

《春》朗诵基调是轻松欢快的，充满活力，节奏明快。采用轻松欢快的基调，是因为朱自清笔下春天充满了勃勃的生命力和无限美好的希望，田园牧歌式的描述显得清新明丽。节奏明快与本文的语言有关，文章大量使用拟人、排比等修辞，营造出春日生动的气息。

朗诵时要注意以下几点。

第一，"盼望着，盼望着，东风来了，春天的脚步近了"一句，开篇即为全文定下基调。听觉、视觉的转换，时间的发展，空间的移动，通过几个动词展现出来。"盼望着，盼望着"反复吟咏，将渴望春日的心情勾勒出来。因此在朗诵之前要提气，怀着蓄势待发之感，在"盼望着"三个字还未出来时，就要有呼之欲出的迫切感。领起句的间歇停顿，语势的转换，以及语调的不同，都要留意。

第二，细致阅读可以发现，本文节奏明快，且富有规律，这个规律为全文带来了很强的节奏感：朱自清有意使用民歌复沓手法，"盼望着，盼望着"是一组,"朗润起来了,涨起来了,红起来了"是一组,"轻悄悄的,软绵绵的"是一组,"有名字的,没名字的,眨呀眨的"又是一组。这类快三拍的短排比处理好了,全文的节奏感也就随之而出,文章是靠复沓带出诗词一样的韵律来抒情。

第三,节选的文章前四段,每段之间均有转换,朗读时要留意盼春的段落和绘春描写的不同。盼春的心情急切,朗读时要注意语势变化,绘春时笔法细腻,有喜悦有希望,情感要饱满高涨。诗人运用大量拟人手法,为景物注入活泼的气息,因此朗诵时,要注意语速的快慢变化、语调的高低起伏,要展现出春天的生命力。

诵读标识

盼望着,盼望着,东风来了,春天的脚步ⅤⅤ近了。(盼春。领起句叠句表达急切渴望,朗读前提气,有呼之欲出的迫切感。中间不停顿,语调先降后升,语势上升,虚声绘情。"春天的脚步"后强调性停连,"近"字虚读,虚声拉开,语调起伏读出顿挫。)

一切ⅤⅤ都像刚睡醒的样子,欣欣然↗▲张开了眼。(绘春。第一句弱起,语调平缓,语势从"欣欣然"开始上升,并且停顿,为重点表现"张开了眼"看到的景色蓄势。)山▲朗润起来了,水▲涨起来了,太阳的脸↗红起来了。↗(第二句视觉上远近变化,"山"近景实声,"朗润"重音,虚声平读;转换视角往下看是"水",和"山"形成语势的不同;但"涨起来"根据词语形象的要求,语势上升。接下来是远而高的"太阳的脸",虚声高起,"红"字重音。这三句语势逐渐上升,读出春回大地的喜悦感。)

小草▲偷偷地▲从土里钻出来,嫩嫩的,绿绿的。(近景描绘草破土而出的动感,"偷偷地"声弱,怕惊扰沉睡的大地;重音在"钻",读出动态。接下来两个叠词读出语势的变化。"嫩嫩的"声音较虚,语势向下。"绿绿的"语势向上,声实。)园子里,田野里,瞧去,一大片一大片Ⅴ满是的。坐着,躺着,打两个滚,踢几脚球,赛几趟跑,捉几回迷藏。风Ⅴ轻悄悄的,草Ⅴ软绵绵的。("瞧去"前高后低,"一大片一大片"后气息短停。"风"前停顿,语气放缓。句尾语速渐慢,语调渐低,缓缓收起。)

桃树、杏树、梨树,你不让我,⌒我不让你,都开满了花赶趟儿。↗("桃树""杏树""梨树"三个词语调高低不同,错落有致,朗读时注意形象化,加强生动感。"你不让我""我不让你"拟人化表达出互相拥挤争先开放的动态,朗读时要注意制造语调的不平衡感。"赶趟儿"重音,争春之感,整体语势缓缓上升。)

红的像火,粉的像霞,白的像雪。花里▲带着甜味儿;闭了眼,∨∨树上仿佛
已经(三个比喻写花色娇艳,重音在喻体上。"火"蒸蒸日上,"霞"邈远瑰丽,
"雪"高洁弥漫,朗读时要注意语势的变化,突出喻体的形象和动感。"闭了眼"
语速变缓,语调轻,长停顿,给读者留下展开联想的时间。)满是桃儿、杏儿、梨
儿。↗花下∨成千成百的蜜蜂▲嗡嗡地闹着,大小的蝴蝶飞来飞去。野花
▲遍地是:杂样儿,有名字的,没名字的,散在草丛里,像眼睛,像星星,还眨
呀眨的。＞("满是"重读,强调繁花似锦,春日胜景。"桃儿""杏儿""梨儿"注意
读出语势的变化。语速整体缓慢。花香引出蜂飞蝶舞,静景转为动景,语速与
前不同,稍微加快,并且通过语势变化读出跳跃感。"野花"一句又由动景转为
静景,语速由快转慢。)

(艾则孜 注解)

呼兰河传（节选）

萧　红

背景介绍

《呼兰河传》创作于 1940 年萧红南下香港之时，是萧红生命最后时刻结出的瑰丽的艺术果实，也是其艺术创作的高峰。萧红曾谈道：小说有一定的写法，一定要具备某几种东西，一定写得像巴尔扎克或契诃夫的作品那样。我不相信这一套，其实有各式各样的生活，各式各样的作家，也有各式各样的小说。几乎从一开始，萧红就突破了小说环境、情节、人物的常规模式，以不拘格式套路的才气创造了她自己独特的文体：诗化小说。《呼兰河传》打破了小说固有的界限，融合着诗、散文的特点，是其诗化小说代表作品。茅盾誉之为"一篇叙事诗，一幅多彩的风土画，一串凄婉的歌谣"。

朗诵提示

《呼兰河传》是萧红在异地书写记忆中的故乡的作品，呼兰河是一个简单、美丽，人民善良但愚昧的地方。作品打破传统小说的格局，不集中描写一个人物，不讲究情节的连续完整，采用散文式的艺术结构。儿童视角使叙事更显透明澄澈，不受羁绊的率性表达带给读者耳目一新之感。回环、重复等手法的运用更显得作品诗意盎然。语言不加雕饰，自然动人，无论叙述与描绘，如行云流水，明丽天然，有抒情诗蕴含的诗意，又有绘画的绚丽多彩。基于此特点，朗诵中要注意以下几点。

第一，"呼兰河这小城里边住着我的祖父"这一句是全作品的主题词。米兰·昆德拉说，每个人都有不同的诗性记忆。萧红的诗性记忆是关于祖父和后花园。萧红人生历经坎坷，祖父是她唯一温暖的回忆。她在回忆祖父的文章中曾写道，祖父的死意味着"死掉我一生最重要的一个人"，"把人间一切'爱'和'温暖'带得空空虚虚"。祖父和后花园合二为一，是萧红的精神家园，尤其对于当时罹患疾病蜗居香港的萧红，关于祖父和后花园的文字是其饱受疾病和情感摧残的孤寂身心的唯一慰藉。因此这一句话奠定了作品的基调。

第二，萧红是一位天才型的作家，她不习惯于用抽象哲学把握生活，那些看似随意的、漫不经心的描述中蕴含深刻的意味。在这篇关于祖父的回忆性文字中不仅仅有温暖和思念，还有着作家对于生命自由的渴望。因此小说中对于草木和小动物想怎么样就怎么样的自由状态的描写是最为感人的部分。

第三，因为小说散文性很强，故事性弱，又饱含回忆性，所以在朗诵时一方面要将情感和思想用娓娓道来的语调传递，语气舒缓，声音轻柔，气息绵长，另一方面，祖父和童年萧红的形象在对话中体现出来，要有形象塑造，读出儿童的童趣和祖父的慈祥。

诵读标识

呼兰河▲这^{zhè}（建议读书面语读音。）小城里边^{biānr}∨（读音建议作儿化处理。）住着我的祖父，（充满温情的回忆，语调舒缓亲切。）

我生的时候，⌒祖父已经六十多岁了，我长到四五岁，祖父▲就快七十了。

祖父一天都在后园里边^{biānr}（读音建议作儿化处理。），我也跟着祖父在后园里边^{biānr}。（读音建议作儿化处理。）祖父戴一个大草帽，我戴一个小草帽，祖父栽花，我就栽花；祖父拔草，我就拔草。（表现祖孙两人的和谐，注意两个"就"字蕴含的情感。）当祖父下种种小白菜的时候，我就跟在后边，^{biānr}（读音建议作儿化处理。）把那下了种的土窝，用脚一个一个的溜平，哪里会溜得准，东一脚的，⌒西一脚的瞎闹。有的把菜种不单没被土盖上，反而把菜子踢飞了。∨小白菜长得非常之快，没有几天就冒了芽^{yār}（读音建议作儿化处理。）了，一转眼▲就可以拔下来吃了。

祖父铲地，我也铲地；因为我太小，拿不动那锄头杆^{gǎnr}（读音建议作儿化处理。），祖父就把锄头杆拔下来，让我单拿着那个锄头的"头"来铲。其实哪里是铲，也不过爬在地上，用锄头乱勾一阵就是了。也认不得哪个是苗，哪个^{něi}是草。往往▲把韭菜当^{dàng}做野草一起地割掉，把狗尾草▲当做谷穗留着。等祖父发现我铲的那块满留着狗尾草的一片，他就问我：

"这是什么？"

我说："谷子。"

祖父大笑起来，∨（注意停顿时间，既表现祖父的快乐情绪，也便于下面语调转换。）笑得够了，把草摘下来问我：

"你每天吃的就是这^{zhèi}个吗？"

我说："是的。"

我看着祖父还在笑，我就说：

"你不信，我到屋里拿来你看。"

我跑到屋里，拿了鸟笼上的一头谷穗，远远地就抛给祖父了。说：

"这不是一样的吗？"（对话朗读注意童趣。）

祖父慢慢地▲把我叫过去，讲给我听，说谷子是有芒针的。⌒狗尾草则没有，只是毛嘟嘟的真像狗尾巴。// ∨ ∨（此一部分通过语言和行动描写，刻画了慈祥的祖父与童年的作家在后花园的温馨图景，体现了饱受流离之苦的萧红对于祖父与童年的怀念，温馨中带着若有若无的哀愁，注意情感把握，不能简单处理为欢快的语调。）

祖父虽然教我，我看了也并不细看，也不过马马虎虎承认下来就是了。一抬头看见了一个黄瓜长大了，跑过去摘下来，我又去吃黄瓜去了。

黄瓜也许没有吃完，又看见了一个大蜻蜓从旁飞过，于是丢了黄瓜又去追蜻蜓去了。（儿童的天真可爱，读出无拘无束之意味。）蜻蜓飞得多么快，哪里会追得上。好在▲一开初也没有存心一定追上，所以站起来，⌒跟了蜻蜓跑了几步▲就又去做别的去了。

采一个倭瓜花心，捉一个大绿豆青蚂蚱，把蚂蚱腿用线绑上，绑了一会，也许把蚂蚱腿就绑掉，线头上只拴了一只腿，而不见蚂蚱了。

玩^{wánr}（读音建议作儿化处理。）腻了，又跑到祖父那里去乱闹一阵，祖父浇菜，我也抢过来浇，奇怪的就是并不往菜上浇，而是拿着水瓢，拼尽了力气，把水往天空里一扬，大喊着：

"下雨了，下雨了。"↗

太阳▲在园子里是特大的，天空是特别高的，太阳的光芒四射，亮得使人睁不开眼睛，亮得蚯蚓不敢钻出地面来，蝙蝠不敢从什么黑暗的地方飞出来。是凡在太阳下的，都是健康的、漂亮的，拍一拍▲连大树都会发响的，叫一叫▲就是站在对面的土墙都会回答似的。// ∨ ∨（儿童视角下世界的清澈和美丽，这是作家的精神家园和审美空间。）

花^{huār}（读音建议作儿化处理。）开了，就像花睡醒了似的。鸟飞了，就像鸟上天了似的。虫子叫了，就像虫子在说话似的。一切都活了。都有无限的本领，要做什么，▲就做什么。要怎么样，⌒就怎么样。都是自由的。倭瓜愿意爬上架就爬上架，愿意爬上房就爬上房。黄瓜▲愿意开一朵谎花，⌒就开一朵谎花，愿意结一个黄瓜，就结一个黄瓜。若都不愿意，就是一个黄瓜也不结，一朵花也不开，也没有人问它。∨玉米▲愿意长多高就长多高，他若愿意长上天去，也没有人管。∨蝴蝶随意地飞，一会从墙头上飞来一对黄蝴蝶，一会又从墙头上飞走了一个白蝴蝶。它们是从谁家来的，又飞到谁家去？太阳也不知道这个。（这一段展现了作者一生所追求的自由的精神，为重中之重，作者用重复的句式充满诗意地咏叹对自由的向往，朗诵时要注意情感的把握。）

　　只是天空∨蓝悠悠的，又高又远。

　　可是白云▲一来了的时候，那大团的白云，好像翻了花的白银似的，从祖父的头上经过，好像要压到了祖父的草帽那么低。//

　　我玩累了，就在房檐底下▲找个阴凉的地方睡着了。不用枕头，不用席子，就把草帽扣在脸上▲就睡了。（收尾余韵绵长，类似镜头从特写拉远成大全景。）

（刘骋　注解）

我与地坛（节选）

史铁生

背景介绍

　　本文发表于 1991 年第 1 期《上海文学》，不仅是史铁生本人散文创作的最高成就，也是整个 20 世纪 90 年代散文创作重要的收获。这篇散文是作者关于其身处残疾面临生命困顿之后思考生命意义的一次心灵独白。地坛成为讲述自己心路历程的基地，亦是作者的精神家园。各种人在其中走来走去，展示着不同的生命与命运，作者将自己的命运与地坛中各色人的命运进行对照与思考，从而领悟每个人的命运都充满了坎坷，只是呈现出不同的方式而已。进而，他发现了生命本来就是不圆满的，从而领悟到生命的意义在于自己的选择和抗争，只有勇敢地面对命运的残缺，挑战命运，才能体现出生命的价值来。

朗读提示

　　节选的文字是作品的结尾部分，作者在讲述自己面对生命重击，经历震惊、痛苦以及对命运不公的怨恨，然而决定自我选择和抗争命运之后，精神上获得了突破与升华。因此朗读的基调是平实、冷静、温情而透彻。朗读时注意以下两点：

　　第一，这篇文章是典型的小说家散文，渗透了小说的手法，寓抒情于叙事之中。作品的角色和对话要有形象塑造，通过对话，作者在母亲去世多年之后才知道，当年自己坐着轮椅困顿在地坛时，母亲一直偷偷跟在自己的后面，母亲的痛苦是双倍的。母亲因为儿子的残疾承受着比儿子更大的痛苦，而儿子无谓发泄往往给母亲增添了更深的痛苦和折磨。作者对于母亲的思念和悔悟就浓缩在短短的对话之中。

　　第二，在经历内心挣扎后升华出放达的精神境界，抒发自己对于命运与生死问题的理解与感悟，总结为"宇宙以其不息的欲望将一个歌舞炼为永恒。这欲望有怎样一个人间的姓名，大可忽略不计"。要用娓娓道来的语气朗诵出一种精神的开阔与放达。

诵读标识

　　如今▲我摇着车在这园子里慢慢走，常常有一种感觉，觉得我一个人跑出来已经玩（读音建议作儿化处理。）得太久了。∨∨有一天▲我整理（上声字连用引起音变，声调变为阳平。）我的旧相册，看见一张十几年前我在这园子里照的照片（如带儿化，即读成阴平"片"。）——那个年轻人坐在轮椅上，背后是一棵老柏树，再远处▲就是那座古祭坛。∥我便到园子里去找那棵树。我按着照片上的背景找很快就找到了它，按着照片上它枝干的形状找，肯定那就是它。∨但是它已经死了，而且在它身上缠绕着一条碗口粗的藤萝。∥有一天▲我在这园子碰见一个老太太，她说："哟，你还在这儿哪？"她问我："你母亲还好吗？""您是谁？""你不记得我，我可记得你。有一回你母亲来这儿找你，她问我∨您看没看见一个摇轮椅的孩子？……"∨我忽然觉得，我一个人跑到这世界上来玩▲真是玩得太久了。∥（平淡的对话侧面展现母亲的无言的爱，多年以后再一次激荡着作者。）有一天夜晚，我独自坐在祭坛边的路灯下看书，忽然从那漆黑的祭坛里传出一阵阵唢呐声；四周都是参天古树，方形祭坛占地几百平方米▲空旷坦荡独对苍天，我看不见那个吹唢呐的人，惟唢呐声在星光寥寥的夜空里▲低吟高唱，时而悲怆▲时而欢快，时而缠绵▲时而苍凉，或许这几个词都不足以形容它，我▲清清醒醒地听出它∨响在过去，响在现在，响在未来，回旋飘转∨亘古不散。＞

　　必有一天，我会听见∨喊我回去。＞（对于唢呐声的描绘蕴含对于人类命运的感喟。）

　　那时▲您可以想象一个孩子，他玩累了▲可他还没玩够呢。心里好些新奇的念头（轻声词）甚至等不及到明天。也可以想象▲是一个老人，⌢无可置疑地走向他的安息地，走得任劳任怨。还▲可以想象一对热恋中的情人，互相一次次说"我一刻也不想离开你"，又互相一次次说"时间已经不早了"，时间不早了可我一刻也不想离开你，一刻也不想离开你▲可时间毕竟是不早了。

　　我说不好▲我想不想回去。我说不好是想▲还是不想，还是无所谓。我说不好我是像▲那个孩子，还是像那个老人，还是像一个热恋中的情人。很可能是这样：我同时是他们三个。我来的时候▲是个孩子，他有那么多孩子气的念头∨所以才哭着喊着闹着要来，他一来▲一见到这个世界▲便立刻成了不要命的情人，而对一个情人来说，不管多么漫长的时光也是稍纵即逝，那时他便明白，每一步▲每一步，其实一步步都是走在回去的路上。当牵牛花初开的时节，葬礼的号角就已吹响。∨∨（这是经历了人生苦难后对于命运以及生死的思考，语调平和睿智。）

　　但是太阳,它每时每刻都是夕阳也都是旭日。当它熄灭着走下山去▲收尽苍凉残照之际,正是它在另一面燃烧着▲爬上山巅布散烈烈朝辉之时。那一天,我也将沉静着走下山去,扶着我的拐杖。∨∨有一天,在某一处山洼里,势必会跑上来一个欢蹦的孩子,抱着他的玩具。

　　当然,那不是我。

　　但是,那不是我吗?↗(语调昂扬,强有力的反问体现的是思索后的放达和思想的升华。)

　　宇宙▲以其不息的欲望▲将一个歌舞炼为永恒。这欲望有怎样一个人间的姓名,大可忽略不计。＞(困顿中感悟人生后的通达,以沧桑悠远的语调收尾。)

(刘骋　注解)

图书在版编目(CIP)数据

　　中华经典诵读教程/ 刘骋,赵素文主编 . —杭州:浙江
大学出版社,2024.3
　　ISBN 978-7-308-24759-7

　　Ⅰ.①中… Ⅱ.①刘… ②赵… Ⅲ.①中华文化－教材
Ⅳ.①K203

　　中国国家版本馆 CIP 数据核字(2024)第 060518 号

中华经典诵读教程

刘　骋　赵素文　主编

责任编辑	宋旭华
责任校对	胡　畔
封面设计	周　灵
出版发行	浙江大学出版社
	(杭州市天目山路 148 号　邮政编码310007)
	(网址:http://www.zjupress.com)
排　　版	浙江大千时代文化传媒有限公司
印　　刷	浙江全能工艺美术印刷有限公司
开　　本	710mm×1000mm　1/16
印　　张	16
字　　数	291 千
版 印 次	2024 年 3 月第 1 版　2024 年 3 月第 1 次印刷
书　　号	ISBN 978-7-308-24759-7
定　　价	65.00 元